감성총서 21

감성유학의 지평

THE HORIZON OF EMOTIONAL CONFUCIANISM

감성총서 21

감성유학의 지평

THE HORIZON OF EMOTIONAL CONFUCIANISM

인 쇄 | 2018년 6월 8일
발 행 | 2018년 6월 12일

저 자 | 김경호
발행인 | 정병석
발행처 | 전남대학교출판문화원

등록 | 1981. 5. 21. 제53호
주소 | 61186 광주광역시 북구 용봉로 77
전화 | (062) 530-0571~2 마케팅 530-0573
팩스 | (062) 530-0579
홈페이지 | http://www.cnup.co.kr
이메일 | cnup0571@hanmail.net

값 15,000원

ISBN 978-89-6849-506-9 (93810)

이 도서의 국립중앙도서관 출판예정도서목록(CIP)은
서지정보유통지원시스템 홈페이지(http://seoji.nl.go.kr)와
국가자료공동목록시스템(http://www.nl.go.kr/kolisnet)에서 이용하실 수 있습니다.
(CIP제어번호 : CIP2018018155)

이 저서는 2008년 정부(교육과학기술부)의 재원으로
한국연구재단의 지원에 의한 것임(NRF-2008-361-A00006).

감성유학의 지평

공감장들
감성적 주체
감성적 근대성

전남대학교 호남학연구원
감성총서 21

김경호 지음

전남대학교출판문화원

왜 감성유학인가?

태산이 높다 하지만
泰山爲高矣
태산의 정상은
泰山頂上
이미 태산에 속하지 않는다.
已不屬泰山

– 정이程頤

1.

이 책은 한국유학을 근간으로 유학적 삶의 세계와 사유를 공부해 온 연구자가 최근 10년간 수행하였던 '감성에 대한 인문학적 연구의 관점Emotion-Humanities'을 유학연구에 적용하여 재해석한 결과물이다. 유학을 감성의 문제와 혼성하여 낯설게 보기를 시도한 철학적 사유를 『감성유학의 지평The Horizon of Emotional Confucianism』이라 이름하였다.

유학감성론이라는 새로운 연구 영역을 모색하고 있는 이 책은 전작인 『감성의 유학』(2014)의 연장선에서 신체화된 감정embodied emotion을 바탕으로 하여 유학적 사유에 흩어진 감성의 지평을 조망하고 있다. 그러한 감성유학의 지평은 '공감장들sympathetic fields', '감성적 주체emotional subject', '감성적 근대성emotional modernity' 등 세 영역으로 구성된다.

유학감성론에 주목하고 이 논제를 새로운 학술적 과제로 탐구하고 있는 나의 시도는 우리시대에서 '과거 유학'을 복권하자는 데 목적이 있는 것이 아니다. 오히려 당연한 것으로 받아들였던 유학적 세계를 이제는 낯설게 볼 필요성이 있다는 점을 제기하려는 것이다. 나는 '당위적으로 주어진 것'이 아니라 우리의 삶을 구성하고 의미를 발견하게 하는 감성유학에 대한 재발견이 필요하다는 점을 강조하려는 것이다.

이미 우리가 살아가는 현대적인 일상은 유학적 삶과는 너무 멀리 있다. 이런 점에서 우리는 유학을 이전과는 다른 시선으로 볼 필요가 있다. 이 책은 유학에 대한 '다시보기'를 통해 우리의 삶과 일상세계를 재독해하려는 것이다. 여기서 재독해란 일종의 '재배치'와 같은 것으로, 유학이라는 '전통적인 것'을 '현대적인 것'들과 마주치게 하여 상호접속 가능성을 확인하는 것이다.

유학에 대한 재독해는 '횡단적 마주침'을 통해 같음과 다름의 경계를 재발견하려는 것과 다르지 않다. 특히 감성의 범주에서 유학을 파악한다는 것은, 감성론이 이미 근대적인 학문방법론이 투영된 것이라는 점에서, 전통적인 유학에 대한 근대적인 성찰이자 동시대의 감성에 대한 유학적 환기의 성격을 띠고 있다.

이렇기 때문에 감성유학Emotional Confucianism은 비록 오래된 과거의 유학적 감성세계를 다루고 있지만 '지금-여기' 현대의 동시대적인 감성적 근대와 조우한다. 우리는 이러한 과정을 통해 유학의 '불연속적인 연속성'을 확인하게 된다. 이는 우리가 사는 삶의 세계가 무의식의 근저에서 '비동시성의 동시성the contemporaneity of the uncontemporary' 이라는 방식으로 구성되고 또 변형되면서 지속되고 있음을 의미한다.

한마디로 삶은 오래 지속된다. 그러한 시간 속에 거주하는 우리는 어쩌면 도래하지 않은 미래의 시간에 의해 구성된, '현재의 과거'에 대한 재발견을 통해 살아가고 있는지도 모른다. 이런 점에서 '지금-여기'를 살아가는 우리의 현재적 삶은 의도하지 않는다 하더라도 시공간의 연속과 단절을 체감하면서 '경험의 공유점'을 발견하고, 만들어간다. 나는 그러한 경험의 공유점을 삶의 특이성singularity이 확장되어 횡단적 보편성transversal universality을 구성하는 요소라고 판단한다.

전통과 현대의 접속과 마주침을 통해서 '이전과는 다른' 유학적 횡단성confucian transversality이 발견된다면, 우리는 그것을 또 다른 보편성으로 사유해도 좋을 것이다. 새로운 보편성은 유럽적 근대에 의해 단일하고 유일한 보편성으로 획정되었던 근대성을 추수하는 것이 아니다. 다름의 특이성을 갖는 복수의 근대성을 구성해 가는 것, 그것을 기획하는 것이 감성유학이기도 하다.

2.

유학에 대한 나의 학술적 관심은 이 책의 제목에 집약되어 있다. 나는 전작에서 제안했던 『감성의 유학Confucian Perspectives on Emotions』을 감성유학Emotional Confucianism이라는 새로운 어휘로 명명하였다. 그리고 그 영역을 공감장들, 감성적 주체, 감성적 근대성 등의 세 개념을 중심으로 설정하였다. 이러한 시도는 유학의 많은 내용과 형식들이 그것들이 위치했던 당대에서 우리의 신체성을 바탕으로 '감성적인 것들'을 위주로 하여 직조되고, 또 동시에 변형되어 구성되었다는 점을 부각하기 위해서다.

모든 당대는 언제나 '지금-여기'의 현대다. 과거가 누적된 현재와 미래를 구성하는 현재는 중첩된다. 그래서 현재는 과거와 도래할 미래에 연속하면서도 불연속의 경계를 형성한다. 우리는 그러한 모호하면서도 중층적인 현실 경계의 미끄러짐에서 '감성적 주체'들에 의한 '공감장'의 구성과 '감성적 근대성'을 발견할 것이다.

유학의 많은 영역은 우리의 신체적 공공성을 전제로 하여 '감성적인 것들'로 구성되어 있다. 이런 유학의 특성은 이것과 비견되는 지점에 '다른 어떤 것'이 있다는 상상을 가능하게 한다. 그래서 우리는 유학을 구성하는 두 흐름을 예상할 수 있다.

유학은 감성적인 것들과 대비되는 '합리적인 것'들의 각축이다. 합리적인 것들은 서구의 근대적인 계몽사상이 이성을 중시하기 훨씬 오래 전에, 유학적 사유를 작동하는 한 축이었다. 유학의 합리적인 것들은 감성과 분리된 이성적인 것만을 의미하지 않는다.

유학은 합리적인 것들을 감성적인 것들의 영역에서 발견하는 방식으로 논의하였다고 해도 지나치지 않다. 그렇기 때문에 합리적인 것들은 감성적인 것들과 전혀 다른 것이 아니다. 감성적인 것들은 우리의 신체성을 바탕으로 하기 때문에 합리적인 것들 또한 '신체화된 것'들일 수밖에 없다.

이러한 점에서 감성유학은 단순히 감성적인 것들을 통해 신체화된 유학적 감정을 해명하는 것만이 아니다. 우리의 몸이 이미 관계체적貫個體的transindividual이라는 점, 그래서 관계성 속에서 파악될 수밖에 없다는 점을 감성유학은 주목한다. 따라서 감성유학은 내면적 탐구를 통한 자기수양으로부터 사회적 관계 속에서 합리적인 사유와 행위를 모색하고, 조화로운 삶을 위한 실천적 태도까지 포함한다.

이 책을 통해서도 확인되지만, 나는 유학을 '생명', '감응', '공감'이란 세 키워드를 중심으로 사유한다. 공자 이래로 유가의 핵심은 인仁과 의義라는 두 덕목의 내면화와 확산의 변주 과정이었다고 해도 과언이 아니다. 나는 이 두 덕목을 약동하는 '생명'에 대한 깊은 옹호와 신뢰의 관점에서 파악한다.

생명에 대한 다양한 감感과 응應의 방식은 획일화 되지 않은 다양한 교섭의 관계적 양상으로 드러난다. 이것은 마치 존재의 대연쇄 방식으로 상호 관계적으로 연속됨과 동시에 불연속적인 접속의 지점을 형성한다. 이 과정에서 '이체異體'들 사이의 감응을 통해 새로운 균형의 상태가 만들어지게 된다. 이 상태는 감感과 응應의 대상이 교호적 상호 비판과 수용에 의해 재구성되는 '공감의 지평'을 생성한다는 것이 나의 생각이다.

이와 같은 '생명' '감응' '공감'을 전제로 하여 유학은 현실적 삶의 지평에서 발견되는 부조리와 모순을 방기하지 않고, 적극적으로 사유와 실천의 영역으로 끌어들여 해결책을 모색한다. 이 점에서 유학은 관념의 영역에만 머무는 것이 아니라 현실에 직면한 인간과 사회를 조망하면서 비판적이고 윤리적인 책임을 강조한다. 무도한 권력의 전횡에 대해 비판하고, 삶을 유린하는 폭거에 생명을 담보하면서까지 윤리적으로 저항한다.

이러한 시도는 보편적 가치를 옹호하면서 유학적 공감의 지평을 확보한다. 유학은 큰 틀에서 본다면, 생명에 대한 깊은 옹호와 신뢰를 전제로 하여 비판성과 윤리적 감수성을 세대에 걸쳐 전승한다. 생명성에 대한 존중과 그것을 유지하기 위한 분투conatus의 역사는 조화로운 세계를 지속하기 위한 유학의 동력이다.

나는 이와 같은 유학의 생명성과 비판성, 윤리성과 공감성을 보편철학의 층위에서 감성론과 혼성하여 재구성해 내는 새로운 학술을 기획하고 있다. 이러한 새로운 유학의 영역을 '감성유학'이라 명명하였고, 이것을 체계적인 학술로 구성해 나가는 것이 '유학감성론'이다.

나는 '신체화된 감정'의 논의를 바탕으로 '감성의 문제에 대한 유학적 전망'을 제기하면서 전작인 『감성의 유학』에서 '유학을 어떻게 볼 것인가?' 하는 근본적인 문제의식을 스스로에게 던지 바 있다. 이러한 문제의식을 당시에는 분명하게 드러낼 수 있는 어휘는 제안할 수 없었다.

그러나 이 책에서는 '조작된 감성'과 구분되는 '신체화된 감성'을 통해 유학적인 삶과 사유가 구성된다는 점을 새삼 제기함으로써 다른 가능성을 모색하였다. 유학적 세계가 결국 우리의 '삶-정치'를 구성한다는 것이다. 유학은 단지 윤리적이고 규범적인 것만을 제안하는 것만이 아니라 정치적인 것들을 전제한다는 발견은, 새롭지는 않지만 매우 의미 있는 맥락이다.

유학은 곧 '일상의 정치화였다'는 사실의 재발견은 그래서 중요하다. 현실의 '삶-정치적인 것'에 관여하고, 또 자발적으로 참여하는 유학적 삶의 세계에 대한 재인식은, 어쩌면 망각되었던 유학의 진실을 재구성하는 것이기도 하다. 나는 감성과 유학 그리고 우리의 신체성이 경계에 연하여 연속적이고, 그러한 상호 마주침의 관계 속에서 우리의 윤리적이고 정치적인 삶이 구성되고 있다는 점을 이 책을 통해 드러내고자 하였다. 감성유학이라는 새로운 낱말은 이러한 감성적 사유를 통해 만들어졌다.

3.

감성과 유학을 혼성하여 새로운 학술적 방향을 모색하는 나의 길은 아직도 먼 여정을 예정하고 있다. 그래도 이러한 관심과 연구가 혼자 가는 것이 아니라는 것을 위안으로 삼는다. 일면식이 없는 석봉래 교수의 『Embodied Moral Psychology and Confucian Philosophy』(Lexington Books, 2012)는 유학적 관점에서 감성에 대한 논의를 확인할 수 있는 좋은 지침서가 되었다.

그리고 '감성유학'을 구상하고 그 지평을 구획할 수 있었던 것은 함께 토론하고 의견을 나눌 수 있었던 동료들이 있었기 때문에 가능하였다. 전남대학교 호남학연구원의 동료 교수들과 조윤호 원장님께 특별히 감사드린다. 김기성·양순자 교수는 감성과 근대적 사유에 관한 개념을 토론해 주었고, 이항준, 정영수 교수는 이 책의 문제의식을 공유하면서 유익한 논의를 제공해 주었다.

이 외에도 내가 이 연구를 지속할 수 있게 힘을 준 많은 인연들이 있다. 일일이 이름을 밝힐 수 없지만 감사드린다. 끝으로 이 책을 처음부터 끝까지 읽어준 첫 번째 독자인 지서 엄마 김진희에게 감사와 위안을 전한다.

먼 길을 돌아서 '지금-여기'에 나는 있다. 언젠가는 눈발이 날리는 들판에서 '가지 않은 길'을 바라보며, 걸어왔던 길을 바라볼 수도 있을 것이다. '가지 않은 길'에 대한 회한과 아쉬움이 남아 있을지라도, 그 길목에서 나는 그래도 걸어온 길을 다시 걸어가는, 그런 선택을 하게 되기 바랄 뿐이다.

2018년 6월 1일

김경호 쓰다

여정과 소통: 율곡의 감성정치학

제2부

감성적 주체

도래할 낙세: 감성적 주체의 열망

마주한 파국: 구한말 유교 지식인의 경계적 감성

제3부

감성적 근대성

한국유교: 탈식민과 성찰

신자유주의시대: 부끄러움의 윤리학

우리 시대의 사랑: 경험, 서사, 의미화

일러두기

이 책에 수록된 글들은 주로 2014년부터 2018년에 걸쳐 작성되었고 학계에 발표되었던 것이다. 이 책을 간행하면서 일부 내용을 수정하였다. 수록된 순서는 다음과 같다.

1. 「혼인의 관계망을 통해 본 16세기 호남유학」, 『영남학』 Vol. 64, 경북대학교 영남문화연구원, 2018. 03.
2. 「불온한 공감-존재의 사유, 너머」, 『한국철학논집』 Vol. 52, 한국철학사연구회, 2017. 02.
3. 「율곡 이이의 여정과 소통의 감성철학적 구상」, 『유학연구』 Vol. 42, 충남대학교 유학연구소. 2018. 02.
4. 「낙세에 대한 열망 - 시천주와 후천개벽을 중심으로」, 『동학학보』 Vol. 42, 동학학회. 2017. 03.
5. 「매천 황현-구한말 유교 지식인으로 산다는 것」, 『공자학』 Vol. 28, 한국공자학회, 2015. 05.
6. 「부끄러움의 윤리학은 가능한가?」, 『유교사상문화연구』 Vol. 66, 한국유교학회, 2016. 12.
7. 「탈식민과 한국유교」, 『유교사상문화연구』 Vol. 62, 한국유교학회, 2015. 12.
8. 「우리는 사랑을 어떻게 경험하고 의미화 하는가?」, 『동서철학연구』 Vol. 75, 한국동서철학회, 2015. 03.

제1부
공감장들

혼인과 사회적 관계망: 16세기 호남유학의 공감장

가족만들기

이 글은 혼인을 통해 구성되는 혼맥 네트워크가 호남유학의 학적 네트워크와 어떻게 연동되고, 이들의 관계망에서 파생되었던 학술적 논의들은 어떠한 경향성을 띠고 있는가를 공감장共感場 개념을 중심으로 고찰한 것이다.[1] 오늘도 누군가에 의해서 시도되고 있을 '가족 만들기'[2]라는 매우 일상적이고 반복적으로 관찰되는 경험적 지평을 통하여 16세기 호남유학에서 발견되는 '효孝'의 감성과 학술

1 공감장共感場 sympathetic field이란 "공감의 발생적 조건이자, 상이한 공감들이 마주치고 투쟁하는 관계의 망"을 의미한다. 이 용어는 "사회적 감성이 갖는 동시성, 상호성, 횡단성을 설명하기 위한 개념"이고, 동시에 "한 사회 및 역사의 동역학을 추동하는 인간 행위의 내적 동인을 감성론의 차원에서 포착하기 위한 분석적이면서 비판적 개념"이다. 전남대호남학연구원, 『공감장이란 무엇인가』, 서울: 도서출판 길, 2017. 11쪽. 또한 공감장은 무수한 '타자공감과 자기공감'이 공동으로 결속되어 집단적 정체성인 '공감대'를 형성하는 '공동체'이자 '민심'의 다른 이름이다. 황태연, 『감정과 공감의 해석학』 1, 성남: 청계, 2014. 243쪽.

2 가족의 유형은 크게 두 가지로 나누는데, 한 인간으로 태어나 성장하는 과정에서 자신의 위치를 갖는 方位家族family of orientation과 성인이 되어 자신의 혼인으로 성립하는 생식가족family of procreation이 그것이다. 방위가족은 '아버지-어머니-형제-자매'로 이루어지고, 생식가족은 '배우자-아들-딸'로 구성된다. 하나의 가족은 "출생, 확장, 축소, 소멸의 단계"라는 생애주기를 거치면서 가족관계와 가족구성원이 변화하는 양상을 보여준다. 이광규 외, 『가족의 문제역동성과 문제인식』, 서울: 집문당, 1996. 26-27쪽.

적 사유를 탐구하였다.

이 탐구의 과정은 선행되었던 다수의 '호남유학 연구 성과'를 기반으로 하고 있지만[3], 선행 결과들에 대한 암묵적 승인의 방식을 취하지는 않는다. 기존에 통용되고 있는 호남유학과 관련한 '상식적인 수준의 내용'들 조차도, 그것이 어떻게 생산되어 소비되고, 유통되는지를 살펴보겠다는 것이다. 예를 들어, 우리 시대에 '의리義理'나 '절의節義'와 같은 개념들이 어째서 호남유학의 핵심이라고 말해지고, 그것을 호남정신을 구성하는 정신소精神素로 선취하는 것이 과연 타당한가를 묻는 것도 한 방법이다.[4]

그러나 의리나 절의와 같은 '만들어진 전통'의 타당성을 따져보는 것보다 더 중요한 물음은 사실 은폐되어 있다. 추상화된 개념은 그것들 이면에 웅성거리는 '숨은 힘'들을 보지 못하게 한다. 의리와 절의를 호출하기 전에 우리는 스스로에게 물어야 한다.

기라성 같은 학자와 정치가를 배출했던 16세기 호남유학의 역동적인 학술역량이 '그때'는 가능했었는데 지금은 왜 그렇지 못한 것

3 호남의 유학에 대한 근대적인 연구는 이을호李乙浩(玄庵, 1910-1998, 본관 全州)에 의해서 개시되었다. 그는 호남유학의 흐름을 장성권의 전통유학과 강진권의 개신유학(실학)으로 구분하면서, 전통유학의 경우에는 김인후와 기대승 중심의 주기론, 기정진·기우만 중심의 유리론, 양산보와 송순 중심의 시문학 등 세 가지로 나누고 있다. 이을호, 다산학연구원 편, 『이을호전서』 Vol.8, 서울: 예문서원, 2000. 365쪽.

4 안진오는 호남유학의 특징을 "의리정신과 실천정신"에서 찾고 있지만 '호남유학' 자체가 "하나의 이론체계를 지니는 학문"인지 여부에 대해서는 논란의 여지가 있음을 인정한다. 안진오, 『호남유학의 탐구』, 서울: 이회문화사, 1996. 13쪽 참조.

일까? 당대 최고의 학술과 문화예술의 공감장들sympathetic fields 이 '그 때' 호남에 구축될 수 있었던 까닭은 무엇이었을까?

이 글은 이와 같은 물음을 '혼인'을 매개로 하여 인적 네트워크가 구축되고 학술 네트워크가 연동되는 것을 새로운 '공감장共感場'의 구성이라는 차원에서 논의한다. 기존의 연구가 문집류의 텍스트 분석과 사실들의 재구성에 중점을 두었다고 한다면[5], 이 글은 혼인이라는 매우 사회적이고 문화적이며, 게다가 경제적이고 정치적이기도 한 가족구성의 관계맺기 방식[6]을 논의의 주요한 소재로 다룬다.[7]

이 글에서 특히 주목하는 대상은 김인후의 가계다. 호남의 장성을 세거지로 하고 말년에 순창에 우거했던 김인후金麟厚(河西, 1510-1560, 본관 蔚山)를 중심에 놓고, 그의 자손들이 타가문과 혼인을 계기로 가족을 구성하였던 혼맥 네트워크를 당대의 인적, 학적 네트워크와 연동하여 살펴보았다.

---

5 호남유학을 '호남사림'으로 특화하여 학맥과 사상을 광범위하게 추적하고 있는 대표적인 저술로 고영진의 『호남사림의 학맥과 사상』(서울: 혜안, 2007)을 꼽을 수 있다. 이 저술은 호남유학의 형성과 전개 과정에 등장하는 인물과 논점에 대한 다양한 정보를 제공하고 있다.

6 김미영은 가족구성을 일종의 문화현상으로 파악한다. 가족은 생물학적 속성에 바탕한 자연발생적 집단이 아니라 "당대의 혈통의식"이나 "혈통체계"에 의해 형성된 문화적 관념이자 문화현상이라고 주장한다. 김미영, 『가족과 친족의 민속학』, 서울: 민속원, 2008. 12-13쪽.

7 이정선은 한국사회에서 가족에 대한 온전한 이해의 필요성을 제기하면서 '가족=혈연공동체'라는 인식과 맹목적 이미지를 탈피하여 '역사적 관점'에서 파악할 것을 제안한다. 이정선, 「가족사, 가장 오래된 새로운 역사- 한국 근현대 가족사 연구의 현황과 과제」, 『역사비평』 Vol.104, 역사비평사, 2013. 참조.

김인후가 조선유학사에서 호남의 유학자로는 유일하게 문묘에 배향된 인물[8]이라는 점도 고려되었다. 하지만 그보다는 김인후가 자손들의 혼인을 통해 향촌의 사류들과 폭넓은 혼맥을 형성하고 있다는 점이 주목되었다. 김인후는 두 아들과 세 딸, 손자 한 명의 혼사를 통해 새로운 가족을 구성하는 것에 그치지 않고 그들이 소속되어 있는 여섯 가문과 그 종족의 일원들과도 관계를 맺는다.

혼인에 의한 가족의 탄생은 당사자나 그 부모들의 관계맺기에 그치지 않는다. 혼인의 파급력은 친인척 결합의 한 형태이자 가문과 가문의 일원들이 연결되는 '확산된 가족'을 구성한다. 인적 교류가 제한적이던 전통시대에 혼인은 다른 존재들, 이를테면 다른 지역이나 다른 가문의 일원들과 직접적인 관계를 구성하면서 예상하지 못한 광범위한 인적 네트워크를 형성하게 된다.

가족구성에 관한 다양한 관점이 상존하고 있지만[9], 이 글에서는 남녀의 결합이라는 혼인의 과정을 전제로 구성되는 조선시대 유교적 가족탄생[10]의 사례를 살펴볼 것이다. 그렇다고 가족구성 자체를 탐구한다는 것은 아니다. 내가 이 글에서 혼맥의 관계망을 살펴보려 것에는 몇 가지 이유가 있다.

---

8 『河西集』 Vol.1, 「文廟從祀敎書」. "경은 해동의 염계요, 호남의 수사로다. 성명 음양의 심오는 저 태극도와 귀취를 같이하고, 격치성정의 근원은 바로 소학서에 힘을 쏟았도다."

9 권용혁, 「한국의 가족주의에 대한 사회철학적 성찰」, 『사회와 철학』 Vol.25, 사회와 철학연구회, 2013. 205-215쪽 참조.

10 한국사회에서 전통적인 가족구성과 종족 변화 과정은 다음을 참조하라. 이광규, 『한국의 가족과 종족』, 서울: 민음사, 1990.

첫째, 전통시대 가족구성의 일단을 확인하려는데 있다. 둘째, 가족의 탄생을 통해서 사회적으로 구성되는 관계망은 16세기 전반기 호남의 학적 네트워크뿐만 아니라 인적 네트워크의 공감장과 어떻게 연동되는가를 살피려는 것이다. 셋째, 혼맥과 인맥 그리고 학맥의 연결 과정에서 당대 호남의 유학자들이 고민하였던 학술적 문제의식이 무엇이었는지를 알아보려는 것이다.

낙남현상과 사회적 관계망의 변화

호남유학을 거론할 때, 선행연구자들은 '호남湖南'이라는 별칭의 유래에 대한 검토와 '호남과 유학' 혹은 '호남과 사림'을 결합한 용어의 타당성에 대해 먼저 언급한다. 호남이라는 말은 전라도全羅道를 가리키는 별칭이다.

고영진은 선행연구에서, 이 별칭이 본격적으로 쓰이기 시작한 것은 16세기 중반부터이고, 이 같은 별칭의 사용은 "전라도가 행정 단위뿐만 아니라 역사·문화적 공통체로서의 지역정체성"을 가지게 되었다는 것을 의미한다고 주장한다.[11] 고영진의 주장처럼, '전라도' 혹은 '호남'이라는 용어가 출현하였다는 것은, 이것이 지시하는 '지역'이 특정한 비교 대상과 다른 '특이성singularity'을 가지고 있다는 것을 시사한다.

그렇다면 우리는 그러한 특이성을 어떤 점에서 발견할 수 있을까? 이 물음은 '호남유학'의 정체성에 대해서도 적용된다. 우리는

11 고영진, 『호남사림의 학맥과 사상』, 서울: 혜안, 2007. 17쪽 참조.

무엇을 '호남유학'이라고 부를 수 있는가 하는 점이다. 다시 말하면, 16세기에 형성된 호남유학이라는 것이 한국유학의 지평에서 어떠한 특이성을 갖고 있는지, 그리고 그것의 시민권은 여전히 유효하게 행사할 수 있는지의 여부이다.

16세기 호남유학의 특이점을 포착하기 위해서는 원론적이지만 매우 다층적이고 종합적인 연구가 수행되어야 한다. 특히 16세기적 현상, 곧 '호남'이라는 별칭이 16세기 중엽에 이 지역에서 쓰이게 된 사상·문화적 토대가 무엇이었는지는 우선적으로 해명되어야 한다. 이와 관련한 선행 연구 가운데 박학래의 견해는 주목할 만하다.

박학래는 16세기 초에 발아하기 시작하여 16세기 중기 이후, 조선유학의 판도를 바꾸어 놓은 호남유학의 지반을 고려말-조선 개국기의 '낙남落南' 현상에서 찾고 있다.[12] 려말에 불사이군不事二君의 태도를 취했던 일군의 유학자들이 조선개국에 반대하여 낙향하게 되고, 그런 인사들 가운데 경성京城(서울)과 떨어져 있으면서도 기후와 물산이 풍부한 남도로 낙향한 경우가 그러한 사례라는 것이다.

낙남현상은 국가적 변란이나 사화와 같은 참혹한 살육이 자행될 때, 더욱 빈번하게 나타난다. 특히 연산조의 무오사화戊午士禍와 갑자사화甲子士禍, 그리고 중종대의 기묘사화己卯士禍 시기에 죽음의 공포정치를 피해 정계에 진출했던 사류들이 낙향하는 경우가 많

12 박학래, 「조선시대 호남유학의 전개 양상과 의의 - 지방분권시대의 전통사상 연구와 관련하여」, 『철학연구』 Vol.99, 대한철학회, 2006. 186-192쪽 참조.

았다.

중앙과 지방을 구분했던 유교적 통치시스템 하에서 안락했던 중앙의 기득권을 포기하고 척박한 타향으로 이주한다는 것은 쉽지 않은 사건이다. 사화를 피하여 처가지향妻家之鄕인 광주로 낙남했던 기진奇進(勿齋, 1487-1555, 본관 幸州)의 가계가 그러했고, 기진의 아들 기대승奇大升(高峯, 1527-1572, 본관 幸州)도 그러한 낙향에 울분을 토로하면서 한편으로는 상경종사上京從仕의 열망을 갖고 있던 인물이었다.

낙남의 또 다른 형태가 '유배流配'다. 한때 행세하던 집안의 일원이자 유교적 교양을 학습한 관료학자였던 이들이 낯선 타향에 비자발적으로 이주하여 산다는 것은 여러모로 곤혹스러운 일이었을 것이다. 죄목에 따라 유배지의 생활에도 편차가 있었지만 다수의 유배자들은 자신의 근거지에서 떨어져 외딴 곳에 고독하게 산다.[13]

유배지의 생활에 적응한 이들 가운데는 지역의 학술문화를 이전과 다른 내용과 형식으로 진흥시키는 이들도 나온다. 정보의 유통과 학술의 교류가 제한적이었던 시대에 유배자들과 지역민들과의 만남과 교류는 향촌사회에 많은 변화를 가져오게 된다. 남도의 승평昇平(순천)에 유배되었던 김굉필金宏弼(寒暄堂, 1454-1504, 본관 瑞興)과 지역의 사류들이 만나는 과정도 그러한 사례이다.[14]

---

13 조선시대 유배형벌에 대해서는 다음을 참조하라. 지철호, 「조선전기의 유형」, 『법사학연구』 Vol.8, 한국법사학회, 1985; 신규수, 「조선시대 유배형벌의 성격」, 『한국문화연구』 Vol.23, 한국문화연구원, 2012.

14 이종범은 "후진학자가 김굉필과 같은 무오적객을 사사하며 받은 영향도 '새

지방의 문화가 바뀌고 학술이 일어나면 사람들의 의식이 바뀌는 것은 당연하다. 그러나 이질적인 것들에 대한 수용은 그에 상응하는 강력한 저항과 반발, 혹은 배제를 일상화하기도 한다. 문제는 이질적인 것들이 어떻게 관행화되고 익숙한 것들과 공존할 수 있는가의 여부이다.

16세기 이래로 호남의 유학자들이 국가의 공식적인 시험을 통해 요직에 진출하고, 새로운 학술이 호남지역에서 산출된 것을 보면, 이질적인 것들과의 경쟁 과정에서 이 지역사회의 역량이 창출된 것은 분명해 보인다. 그렇다면, 그러한 변화는 무엇에서 비롯하였을까? 변화는 다층적인 요소들이 결합되어 나타나겠지만, 주목되는 점은 학술의 불모지였던 호남지역에서 '소학小學적 실천'이 매우 중요한 흐름으로 등장한다는 것이다.

김경호의 선행연구에 따르면, 조선전기에 유통된 성리서적 가운데 성종대에는 『성리대전性理大全』, 연산대에는 『대학연의大學衍義』가 두드러지고, 중종대에는 『근사록近思錄』과 『소학小學』이 대두하다가 중종12년(1517)을 기점으로 해서 『소학』이 집중적으로 거론된다. 이러한 현상은 김안국金安國(慕齋, 1478-1543, 본관 義城)을 중심으로 하는 일단의 유학자들이 중종의 용인 하에 '향약鄕約'을 시행하는 것과 밀접한 관련을 맺고 있다.

그러나 중종14년(1519) 음력 11월 이후 훈구관료들에 의한 조광

로운 것'이 아니라 호남 내부의 여건과 분위기의 연장선상의 증폭"이라고 주장한다. 이종범, 「15세기말-16세기 중반 전라도 유배인의 활동과 교유양상」, 『역사학연구』 Vol.41, 호남사학회, 2011. 62-63쪽.

조趙光祖(靜庵, 1482-1520, 본관 漢陽), 김식金湜(沙西, 1482-1520, 본관 清風)을 비롯한 신진사류에 대한 숙청으로 인해 향약에 대한 논의는 후퇴하고 『소학』은 불온서적이 되어 소학적 실천은 기피忌避의 대상으로 전락한다. 기묘사화己卯士禍는 『소학』을 존신했던 사류들에 대한 탄압의 성격을 보여준다. 『소학』에 대한 공식적인 논의는 중종 후반기(중종38년, 1543)에 사림파가 다시 정계에 복귀하는 시점에 맞추어서 거론된다.[15]

16세기 전반기 조선사회에서 『소학』이 강조되었던 것은 유학의 본령이라고 할 수 있는 수기修己와 율신律身을 일상 속에서 실천하려는 기풍의 진작과 연관된다. 소학적 실천은 내성외왕內聖外王의 유교적 통치를 현실세계에서 구현하려던 소장사류들의 운동에서 비롯하였다. 이들은 관직에 나아가고 물러나는 출처出處의 정당성, 곧 출처의리出處義理를 중시하였다.

조선전기 소학적 실천의 중심에 김종직金宗直(佔畢齋, 1431-1492, 본관 善山)과 김굉필, 이들을 계승하면서 지치至治를 표방했던 조광조가 있었다. '소학동자'로 불렸던 김굉필은 희천熙川의 유배지에서 조광조를 가르쳤고, 전라도 승평昇平으로 배소配所가 옮겨지면서 호남에 『소학』의 자양분이 뿌려진다.

기묘사화의 희생자였던 조광조가 전라도 능주綾州로 유배되고, 짧은 기간이지만 이곳에서 양팽손梁彭孫(學圃, 1488-1545, 본관 濟州)을

15 김경호, 「16세기 조선 지식인 사회의 '심경' 수용과 철학적 담론의 형성」, 『동양철학』 Vol.19, 한국동양철학회, 2003. 참조.

비롯한 호남의 사류들과 만났다는 것은 호남유학사에 일대 사건이었다. 조광조의 능주 적거謫居와 그 유허遺墟는 후대에 호남유학의 위상을 대변하는 상징적 공간으로 자리한다.[16]

기묘사화 이후, '소학적 삶'을 따랐던 살아남은 이들은 중앙과 멀리 떨어진 지방으로 유배되거나 정치적 탄압을 피해 낙향한다. 낙향하거나 낙남을 선택한 후 향리에 은거한 이들은 향촌에서 『소학』의 가르침을 내면화 하고 강학을 통해 미래를 준비한다.[17] 기묘사화로 화순 동복同福에 유배되었던 최산두崔山斗(新齋, 1483-1536, 본관 光陽)를 찾아가 학문을 익혔던 김인후나 유희춘柳希春(眉巖, 1513-1577, 본관 善山)도 역설적이지만, 그러한 정치적 격변이 낳은 학술적 수혜자였다.

이렇듯 출처를 중시했던 유교지식인들의 호남지역으로의 비자발적인 낙향이나 정치적 유배, 자발적 귀향에 의한 낙남현상은 향촌사회의 지적 역량과 결합하여 새로운 학풍을 낳는다. "성인은 학문을 통해 기약할 수 있다"고 하는 "성가학聖可學"[18]의 도학적 이상은 현실화 가능성한 『소학』의 가르침에 스며들어 호남의 학술판도를

---

16 조광조를 통해 호남의 유학을 율곡학통으로 연결하려는 시도가 후일에 송시열과 같은 노론학자들에 의해 주도되었다. 1667년 4월에 조광조의 유허지에 세워진 〈정암조선생적려유허추모비〉의 비문은 송시열이 짓고, 글씨는 송준길이 썼다.

17 김용헌은 "『소학』 실천을 바탕으로 조선을 도학의 나라로 만들고자 했던 조광조와 기묘사림의 지치주의 기획은 그들의 죽음과 함께 끝나버린 것은 아니었다."고 평가한다. 김용헌, 「조선전기 사림파 성리학의 전개와 특징」, 『국학연구』 Vol.19, 한국국학진흥원, 2011. 55-57쪽.

18 『通書』, 「聖學」 第22. "聖可學乎? 曰, 可."

일신한다. 이러한 학술적 흐름이 '김굉필-조광조'로 이어지면서 공간적으로 호남의 '순천-능주'로 연결되고 있다는 것은 그래서 주목되는 지점이다.

소학 전승과 혼맥의 재발견

유교적 성인을 일상에서 닮아가려는 "성가학"의 '삶-정치적 지향'은 낮은 단계의 실천에서부터 시작한다. 물뿌리고 쓸며 부름과 물음에 응답하고灑掃應對 나아감과 물러남의 예절進退之節을 익히는 것이고, 부모를 사랑하고 어른을 공경하며愛親敬長 스승을 존경하고 벗을 가까이하는 도리隆師親友之道와 다르지 않다는 깨달음에서 시작된다.

허위와 가식의 세상에서 성리학을 받아들인 유학자들은 이전과는 다른 '도학적 삶'을 살고자 하였다. 이러한 유교적 진리와 인간으로서의 자존自尊과 품위品位를 지키는 공부가 '효의 윤리성'을 관계의 공동체에서 체화하는 소학적 실천에 담겨 있다. 소학적 실천의 일상성을 보여주는 대표적인 호남의 유학자가 김인후이다.

김인후와 혼맥으로 연결되는 가계는 여섯 곳이다. 이 가계는 많은 방계의 가족들로 이루어져 있다. 김인후는 여흥윤씨驪興尹氏 사이에서 2남 4녀를 두었는데[19], 큰아들 김종룡金從龍을 태인泰仁의 이항李恒(一齋, 1499-1576, 본관 星州)에게 사위로 보내고 그 딸을 새

19 양자징과 혼인한 둘째 딸과 막내 딸은 夭死한다.

로운 가족으로 맞아들인다. 김인후의 둘째 아들 김종호金從虎는 진벽晉璧의 딸과 혼인하여 인척을 형성한다. 김인후의 혼맥은 그의 손자를 통해서도 확대되는데, 김종호金從虎의 아들인 손자 김남중金南重을 통해 행주기씨幸州奇氏 기대승의 딸을 손자며느리로 맞는다.

김인후는 세 딸의 혼인을 통해서도 향촌의 명사들과 혼맥을 형성한다. 조림趙琳의 아들이자 자신의 문인이었던 남원南原 출신의 조희문趙希文(月溪, 1524-1578, 본관 咸安)을 사위로 맞아 자신의 학문을 전수하고, 담양潭陽 소쇄원의 주인인 양산보梁山甫(瀟灑, 1503-1557, 본관 濟州)의 아들 양자징梁子徵(鼓巖, 1523-1594, 본관 濟州)을 사위로 삼아서는 학술과 세상의 인정을 토론한다.

부 성명	본관	자녀	김인후의 가계
李恒	星州	딸	金從龍(長男)
晉璧	南原	딸	金從虎(次男)
趙琳	咸安	趙希文, 府使	長女
梁山甫	濟州	梁子澄, 縣監	次女
柳希春	善山	柳景濂, 察訪	三女
奇大升	幸州	딸	孫子, 金南重(김종호의 아들)

김인후는 자신의 셋째 딸을 오래된 지기였던 담양의 유희춘 집안에 시집보낸다. 유희춘이 함경도 종성鐘城에 유배 중이었음에도 불구하고 그의 아들 유경렴柳景濂을 사위로 맞아들인다. 유경렴을 사위로 삼는 것은 유희춘과의 신의를 지키는 일이었다.[20]

가족구성에 대한 현대적 관점은 다양하지만, 전통시대에는 조부모님과 부모님 그리고 자녀라는 삼대가 기본적인 구조를 이룬다. 경우에 따라서는 친인척이 모여서 공동생활을 하는 확대된 가족의 형태를 띠기도 하였다. 예외적인 경우이기는 하나 이이李珥(栗谷, 1536-1584, 본관 德水)는 구세동거九世同居를 꿈꾸고 실제로 그와 같은 가족공동체를 실현하려 했다.[21]

김인후가 자녀들의 혼인을 통해 새로운 가족을 구성하는 과정은 사회·경제·학술의 측면에서 매우 복합적인 양상을 보여준다. 그렇지만 무엇보다도 혼인은 새로운 가문과의 관계맺기의 과정이었다. 이런 점에서 혼인을 주체적인 개인과 개인의 만남과 결합으로 보려는 현대적인 결혼관은 전통시대의 그것과는 일정한 차이가 있다.

이 시기의 혼인과 가족구성의 조건 및 경제 상황에 대해서는 가족학과 사회학, 인류학 분야, 최근에는 역사학 분야에서도 많은 연구가 수행되었기에 이 문제에 관한 논의는 선행 연구를 참조하는 수준에서 제한하겠다. 다만, 16세기를 전후한 조선시대의 혼인과 가족문화는 현재 우리가 알고 있는 상식의 수준과는 일정한 차이를

20 김인후가 유희춘의 아들을 사위로 삼아 두 집안이 혼맥으로 연결되는 사연을 『燃藜室記述』은 기록하고 있다. 과거에 입격하기 전 유희춘과 김인후는 성균관에서 공부하였는데, 김인후가 염병에 걸려 위급하게 되자 유희춘은 그를 자신의 숙소로 데려가 극진하게 간호하여 살려냈다. 김인후는 이 은공을 잊지 않고 있었는데, 유희춘이 을사사화에 연루되어 귀양을 가게 되자, "그대가 이제 먼 곳으로 귀양 가는데 처자들이 의지할 곳이 없을 것이다. 그대의 어린 아들은 내가 사위로 삼을 것이니 그대는 걱정하지 말라"고 위하였다. 『燃藜室記述』 Vol.9, 「仁宗朝故事本末」, 〈金麟厚〉.

21 『栗谷全書』 Vol.16, 「同居戒辭」.

보이고 있다는 점은 유의할 필요가 있다.

우리는 오늘의 시점을 기준으로 전통시대를 바라보는 경향이 있다. 우리가 경험하고 학습했던 '조선에 대한 이미지'는 조선시대 전 기간을 통괄한 것이기 보다는 현대와 연결된 '조선후기' 끝 부분의 내용들로 구성된 경우가 많다. 조선시대 혼례나 가족제도에 대해 '여자가 시집가는 것'이 당연하다고 여기거나 '친족위주'의 가부장적인 가족제도가 주류일 것이라는 관점이 그러한 사례다.

이러한 시각이 틀린 것은 아니지만 전적으로 맞는 것도 아니다. 적어도 16세기 중후반까지는 『주자가례朱子家禮』가 보편적으로 시행되지는 않았다. 그래서 친영親迎이 보편적인 혼인의 풍속은 아니었다. 이 시기 조선에서는 여자가 시집가는 것이 아니라 남자가 장가간다고 하는 것이 오히려 일반적이었다. 이것을 서류부가婿留婦家라 한다.

그리고 자식이 딸만 있을 경우에는 동성同姓의 집안에서 아들을 입양하기도 하지만, 아예 입양을 하지 않고 딸의 아들에게 재산을 물려주고 외손봉사外孫奉祀를 맡기기도 하였다. 또한 재산을 분배할 때는 남녀의 차별을 두지 않고 균등하게 분배하였다.[22] 이러한 사례를 구체적으로 확인할 수 있는 것이 「용인이씨분재기龍仁李氏分財記」이다.[23] 「용인이씨분재기」가 1549년 강원도에서 작성된 것이라

22 전경목, 「分財記에 나타난 조선시대 생활 풍속의 변화」, 『대동사학』 Vol.1, 대동사학회, 2002. 104-108쪽.

23 「龍仁李氏分財記」는 이이의 외할머니가 자신의 다섯 딸들에게 재산을 나눠 준 내용을 기록한 것이다. 특히 여기에는 둘째 딸인 사임당 신씨의 아들 이

면, 호남의 분재 사례는 1572년에 작성된 송순宋純(俛仰亭, 1493-1583, 본관 新平)의 「자필분금기自筆分衿記」를 통해 확인할 수 있다. 여기서도 자녀균등 분배의 방식을 취하고 있다.[24]

김인후가 자녀의 혼인을 통해 새로운 식구를 맞아들이고 타가문과 관계를 맺는 구체적인 실상은 자료의 한계로 확인이 어렵다. 다행히 유희춘의 『미암일기眉巖日記』는 당시 양반 사대부가의 혼인 형태나 가족의 일상사를 기록하고 있어 부분적인 확인은 가능하다.[25]

『미암일기』에는 유희춘의 사돈이자 친구인 김인후에 대한 기록이 보이고, 유희춘의 손자 유광문柳光文의 외삼촌인 김인후의 아들 김종호에 대한 기록이 확인된다. 김인후의 딸인 며느리 '김부金婦'가 유희춘과 그의 처 홍주송씨洪州宋氏와 친밀하게 지내면서 가산을 관리하는 것도 보인다. 또한 며느리인 김부가 아들 유광선의 혼담이 오가는 중에 상대방이 부富만을 좇고 예禮를 지키지 않자 혼사를 물리쳤다는 기록도 보인다.[26]

이에게 봉사조로 재산을 나눠주고, 넷째 딸의 아들 권처균에게 배묘조로 오죽헌 등의 재산을 상속한다는 기록이 담겨 있다.

24 김일근, 「면앙정 송순 자필분재기의 문화사적 의의」, 『고문연구』 Vol.10, 한국고문연구회, 1997. 참조.

25 16세기 중후반 조선의 사대부 양반들의 가족제도에 관한 세세한 정보는 유희춘의 『미암일기』를 분석하여 '조선중기의 가부장제와 가족과 가산'을 논의하고 있는 다음을 참고하라. 박미해, 『유교 가부장제와 가족, 가산』, 서울: 아카넷, 2011. 19쪽.

26 『眉巖日記』 Vol.4, 癸酉(1573) 12월 10일. 예나 지금이나 경제력이 혼사의 중요한 요건임을 보여주는 사례다.

김인후와 유희춘 자녀의 혼인이 주목되는 것은 이들이 혼맥 만들기에 그치지 않고 『소학』을 중시한다는 점에서 학술적 접점을 형성하고 있다는 사실이다. 김인후와 유희춘은 혼맥 이전에 김안국의 문하로 연결된다. 김인후는 10살 때(1519) 전라도 관찰사가 된 김안국에게 나아가 『소학』을 배웠고[27], 유희춘도 25살 때(1537) 김안국에게 수학한 동문이었다.

김안국은 당시 사림파 계열의 다른 누구보다도 『소학』 공부의 중요성을 강조하였다. 그는 경상도 관찰사로 재임할 때(1517-1518) 구결을 표기한 『소학집설』을 보급하고[28] 지역의 향교마다 『소학』 교육을 장려하여 시를 지어 보낸 기록이 있다.[29] 김안국의 『소학』 중시의 학술적 흐름은 김인후[30]와 유희춘에게 계승된다.

김인후의 『소학』에 대한 인식[31]과 소학적 실천은 그의 「효경간오발孝經刊誤拔」과 「효부孝賦」에서 확인할 수 있다. 「효경간오발」은 유희춘이 보여준 주희의 「효경간오」를 김인후가 필사한 후 발문을

27 『河西集』, 「年譜」. "先生十歲. 往拜慕齋金先生, 受小學."

28 『소학』 보급을 위한 김안국의 역할에 대해서는 다음을 참조하라. 정재훈, 「조선전기 소학 이해와 그 학습서」, 『한국계보연구』 Vol.6, 한국계보연구회, 2016. 85-100쪽.

29 『慕齋集』 Vol.15, 「先生行狀」. "敎人以小學爲先, 所著勸小學詩, 邑皆有之." 『慕齋集』 卷1에 수록된 詩에는 「勸陜川學徒」와 같은 형식의 글이 보이는데, 이는 거의 『소학』 공부를 언급하고 있다.

30 『河西集』, 「年譜」. "先生三十七歲 … 先生自歸家以後, 專心講學 … 必使先讀小學, 次讀大學, 一從朱文公成法, 其敎二子, 亦以小學."

31 김인후의 『소학』에 대한 인식은 「弘文館箚子」(癸卯)에 잘 드러난다. "臣等嘗觀小學之書, 本聖賢爲敎之遺意, 而凡所以立心行己處事接物之準則, 無不在是, 實繼往開來之要典, 而爲正學之階梯者也."

지은 것이고[32], 「효부」는 양산보의 「효부」를 차운하여 지은 것이다. 「효경간오발」에서 '효'가 성인의 도를 실현하는 근본이라는 점을 학술적으로 평가했다면[33], 「효부」는 효행의 구체적인 방법과 효성을 문학적 언어로 서술하고 있다. 김인후의 두 저술은 유교적인 수신의 핵심을 '효'의 문제로 삼고 있는 그의 관점에 준거하여 『소학』적 실천의 내용을 부연하고 있는 셈이다.

유희춘은 유학의 경전에 대한 당대 최고의 해박한 지식을 갖고 있으면서 특히, 『소학』을 유교적 실천서로 제기하고 있다는 점이 주목된다. 그는 사서四書를 중요시하면서 주자 성리학의 핵심을 담고 있는 서적을 『소학』으로 보고 있다.[34] 유희춘의 『소학』에 대한 관점은 선조와의 대화에서 잘 나타난다.

유희춘은 "책을 읽어 도의를 강명하는 데는 『사서』·『소학』·『근사록』·『대학연의』·『통감강목』 등 이 여덟 책보다 나은 것이 없습니다. … 원나라 대유 허형도 일찍이 '주문공의 『소학』과 『사서』를 나는 신명처럼 경신한다. 본말이 잘 갖추어져 있어 왕자王者가 세상에 나오면 반드시 이것을 취하여 법으로 삼을 것이다. 이 책만 잘

32 『河西集』, 「年譜」. "先生三十七歲. 夏六月 著孝經刊誤跋. 先生玉果時, 柳眉巖希春, 自京還鄉, 道經本邑, 賫示朱文公孝經刊誤一帙."

33 『河西集』 Vol.11, 「孝經刊誤拔」. "孝者, 百行之原, 而爲仁之本也 … 觀其輯小學書也, 以愛親入孝, 爲立敎之先, 而於明倫一篇, 則刪經之繁文, 以爲父子之通論, 而繫之以悖德事親之章. 終以五刑章之起語結之, 而廣之以嘉言, 實之以稽古善行, 則論孝之道, 無有餘蘊."

34 유영옥, 「미암 유희춘의 존주자 학풍과 경서언해」, 『동양한문학연구』 Vol.26, 동양한문학회, 2008. 236-238쪽.

밝힌다면 다른 글은 다루지 않아도 된다.'고 했습니다."[35]라고 경연에서 진언한다.

유희춘은 성학聖學을 공부하는 교본으로 『소학』과 『근사록』, 『사서육경』을 들고 있다. 『소학』과 관련해서는 허형의 말을 인용하면서 자신도 도학적 실천을 중시하고 있음을 보여준다. 경학에 밝았던 그는 『육서부주六書附註』 두 권을 엮어서 선조에게 진상할 정도였다.[36]

유희춘의 유학적 실천학으로서 『소학』에 대한 이해는 그의 「정훈庭訓」을 구성하는 근간이다. 「정훈庭訓」은 유계린柳桂隣(城隱, 1478-1528, 본관 善山)이 자식들을 가르쳤던 유훈을 유희춘이 정리하여 '기상氣像' '사친事親' '수신守身' 등의 〈십훈十訓〉과, '사람을 대할 때의 바른 예절'로부터 '자기 자신을 다스리고 행동하는 일'에 이르기까지 〈정훈내편庭訓內編〉·〈정훈외편庭訓外編〉으로 구성한 것이다.[37]

유희춘이 "… 아버님이 집안에서 독실히 행하신 10조를 기록하여 날마다 경계를 더하고자 정훈을 짓노라."라고 「십훈」에서 밝히고 있는 것처럼, 유희춘의 가계는 가학의 전통이 있었다.[38] 유희춘의 아버지 유계린은 최부崔溥(錦南, 1454-1504, 본관 耽津)의 제자로 그의

35 『宣祖實錄』 Vol.4, 〈선조 3년(1570) 7월 17일 계미 1번째 기사〉.

36 『眉巖集』 Vol.20. 「諡狀」. "念人君之學, 尤貴知要, 謂小學近思錄四子六書, 乃聖學之摠會, 而帝王之規矩準繩. 能通于此, 則推之他經, 無難事矣. … 爲六書附註二卷, 拜箚以獻."

37 『眉巖集』 Vol.4. 「庭訓」.

38 송순은 유희춘의 제문에서 "연원이 있는 학문은 가정에서서 전수하였다"고 적고 있다. 『眉巖集』 Vol.19, 「祭文」(宋純). "淵源之學, 傳自家庭."

딸과 혼인하여 유성춘柳成春(懶翁, ?-1522, 본관 善山)과 유희춘을 낳는다. 유희춘의 외할아버지가 『표해록漂海錄』의 저자인 최부다.

최부의 아버지는 김종직의 문인이고 김굉필과는 동학이었던 진사 최택崔澤이다. 최부는 본래 전라도 나주 동강 출신이었지만 해남으로 이주하여 해남정씨海南鄭氏[39] 정귀감鄭貴瑊의 딸과 혼인하여 이 지역의 명망가로 성장한다. 임억령林億齡(石川, 1496-1568, 본관 善山)의 조부인 전라도 영암 출신 선산임씨善山林氏 임수林秀도 해남정씨의 일가인 정귀영鄭貴瑛의 딸과 혼인하여 해남정씨와 인척을 형성한다. 임억령의 숙부인 임우리林遇利는 최부의 제자다. 최부에게 수학했던 윤효정尹孝貞(魚樵隱, 1476-1543, 본관 海南)도 전라도 강진에서 해남으로 이주하여 정귀영의 사위가 된다.[40]

현재 호남의 대표적인 종가를 이루고 있는 해남윤씨의 명망은 윤효정 가계의 학술적 성취에서 비롯되었다. 윤효정의 네 아들 윤구尹衢(橘亭, 1495-1549, 본관 海南), 윤항尹衖(1505-1591, 본관 海南), 윤행尹行(1508-1592, 본관 海南), 윤복尹復(石門, 1512-1577, 본관 海南) 중 세 아들(윤구·윤행·윤복)은 문과에 급제한다. 한 가계에서 문과

39 정귀감의 관향을 草溪로 표기하기도 한다.

40 유희춘은 전라도 관찰사로 부임하여 1571년 10월에 외할아버지 최부의 실기를 짓는다. 이 글에서 유희춘은 해남이 궁벽한 바닷가 마을이라 학문이 일천하였는데 최부가 이곳으로 장가들고, 여기서 윤효정, 임우리, 유계린 등 후학을 가르쳐 고을이 성대하게 되었을 뿐만 아니라 문헌의 나라가 되는데 일조했다고 기록하고 있다. 『眉巖集』 Vol.3, 「錦南先生事實記」. "海南爲縣, 僻在海隅, 舊無文學, 禮儀亦荒陋. 先生受室是邑, 累年遊處, 以正論變陋俗. 又得尹孝貞, 林遇利二秀才及我先人, 倒廩傾困而誨之, 三人以所學授徒, 一鄕翕然遂爲文獻之邦."

급제자 셋을 배출한 것은 당시로서는 주목할 만한 일이었다.

윤효정의 장남인 윤구는 기묘명현의 한 사람으로 호남유학의 초석을 놓는 박상朴祥(訥齋, 1474-1530, 본관 忠州)의 학술과도 연결된다. 그는 박상의 행장을 기록한다.[41]

유희춘의 큰형 유성춘은 1514년에 별시문과에 급제하여 환로에 들어섰으나 기묘사화에 연루되어 파직되자 해남의 윤구, 동복에 유배된 최산두와 교유하다 젊은 나이로 죽는다. 호남의 끝자락인 해남과 동복 지역에 조광조와 교유했던 인물들이 기거하면서 새로운 '학술의 공감장'이 구성된다. 김인후와 유희춘이 최산두를 찾아가 수학하게 되는 것도 이 시기이다. 최부-유계린-유성춘, 윤효정-윤구로 연결되는 인척에서 최산두를 포함한 호남삼걸이 출현했다고 하는 것은 이 두 집안의 학술적 뿌리가 최부와 직접적으로 연결되어 있음을 가늠하게 한다.

이와 같은 인적-학술적 관계망에서 성장한 유희춘은 '송덕봉宋德峰(1521-1578, 본관 洪州)'[42]으로 알려진 홍주송씨洪州宋氏 송준宋駿의 딸과 혼인하여 담양으로 이주하고 유경렴과 딸을 낳는다. 유경렴의 처가 김인후의 딸이다. 김인후의 문인이면서 기대승과 『주자문록朱子文錄』을 편집한 송정황宋庭篁은 송준의 동생인 송구宋駒의 아

41 『橘亭遺稿』, 「朴訥齋行狀」.

42 국문학 분야에는 송덕봉에 대해 '16세기 여성시인'이라는 점을 부각하고 있다. 근년에는 역사학 분야에서는 상례와 관련하여 송덕봉을 여성 성리학자로 평가하는 논문도 제출되고 있다. 이성임, 「16세기 송덕봉의 삶과 성리학적 지향」, 『역사학연구』 Vol.45, 호남사학회, 2012. 111-115쪽 참조.

들이다. 유희춘의 딸은 해남윤씨 집안으로 출가한다. 윤효정의 둘째인 윤구의 아들 윤관중尹寬中이 유희춘의 사위다.[43]

이렇게 보면 해남의 부호였던 해남정씨 일문은 호남의 명망가였던 최부 가계와 혼맥을 형성하고 윤효정, 임수 등 지역의 인재들과도 혼인을 통해 인맥을 형성하고 있음이 확인된다. 혼인의 과정에서 부유한 해남정씨 일가의 재산을 분급 받음으로써 향촌의 학자들은 경제적 토대를 마련한다.

특히 유희춘의 선산유씨 일가는 '탐진최씨 최부–해남정씨'의 혼맥으로 연결되고, 해남윤씨 윤효정 일가와 선산임씨 임억령 일가와도 접속된다. 뿐만 아니라, 홍주송씨, 울산김씨 집안과도 관계망을 맺게 된다. 이 혼맥의 형성 과정을 통해 해남정씨 일문과 연결되는 탐진최씨와 그 후손인 선산윤씨, 선산임씨와 해남윤씨는 재력과 학술이 결합된 전형적인 재지사족으로 성장한다.

혼맥으로 연결되는 이들의 가문은 당대의 호남 향촌사회를 주도했을 뿐만 아니라 중앙의 관계에서도 활발한 정치활동을 전개한 명문가였다. 특히 이들 가문들이 연계된 학문적 역량은 그 밑바탕에 최부의 학적 전통을 계승하고 있고, 그 흐름은 유희춘으로 수렴된다고 할 수 있다.[44]

---

43 담양모현관 소장 고문서에는 유희춘의 아들 유경렴과 사위인 윤관중에게 재산이 분배된 분재기가 남아 있다.

44 유희춘의 학문과 삶의 역정에 대해서는 다음을 참조하라. 정창권, 『홀로 벼슬하며 그대를 생각하노라』, 서울: 사계절, 2003.

효행의 유교적 공감장, 소쇄원

혼맥을 통해 김인후와 연결되는 호남유학의 공간이 있다. 그곳이 별서이자 자연공간인 소쇄원瀟灑園이다. 소쇄원의 주인인 제주양씨 양산보는 담양출신으로 15세에 상경하여 조광조의 문하생이 된다. 얼마 후 현량과에 합격(1519)하지만 출사하지 못하고 기묘사화로 스승이 화를 입자 낙향하여 은일한다. 조광조의 죽음과 관련해서는 제주양씨 일문의 양팽손도 유사한 트라우마를 갖고 화순 이양의 학포당學圃堂에 칩거한다. 그의 아들 양응정梁應鼎(松川, 1519-1581, 본관 濟州)은 종형인 양산보와 교유한다.

졸지에 스승과 동료 선배를 잃은 양산보는 자연을 벗 삼고 부모를 극진히 봉양하는 것으로 자신의 배움과 실천을 증명한다. 그는 모든 행위의 근본은 '효'에서부터 비롯한다는 유교적 가르침을 실천궁행하는 것으로써 공부의 처음과 끝을 삼는다. 성리학이 추구하는 도학은 사람다움의 도리, 곧 효에서부터 비롯한다는 것이 그의 생각이었다. 그래서 양산보는 항상 "사람의 도리는 부모에게 효도하는 것보다 더 큰 것이 없어서 사람의 자식된 자로서 부모에게 효도를 못하는 자를 어찌 사람이라 할 수 있겠느냐"[45]라고 아들인 양자징에게 가르친다.

출사하지 않고 처사적 삶을 통해 부모에게 효도하면서 자신의 분노와 우울을 달래가는 양산보의 일상은 많은 이들의 귀감이 된다.

---

45 『西河集』 Vol.16. 「瀟灑園梁公行狀」. "常謂人道莫大於孝, 而爲人子者不能其所當爲."

원근의 명사들이 소쇄원에 내방하여 양산보와 도의를 논하고 은일적 삶의 세계를 토론한다. 그런 인물 가운데 한 사람이 김인후였다.

김인후는 양산보와 사촌동서 사이인 울산김씨 김백균金百鈞을 통해 인맥을 형성하고 있었다. 소쇄원을 찾아 은일과 소요의 흥취를 완상하던 그였지만 인종의 갑작스런 죽음은 감당하기 어려운 사건이었다.[46] 그럴 때마다 김인후는 소쇄원을 찾는다.[47] 이러한 과정에서 두 사람의 삶에 대한 교감과 공감은 후일 김인후가 소쇄원 주인의 아들 양자징을 사위로 맞이하는 계기가 된다.[48]

김인후와 양산보가 자연공간에서 은일과 소요의 자적한 삶을 향유하면서도 그들은 하나의 공통된 실천적 주제를 공유하고 있었다. 그것은 출사하지 않고 향리에 머물며 성리학적 가치규범을 일상 속에서 내면화하는 '효'의 실천이다. 소쇄원은 효라는 감성을 구체화하고 서로 나누는 유가적 공감장sympathetic field of Confucian이었다.

양산보와 김인후가 구성한 효의 공감장은 그들이 주고받은 시적인 노래에 담겨 있다. 양산보의 많지 않은 글 가운데 하나가 '효

46 김인후의 인종에 대한 통곡과 울분은 「유소사」에 곡진하게 드러난다. 김경호, 「그리움의 분노: 김인후의 통곡」, 『감성의 유학』, 광주: 전남대학교출판부, 2014. 150-154쪽 참조.

47 김인후는 온전하지 못한 인종의 죽음에 대한 통탄으로 분노와 슬픔의 격정에 휩싸이는데, 그러한 심정은 조광조의 죽음에 대한 양산보의 감정과 크게 다르지 않았을 것으로 보인다. 그러한 격정의 자연 치유 공간이 소쇄원이기도 하였다. 소쇄원의 풍광을 읊은 '마흔 여덟 개의 노래'는 그러한 사례의 하나다. 『河西集』 Vol.5. 「瀟灑園四十八詠」.

48 양산보와 소쇄원에 대해서는 다음을 참조하라. 김덕진, 「양산보의 기묘사화 체험과 소쇄원 건립」, 『역사학연구』 Vol.30, 호남사학회, 2007. 87-105쪽.

에 관한 노래'이다. 이 글은 『소쇄원사실瀟灑園事實』과 『하서집河西集』에 실려 있다.

아득한 천지에 이치는 두루 흘러/ 수달은 은혜 갚고 여우는 머리 눕히네./ 하물며 사람인데 뿌리 찾지 않을까!/ 제 몸이 중하다면 어디에서 나왔으며/ 천금 같은 그 모습은 어디서 이뤄졌나./ 아! 아버지며 어머니며, 실로 나를 낳으시니/ 노고도 그지없고 사랑도 그지없네./ … 그러기에 성인은 근본에 힘썼으니/ 여기에서 선한 본성 발휘하란 것이었네/ 받들고 사랑하는 그 뜻을 합쳐/ 효도라는 이름을 만들었지….[49]

김인후는 이 부에 차운하여 「효부孝賦」를 지어 화답한다.

…오직 성인만이 인륜의 지극함이시니/ 공수자公輸子의 구구矩規요 사광師曠의 음율과 같아라./ 공경하고 두려워하며 선으로 나가야만/ 천하에 아버지와 자식들이 안정 되도다/ …우리 회옹 선생은 홀로 뛰어나 학문을 이어서/ 자세하고 곡진한 소학小學의 절목을 엮어냈네./ 옛날 군왕들이 베풀어 놓은 것을 회복하고/ 날로 쓰는 떳떳한 인륜 분명하게 밝히셨네./ 또 자기 몸을 닦는 것으로써 제시하시되/ 자식된 도리 다할 것을 먼저 내세우셨네./ … 진실로 소학의 핵심에 밝지 못하면/ 부모가 천지란 걸 어찌 생각하리오./ 가장 먼저 할 일은 근본 세우는 것/ 어느 곳에 쓰더라도 모두 넉넉해라….[50]

49 『瀟灑園事實』 Vol.2, 「孝婦」; 『河西集』 Vol.1, 「孝賦」(梁山甫).

50 『河西集』 Vol.1, 「孝賦次韻」(金麟厚). 번역문은 조기영의 번역을 참조하였다.

양산보의 '효'에 대한 감성을 잘 보여주는 이 「효부」는 1552년, 그의 나이 49세에 지은 것이다. 이것을 본 김인후는 양산보의 감성에 깊이 공감하면서 효가 인륜의 근본임을 천명하고, 효의 실천과 효를 배양할 수 있는 방법, 학문의 순서를 시로 적어 화답(43세)한다. 그것이 「효부차운孝賦次韻」이다.[51] 효를 실천할 수 있는 근본 공부로 『소학』이 언급된다.

양산보와 김인후가 화답한 「효부」에 대하여 송순은 "공(김인후)은 양군과 오랜 친구사이로 더욱이 두 자녀가 혼인을 하여 서로 정으로 친하고, 서로 덕으로 존경하여 왔다. 두 공의 창화倡和는 모두가 이륜의 아름다운 일일뿐더러, 학업을 서로 믿고 가법으로 전한 면을 내가 두 공에서 취하여 경의를 드린다."[52]는 발문을 짓는다. 일종의 논평문의 형태를 취하고 있는 발문을 쓴 송순은 당시 호남의 명유로 지역의 학술과 문예를 주도하던 인물이다. 그는 양산보와 이종사촌이다.

김인후가 양산보의 「효부」에 차운한 것은 두 사람이 사돈 간이면서도 도의지교道義之交를 나누던 사이였기 때문에 가능한 것이었다. 그러나 더욱 중요한 것은 이들이 성리학적 실천윤리의 첫 번째인 '효의 실천'에 공감했기 때문이다. 유학의 도학적 성취는 곧 효의

51 양산보와 김인후의 「효부」에 대한 내용분석은 다음을 참조하라. 조기영, 「하서 김인후의 〈효부〉에 대한 고찰」, 『동양고전연구』 Vol.41, 동양고전학회, 2010. 152-181쪽; 한예원, 「양산보의 〈효부〉와 〈소학〉 정신에 관하여」, 『한문교육연구』 Vol.31, 한국한문교육학회, 2008. 479-481쪽.

52 『俛仰集』 Vol.3, 「拔金厚之次梁彦鎭孝賦韻」.

실천에 있다는 것이 그들의 공감대를 형성한다. 김인후가 1543년에 중앙의 관직을 마다하고 부모의 봉양을 위해 '옥과현감'으로 나간 것이나, 『효경간오』의 발문을 짓는 것도 소학적 실천에 바탕을 둔 '효'에 대한 관심을 엿보게 한다.

자연 치유의 공간이면서 동시에 효행의 공간이었기에 소쇄원 경영에는 김인후나 송순뿐만 아니라 인근의 명사들이 대거 참여하게 된다.[53] 여기에는 광산김씨 가문의 인물들도 직간접적으로 관여하게 된다. 그러한 이유는 양산보의 처가 광산김씨 김후金珝의 딸이기 때문이다. 김후는 『주자문록』 간행에 일조했던 환벽정環碧亭의 주인 김윤제金允悌(沙村, 1501-1572, 본관 光山)의 아버지이다. 김윤제의 손녀사위가 정철鄭澈(松江, 1536-1593, 본관 延日)이다. 이러한 혼맥으로 인해 정철도 소쇄원의 인맥에 포함된다.

이외에도 양자징과 사촌이자 서하당棲霞堂의 주인인 김성원金成遠(棲霞堂, 1525-1597, 본관 光山)도 소쇄원에 출입한다. 또 김후의 손녀사위인 송정황, 이들과 인척을 맺고 있는 고경명高敬命(霽峯, 1533-1592, 본관 長興), 김성원의 스승이자 식영정息影亭 주인 임억령林億齡(石川, 1496-1568, 본관 善山) 등도 소쇄원에 출입하며 공감의 접점을 형성한다.

고경명의 경우에는 울산김씨 김백균과 그의 처 광산김씨 사이에

53 소쇄원의 초기 경영에는 송순의 지원이 컸다. 양산보의 어머니 신평송씨가 송순의 고모이다. 소쇄원의 건립과 양산보의 인적 교류망에 대해서는 다음을 참조하라. 권수용, 「소쇄원의 역사와 인문활동 연구」, 전남대학문화재협동과정 박사학위논문, 2008.

서 태어난 딸의 남편으로 '담양-창평' 지역의 핵심 재지사족 가문과 연결되어 있다. 그는 아버지 고맹영高孟英과 함께 이량李樑의 당인으로 지목되어 실각한 후[54] 낙향한다. 고경명이 18여 년 동안 광주 압보촌鴨保村에 은거하였음에도 지역에서 유력한 인사들과 교유할 수 있었던 것도 그의 학문적 역량뿐만 아니라 이러한 혼맥으로 이루어진 인맥의 영향이 크다.

이 효의 가르침은 대를 이어 소쇄원의 공간을 채워간다. 양산보를 잇는 양자징이 사관祠官에 임명되었다가 거창居昌 현감縣監으로 벼슬에 나가게 되는 것도 그의 효행이 알려져 '효자'로 천거되었기 때문이다. 양자징을 이어 소쇄원을 경영하는 양천운梁千運(瀛洲, 1568-1637, 본관 濟州)의 경우, 『소학』과 『삼강행실』 등의 책으로 자녀들을 가르치면서 "우리 집안은 효도로 전해와 본래 토지의 문권이 없으니, 너희들은 각자 공경하고 삼가서 너를 낳아주신 부모를 욕되게 하지 말라."[55]고 경계한다.

이런 가르침은 유교적 실천의 핵심도리인 효와 그 효를 행도行道의 첫 번째로 삼는 '소학적 실천 공간'으로 소쇄원이 기능하고 있음을 알려준다. 소쇄원은 당대 장성-담양-창평-광주 인근의 인물들이 출입하는 '은일과 자적의 공간'이자 '효'를 내면화 하고 실천하는 사람들이 접속하고 만나는 '공감장共感場'이었던 셈이다.

---

54 이량 당인들에 의한 국정농단에 대해서는 다음을 참조하라. 김경호, 「불온한 공감-존재의 사유, 너머」, 『한국철학논집』 Vol.52, 한국철학사상연구회, 2017.

55 『陶谷集』 Vol.16, 「司憲府監察梁公墓誌銘」. "公仍戒子姪曰, 吾家以孝相傳, 本無文券, 爾等各自祗飭, 無忝所生. 以小學三綱行實等書, 訓誨子女."

관계망의 중첩과 호남학술의 부상

김인후와 혼맥을 맺고 있는 호남의 명유 가운데 비교적 연장자에 속하는 이항은 한성에서 태어났지만 태인泰仁으로 이주하여 살며 김인후를 비롯한 노수신, 기대승 등 지역의 명사들과 교류하고 후학을 양성한다. 그는 박영朴英(松堂, 1471-1540, 본관 密陽)에게 배우고 조식曺植(南冥, 1501-1572, 본관 昌寧), 성운成運(大谷, 1497-1579, 본관 昌寧)과는 막역한 사이였고 의병장이기도 한 김천일金千鎰(健齋, 1537-1593, 본관 彦陽), 기대승의 장남 기효증奇孝曾과 혼맥을 맺는 김점金坫(梅堂, ?-?, 본관 扶安)을 제자로 두었다.

김인후보다 세 살 아래인 유희춘은 해남 출신으로 담양에 거주하였으나 종성과 은진에서의 19년간 유배 기간이 말해 주듯이 정치적으로 순탄하지 않았다. 유희춘은 김종직-최부 계열로 이어지는 가학의 전승 속에 김인후와 함께 김안국, 최산두 학맥으로 연결되고, 허엽許曄(草堂, 1517-1580, 본관 陽川)의 아들인 허성許筬(岳麓, 1548-1612, 본관 陽川), 허봉許篈(荷谷, 1551-1588, 본관 陽川)[56]을 제자로 두었다.[57] 허엽은 서경덕徐敬德(花潭, 1489-1546, 본관 唐城)에게 배웠고 유희춘과 마찬가지로 김안국 문하에도 있었다.

광주에서 태어난 기대승은 특별한 사승 관계없이 가학을 통해 학문을 익혔고[58], 정운룡鄭雲龍(霞谷, 1542-1593, 본관 河東), 최경회崔

56 허봉은 사관으로 있으면서 기대승의 사후 그가 경연에서 했던 말을 뽑아 『논사록』 2권을 만드는 인물이다. 『高峯集』 附錄 Vol.1, 「諡狀」(李植 撰).

57 『岳麓集』, 「墓碣銘」(金世濂 撰). "少師柳眉巖."

58 기대승이 이황을 '선생'으로 높이고 있다는 점에서 '스승과 제자'로 보는 것

慶會(日休堂, 1532-1593, 본관 海州) 등이 그의 문하에서 배우고 정철도 그에게서 배웠다. 김인후의 제자로는 맏사위이자 제자인 조희문, 둘째 사위이자 제자인 양자징 이외에도 기효간奇孝諫(錦江, 1530-1593, 본관 幸州), 변성온卞成溫(壺巖, ?-?, 본관 草溪) 등이 있다.

김인후-이항-유희춘-기대승으로 이어지는 혼맥은 '호남'의 이름을 당대에 전국적인 '별칭'으로 각인하는데 크게 기여했다. 그것은 학술의 파급력이기도 하였다는 점에서 한국유학사의 지평에서 특별한 의미를 갖는다.[59]

16세기 호남유학의 흥기와 관련하여 여전히 불분명한 것은 기대승의 『주자문록』 편정에 사용되었던 『주자대전』의 소재다. 기대승이 보았던 『주자목록』의 판본이 무엇이고, 이것은 어떻게 입수했는가 하는 점은 여전히 의문이다. 이것이 중요한 까닭은 이 점이 확인되어야 당시 호남유학의 『주자대전』에 대한 이해와 기대승의 주자학에 대한 학습의 정도를 파악할 수 있기 때문이다. 어쨌든 기대승은 당대 조선에서 『주자대전』을 완독했던 첫 세대에 속한다.

이 기존의 통설이다. 그러나 기대승이 이황을 사사했다는 직접적인 기록이 없다는 점에서 이 문제는 다른 관점에서 접근할 필요성을 제기한다.

59 유희춘에 대한 기존의 평가는 재고될 필요가 있다. 유희춘은 조선유학의 학술적 토대를 다지는 기초 작업을 선구적으로 수행한 인물이다. 그가 수행했던 유교학의 안정적 확산을 위한 학술적 노력, 특히 『주자대전』과 『주자어류』를 교정하고 『詩書釋義』를 총괄했던 것은 유학사적으로 매우 중요한 학술적 작업이다. 이러한 일은 유가철학에 대한 해박한 지식과 학술 일반에 대한 조예가 없으면 불가능하다. 또한 『續蒙求』를 비롯하여 『歷代要錄』·『續諱辨』·『川海錄』·『獻芹錄』·『朱子語類箋解』·『玩心圖』 등의 저술도 새로운 평가를 기다리고 있다.

기대승은 『주자대전』을 통해 주자학을 통독한 결과, 주자학 이론에 관해서는 타의 추종을 불허할 정도의 학식을 쌓는다. 그런 바탕에서 김인후, 이항, 정지운鄭之雲(秋巒, 1509-1561, 본관 慶州), 이황, 노수신盧守愼(蘇齋, 1515-1590, 본관 光州) 등과 태극음양, 인심도심, 곤지기, 사단칠정에 대한 학술토론이 가능했던 것이다.

이황의 『주자서절요』와 규모가 다른 기대승의 『주자문록』 편정 작업에는 홍주송씨 가문에 속한 송정황의 기여[60]와 광산김씨 가문의 김윤제의 지원이 큰 몫을 하였다. 김윤제나 송정황도 혼맥의 관계망에서 김인후와 연결되어 있다. 김윤제는 나주목사를 역임하면서 『주자문록』의 출판을 지원했고, 김인후의 문인이기도 한 송정황은 김윤제의 조카사위다. 송정황의 아들이 의병장으로 활약했던 송제민宋濟民(海狂, 1549-1602, 본관 洪州)이다. 이처럼 기대승의 『주자문록』 편정과 간행은 호남의 유력한 재지적 기반을 갖추었던 광산김씨 가문과 홍주송씨 가문을 비롯하여 학술적으로 두각을 나타냈던 울산김씨 김인후, 선산유씨 유희춘 등 지역의 공동체가 조력한 셈이다.

호남유학에서 학술논쟁의 주제는 네 가지로 압축된다. 이항과 기대승의 태극음양론에 대한 토론이 진행되는 와중에 김안국과 김정국 형제에게 배웠던 정지운의 '천명도설'에 대한 해석이 논란이 되고, '천명도설'에 이어서 '사단칠정론'의 문제가 토론된다. 그리고 이연경李延慶(灘叟, 1484-1548, 본관 慶州)의 사위이자 문인이었던 노

60 『朱子文錄』 續集, 「卷後」(宋廷篁).

수신과의 인심도심에 대한 문제가 논의된다.

이와 같은 논의 순서는 우연히 제기된 것만은 아니다. 이 단계 자체가 성리학의 공부의 단계이기도 하다. 소학적 실천을 통해 신유학의 가치와 규범에 대한 몸 공부가 수행된 이후에, 성리학의 형이상학에 대한 논의가 본격화 되는 것이다. 태극음양에 대한 이해로부터 시작하여 리기에 대한 확실한 입장을 갖추어야만 그 다음 단계의 사단칠정을 다루는 심성에 대한 논의가 가능해진다. 정지운의 천명도설은 추상적인 이론을 도해한 것이지만 논리정연한 이론체계가 아니라는 점에서 중간적 단계에 속한다. 그리고 최종적으로는 인심도심의 문제와 연계되는 수양의 논의가 제기되는 것이 논의 순서이다. 호남의 학술토론은 전국단위로 확산된다.[61]

태극음양의 문제에 있어서 기대승은 이항과의 토론을 통해서 성리학의 리학적 측면과 기학적 측면이 혼재하던 당대의 학술을 정주성리학적 방향으로 정리를 시도한다. 태극음양의 통합적 이해를 주장하는 것이 이항의 입장인데, 이것은 기대승이나 김인후가 보았을 때 리기일물理氣一物의 관점이다. 따라서 태극음양으로 논의되고 있는 리와 기가 비록 불상리不相離하면서 불상잡不相雜 하지만, 기대승과 김인후는 '태극은 리'라는 점을 분명히 하고자 한다.[62]

61 호남유학의 전개과정에서 성리학의 보편이론에 대한 지역적 토론이 전국단위로 확대될 수 있었던 요인이 무엇이었을까 하는 문제는 지성사의 측면에서 재조명될 필요가 있다.

62 태극음양에 대한 논의는 다음을 참조하라. 김경호, 「일재 이항과 고봉 기대

그러나 리기의 짝 개념[63]을 심성 개념과 연동하여 토론하는 것은 단순하지 않다. 이황은 사단을 리로, 칠정을 기로 분개해서 보려는 관점인데, 기대승은 8여년을 끌면서 반대한다. 기대승은 "희·노·애·락·측은·수오·사양·시비의 리가 혼연히 속에 있는 것은 바로 그 본체의 본질이지만, 혹 기품이나 물욕의 구애와 가림을 받게 되면 리의 본체는 본래 그대로 여전해도 그 발현된 것에는 혼昏·명明·진眞·망妄의 구분이 있는 것입니다. 만약 기품과 물욕의 얽매임을 다 제거한다면, 그 본체의 유행이 어찌 해가 땅을 두루 밝게 비치는 것과 같지 않겠습니까."[64]라고 한다. 이황이 희노애락을 사단과 분리하여 보려한 반면, 기대승은 희노애락이 "사단과 분리되지 않은 연속된 감정"이라고 보는 것이다.[65]

완결되지 않은 학적 쟁점의 분기는 후속하는 세대들의 또 다른 논쟁을 기다리고 있었다. 태극음양에 관한 논의는 호남유학의 토대에서 서경덕의 이론을 계승[66]하고 있는 박순朴淳(思菴, 1523-1589, 본

승의 교류와 논쟁에 대한 재독해- 1560년대를 전후한 호남유학의 철학적 문제의식」, 『율곡사상연구』 Vol.29, 율곡연구원, 2014.

63 기대승과 이황, 이이를 비롯한 조선성리학의 리기 개념에 대한 흐름과 사유방식의 변화에 대해서는 다음을 참고하라. 김경호, 『동양적 사유는 어떻게 탄생했는가 - 리와 기의 조화와 충돌 그리고 탈출』, 파주: 글항아리, 2012. 189-274쪽.

64 『高峯集』『兩先生四七理氣往復書』 上 Vol.1, 「高峯答退溪論四端七情書」.

65 김경호, 「빈락에 대한 성찰-고봉과 퇴계의 경우를 중심으로」, 『유학연구』 Vol.34, 충남대학교 유학연구소, 2016. 27-30쪽 참조.

66 서경덕의 학맥을 잇고 호남유학자 중 한 사람이 나주 출신의 정개청이다. 그의 문하에는 호남의 유력한 가문 출신들의 자제들이 대거 운집하여 문생이 400여명에 이르렀다고 한다. 정여립 모반사건에 연루되어 체포(1589)되어 유

관 忠州)에 의해 이이와의 논변으로 확대된다. 사단칠정과 인심도심에 대한 미진한 논의는 성혼成渾(牛溪, 1535-1598, 본관 昌寧)과 이이에 의해서 재연되면서 새로운 국면을 맞이한다. 이들의 학술적 토론 과정에서 흥미로운 점은 성혼과 이이가 호남유학의 학술 경향과 미묘하게 닿아 있다는 점이다.

성혼은 16세기 전반에 '은일적 도학자'의 면모를 보여주었던 성수침成守琛(聽松, 1493-1564, 본관 昌寧)의 아들이다. 성수침은 조광조의 문인으로 사문인 호남출신의 양팽손, 양산보 등과 교유하였고, 송순, 김인후 등 당대의 호남 명유들과도 친교를 나누었다. 그러한 사회적 관계망 속에서 성혼은 1551년에 신여량申汝樑(15015-1580, 본관 高靈)의 딸과 순천에서 혼인하면서[67] 호남지역의 인사들의 주목을 받는다.

부친 성수침의 학문적 인맥에 더하여 혼맥을 통해 성혼은 호남지역의 동년배인 정철뿐만 아니라 젊은 사류층과 연계되고, 이러한 과정에서 그의 문인 가운데 호남 인사들이 대거 포진하게 된다. 양자징의 아들인 양천경梁千頃, 양천회梁千會, 양천운梁千運[68]을 비롯하여 안방준安邦俊(隱峰, 1573-1654, 본관 竹山) 등 호남유생들이 성혼의 제자가 되는 것도 이러한 사정과 무관하지 않다.

배지인 함경도 경원의 아산보에서 사망(1591)한다.

67 『牛溪集』, 「年譜」, 〈嘉靖 三十年辛亥〉(1551, 17세). "七月. 聘高靈申氏于順川郡. 先生外舅申公汝樑, 時爲順川郡守."

68 『陶谷集』 Vol.16, 「司憲府監察梁公墓誌銘」. "監察公與其兄千頃, 千會, 出入牛溪先生之門, 少見賞於重峰趙文烈公, 淸陰金文正公亦與交厚."

안방준은 11세에 퇴계문인이었던 박광전朴光前(竹川, 1526-1597, 본관 珍原)에게 수학하고, 14세에는 자형인 박종정朴宗挺(蘭溪, 1555-1597, 본관 咸陽)에게 배우다가 19세(1591)에 파산(파주)으로 가서 성혼의 문인이 된다.[69] 게다가 안방준의 경우에는 아들 안후지安厚之가 성혼의 아들인 성문준成文濬(滄浪, 1559-1626, 본관 昌寧)의 차녀와 혼인하여 사돈관계를 맺게 된다. 이렇게 됨으로써 호남의 보성을 중심으로 우계학맥의 근거가 마련된다.

호남유학의 핵심 축을 이루었던 '김인후-이항-기대승'에 의해서 촉발되었던 태극음양의 문제를 중심으로 한 리기론적 사유와 천명도의 문제, 사단칠정과 인심과 도심의 문제들은 후속세대인 '박순-성혼-이이'의 성리 철학적 논제로 심화된다. 호남유학의 철학적 사유가 이 지역의 학자들과 혼맥을 통한 학술적-인맥적 친연성을 갖고 있는 성혼과 이이 문하의 우율학맥으로 경도되는 것은 어쩌면 당연한 귀결일지도 모른다.

혼맥과 사회적 역동성

이 글을 구상하면서 내가 유념한 것은 16세기 호남유학이 이전 시기의 유학과는 질적으로 다른 양상을 띠고 있다면, 그러한 동인과 힘은 무엇에서 비롯하였을까 하는 물음이었다. 이 점을 해명하

69 『隱峯全書』附錄上,「年譜」. "先生十一歲. 就學于竹川朴先生, 竹川諱光前, 字顯哉, 退溪門人… 先生十四歲. 蘭溪朴先生受學, 蘭溪諱宗挺, 字應善, 乃先生姊夫也… 先生十九歲. 四月, 往坡山, 行贄禮于文簡公牛溪成先生."

는 것은 호남유학의 16세기적 특이성을 드러내는 것만이 아니라 16세기 조선유학의 특징을 가시화 하는 것이기도 하다. 왜냐하면 16세기 호남유학의 수준은 곧 당대 조선유학의 수준이기도 하였기 때문이다.

이와 같은 의문을 풀어가는 단서를 나는 혼인의 관계망에서 찾았다. '혼인'이라는 관계의 재구성양식은 이질적인 사람들을 유기적으로 동기화 하면서 연결하고, 경우에 따라서는 관계 속의 삶을 변형하고 이전과는 다른 사유를 발아하고 확장한다. 따라서 나는 혼인의 역동적인 측면을 학적 네트워크와 연계하여 사유함으로써 16세기 호남유학의 공감장과 그 특질을 조명하고자 하였다.

이 글을 통해서 확인할 수 있었던 사실은 16세기 전반기 김인후를 중심으로 한 호남의 혼맥이 매우 광범위하고 다층적인 가문의 결합으로 나타난다는 것이다. 김인후 자손들의 혼인은 동족同族 집단의 일원이었던 개인이 이종족異宗族 집단에 포함됨으로써 종족간의 지속 가능한 접속의 계기성을 제공하고, 동시에 이 과정을 통해 상호간 신뢰를 바탕으로 하는 인맥과 학적인 관계망 또한 구축되고 있다는 점이다. 이전에 없었던 새로운 공감장이 형성된 것이다. 실증적인 자료를 통한 검증의 절차가 필요하겠지만, 16세기 호남의 지역사회에서 혼인을 통한 인적 교류는 '사회적 유동성'을 확장하는 계기로 작동하였다는 점은 분명해 보인다.

이런 점에서 나는 혼인의 과정에 수반되는 다양성의 혼성과정이 새로운 16세기 호남유학의 집단적 응축과 연대적 가치를 생성할 수 있는 동력으로 작동하였다고 판단한다. 김인후와 연관되는 가문의 구성원과 그 후손들의 집단적이면서도 공감적인 사유의 지점에는 특별히 16세기 호남유학에서 강조되었던 '소학적 실천'의 내면화와 '효행'의 일상성이 자리하고 있다. 소학과 효는 16세기 호남유학의 공감장을 구성하는 핵심 요인이었다.

끝으로 16세기 혼인을 통한 호남의 가족구성 관계망을 오늘의 시점에서 재독해 한다면, 그것은 익숙한 것들에 의한 자가 복제의 유혹을 넘어서 있다는 것이다. 혼인에 의해 형성된 인적 관계망이 학술적 공감대를 형성하면서 확장될 수 있었던 힘은, 다름의 공존 방식에 대한 재발견에서 비롯한다. 다시 말하면, 호남유학이 16세기 중반에 부상할 수 있었던 여건은 혼맥으로 연결된 공동체의 우수한 학술인력의 양성과 지원에 있었고, 이들의 상호 신뢰를 전제로 한 학술정보의 교환과 활발한 토론이 있었기에 가능한 것이었다.[70]

낯선 것에 대한 긴장과 이완을 통해 상호 존중과 공존의 지혜를 구축해 나갔던 16세기 호남유학은 이전의 유학과 다른 지평에 있음을 보여준다. 호남유학의 부상과 명멸도 다름에 대한 감성적 사유에서 비롯하였다는 것은 성찰적 과제다.

70 김용헌은 16세기 조선에서 다양한 성리학 이론이 분출한 이유를 "치열한 논쟁"이 가능했기 때문이라고 본다. 김용헌, 위의 논문, 71쪽 참조.

참고문헌

『高峯集』, 『陶谷集』, 『慕齋集』, 『俛仰集』, 『眉巖日記』, 『眉巖集』, 『西河集』, 『岳麓集』, 『燃藜室記述』, 『牛溪集』, 『栗谷全書』, 『橘亭遺稿』, 『隱峯全書』, 『朱子文錄』, 『通書』, 『河西集』, 「龍仁李氏分財記」

고영진, 『호남사림의 학맥과 사상』, 서울: 혜안, 2007.

김경호, 『동양적 사유는 어떻게 탄생했는가』, 파주: 글항아리, 2012.

김경호, 『감성의 유학』, 광주: 전남대학교출판부, 2014.

김미영, 『가족과 친족의 민속학』, 서울: 민속원, 2008.

박미해, 『유교 가부장제와 가족, 가산』, 서울: 아카넷, 2011.

정창권, 『홀로 벼슬하며 그대를 생각하노라』, 서울: 사계절, 2003.

이광규, 『한국의 가족과 종족』, 서울: 민음사, 1990.

이광규 외, 『가족의 문제역동성과 문제인식』, 서울: 집문당, 1996.

안진오, 『호남유학의 탐구』, 서울: 이회문화사, 1996.

이을호, 다산학연구원 편, 『이을호전서』 Vol.8, 서울: 예문서원, 2000.

전남대호남학연구원, 『공감장이란 무엇인가』, 서울: 도서출판 길, 2017.

황태연, 『감정과 공감의 해석학』 Vol.1, 성남: 청계, 2014.

권수용, 「소쇄원의 역사와 인문활동 연구」, 전남대학교 문화재협동과정 박사학위논문, 2008.

권용혁, 「한국의 가족주의에 대한 사회철학적 성찰」, 『사회와 철학』 Vol. 25, 사회와 철학 연구회, 2013.

김경호, 「16세기 조선 지식인 사회의 '심경' 수용과 철학적 담론의 형성」,

『동양철학』 Vol.19, 한국동양철학회, 2003.

김경호, 「일재 이항과 고봉 기대승의 교류와 논쟁에 대한 재독해- 1560년대를 전후한 호남유학의 철학적 문제의식」, 『율곡사상연구』 Vol.29, 율곡연구원, 2014.

김경호, 「불온한 공감-존재의 사유, 너머」, 『한국철학논집』 Vol.52, 한국철학사상연구회, 2017.

김경호, 「빈락에 대한 성찰-고봉과 퇴계의 경우를 중심으로」, 『유학연구』 Vol.34, 충남대학교 유학연구소, 2016.

김덕진, 「양산보의 기묘사화 체험과 소쇄원 건립」, 『역사학연구』 Vol.30, 호남사학회, 2007.

김용헌, 「조선전기 사림파 성리학의 전개와 특징」, 『국학연구』 Vol.19, 한국국학진흥원, 2011.

김일근, 「면앙정 송순 자필분재기의 문화사적 의의」, 『고문연구』 Vol.10, 한국고문연구회, 1997.

박학래, 「조선시대 호남유학의 전개 양상과 의의 - 지방분권시대의 전통사상 연구와 관련하여」, 『철학연구』 Vol.99, 대한철학회, 2006.

신규수, 「조선시대 유배형벌의 성격」, 『한국문화연구』 Vol.23, 한국문화연구원, 2012.

유영옥, 「미암 유희춘의 존주자 학풍과 경서언해」, 『동양한문학연구』 Vol.26, 동양한문학회, 2008.

이성임, 「16세기 송덕봉의 삶과 성리학적 지향」, 『역사학연구』 Vol.45, 호남사학회, 2012.

이정선, 「가족사, 가장 오래된 새로운 역사- 한국 근현대 가족사 연구의 현황과 과제」, 『역사비평』 Vol.104, 2013.

이종범, 「15세기말-16세기 중반 전라도 유배인의 활동과 교유양상」, 『역사학연구』 Vol.41, 호남사학회, 2011.

전경목, 「분재기에 나타난 조선시대 생활 풍속의 변화」, 『대동사학』

Vol.1, 대동사학회, 2002.
정재훈, 「조선전기 소학 이해와 그 학습서」, 『한국계보연구』 Vol.6, 한국계보연구회, 2016.
조기영, 「하서 김인후의 〈효부〉에 대한 고찰」, 『동양고전연구』 Vol.41, 동양고전학회, 2010.
지철호, 「조선전기의 유형」. 『법사학연구』 Vol.8, 한국법사학회, 1985.
한예원, 「양산보의 〈효부〉와 〈소학〉 정신에 관하여」, 『한문교육연구』 Vol.31, 한국한문교육학회, 2008.

『대동보大同譜』.
『만가보萬家譜』

불온한 공감: 존재의 삶-정치 너머

구차투안과 수월빙호

부정과 불의가 백주에 횡행하는 후안무치한 우리 시대에, 협력과 공생보다는 승자독식과 각자도생을 강박하는 투명인간의 시대에 구차하지 않게 산다는 것은 가능할까? 일신의 편안함과 안락함을 추구하는 것이 오히려 미덕이 되어 버린 부끄러움을 부끄러워하지 않는 시대에서[1], 16세기 중후반 조선의 역사적 전개과정에서 호남을 대표하는 유교학자이자 관료였고, 정치가이자 교육자였던 기대승奇大升(存齋, 1527-1572, 본관 濟州)[2]의 삶과 사유를 탐문한다는 것은 어떤 의미가 있을까? 우리는 기대승을 통해 무엇을 사유하고 의미화 할 수 있을까? 이 글은 이 같은 물음을 전제로 시대와 불화

1 우리 시대의 부끄러움에 대한 논의는 다음을 참조하라. 김경호, 「부끄러움의 윤리학은 가능한가?」, 『유교사상문화연구』 Vol.66, 한국유교학회, 2016. 377-384쪽.

2 존재存齋는 고봉高峯과 함께 사용되는 기대승의 호다. 기대승은 이황에게 "제가 존으로 서재의 이름을 붙이고자 하니, 존재라는 두 글자를 큰 글자로 써서 보내 주시는 것이 어떻겠습니까?"라고 요청하는 편지를 보내자(奇大升, 『高峯續集』 Vol.2, 「答上退溪先生座前」) 이황은 1560년(庚申) 9월 1일 기대승에게 답신을 보낸다.(『高峯集』 Vol.1, 「答上存齋契右」)

하고 자신과도 쉽사리 타협하지 못해 격동했던 기대승을 소환하여, 그의 삶과 철학을 '불온함'과 '공감'이라는 두 개념을 중심으로 탐문한다.

전통시대를 살았던 기대승이라는 한 인물의 철학적 삶-정치를 탐문하는 것은 자칫 계몽적인 논조로 경도될 위험성을 내포하는 것도 사실이다. 나는 이 같은 선입견을 배제하면서 기대승을 탐문하기 위해 불온함unrest과 공감sympathy이라는 두 개념을 제기하는 것이다. 불온함[3]은 예상하지 못한 반응이나 예상한 궤적의 교란에서 발생한다. 사고나 행동을 규제하는 '정상적' 분할의 선들을 횡단하며 밀고 들어오는 침범에서, 그 앞에서 느끼는 당혹감과 같다.

더 당혹스러운 것은 이 불온함에 의해 야기된 사태가 어디로 진행될지 알 수 없다는, 그 종착지와 파급력을 가늠할 수 없기에 불안감을 증폭시킨다는 점이다. 미래시제를 갖는 어떤 예감에 의해 야기되는, 현재적 출현에서 오는 당혹, 도래할지 모르는 침수의 불안한 예감, 이 두 가지 상이한 감정의 복합체가 불온성이다.[4]

불온함의 감성적 지평에서 존재의 감정과 행위는 타자에게 전염된다. 그 전염의 양상은 주로 공감共感의 방식으로 나타난다. 공감은 '함께'라는 뜻을 포함하는 공共과 타자와의 관계에서 발생하는 감정이라는 감感[5]의 두 글자가 결합된 것으로 심퍼티sympathy의

3 불온함의 개념사에 대해서는 다음을 참조하라. 임유경, 「개념으로서의 불온」, 『개념과 소통』 Vol.15, 한림과학원, 2015.

4 이진경, 『불온한 것들의 존재론』, 서울: 후마니타스, 2011. 27-32쪽.

5 상호 대대적인 대상이 동시에 맞닿아 있음을 의미하는 감感에 대해서는 함

번역어이다.[6] 근대적인 개념으로서의 공감은 서로 다른 존재들의 교호적인 상호작용을 통해 조건화 된다는 점에서 관계적 감정 작용이자 타인의 고통과 슬픔, 기쁨 등 다른 신체들 '사이'의 획일화되지 않은 감정의 분기와 마주침을 통해 균형을 추구한다는 점에서 통합적 감정 작용이다.

이 글에서 불온함의 개념을 설정하고, 공감에 주목하는 이유는 이 두 개념이 상호 유기적으로 연동되기 때문이다. 불안과 불안정성, 비판적인 저항성을 포괄하는 불온함은 서로 다른 몸異體들의 '정情'이 상호작용하는 통합적이면서도 관계적인 공감을 형성함으로써 지향적인 새로운 맥락을 구성하기 때문이다.

방법론적으로 이 글은 동아시아의 유교 문화적 전통에서 뿐만 아니라 근대 이전 시기에도 통용되어 왔던 '불온성'이라는 개념과 근

괘를 참조하라. 『易經』, 「咸卦」: 彖曰, 咸, 感也, 柔上而剛下, 二氣感應以相與. 止而說, 男下女, 是以亨, 利貞, 取女吉也. 天地感而萬物化生, 聖人感人心而天下和平, 觀其所感, 而天地萬物之情可見矣.

6 애담 스미스를 비롯한 영국 경험론의 전통에서 주로 사용되었던 sympathy는 공감共感이나 동감同感 혹은 동정同情으로도 번역되어 한국학계에 유통되었다. 애덤 스미스의 경우에는 사회질서와 번영을 성립시키는 보편적 원리와 그것을 방해하는 요인을 찾아내고자 했는데, 그는 영국 경험론의 허치슨, 흄 등의 도덕감에 대한 논의에서부터 제기되었던 sympathy를 통해 '질서를 이끌어내는 인간 본성'을 탐구하고자 하였다. 막스 셸러의 경우에는 sympathie를 20세기 초에 심리학 용어로 출현한 empathy(Einfűhlung)와 구분하여 참여적 체험을 강조한다. 근대적 개념인 sympathy가 구한말에 유입되어 한국사회에서 empathy와 함께 '공감'으로 번역되어 사용되어 온 과정에 대해서는 다음을 참고하라. 박치범, 「공감의 재개념화와 현대사회에서의 의미」, 『한국융합인문학회 2015 춘계학술대회 자료집』, 한국융합인문학회, 2015.

대적인 '공감' 개념의 결합을 통해 기대승의 면모를 재조명한다는 점에서 '횡단적transversal이고 상관적인 사유correlative thinking'[7] 방식을 제안한다. 기대승의 '삶-정치적 궤적'을 횡단적인 사유 방식에 의해 탐구하는 것은 그가 살았던 당대적 삶의 지평뿐만 아니라 '지금-여기' 우리 세계의 부각과 은폐, 그 '사이 영역'을 탐색하는데 유의미한 시사점을 제공하기 때문이다. 이런 점에서 이 논의는 궁극적으로 '지금-여기'를 반성적으로 성찰하기 위해 전통시대의 기대승을 호출하는 것이다.

여기서 굳이 '탐문'이라 적시한 것은 이러한 시도가 기존의 관행적인 텍스트 연구를 통해서 진행되었던 논리적 분석 차원과 다르다는 점을 명시하기 위해서이다. 이 연구는 사태의 발생과 분기를 통해 사건이 구조화되는 과정을 더듬어 물어가면서 그 의미를 감성의 철학적 지평에서 재해석하는 방식을 취한다.[8] 탐문의 여정은 기대승 스스로 사용했던 '구차투안苟且偸安'[9]과 '빙월당氷月堂'의 근거가

---

7 김경호는 감성과 유학의 지평을 혼성하는 철학적 기획을 통해 감성과 이성으로 분할될 수 없는 온전한 삶의 세계, 온-경험의 세계를 횡단적transversal이고 상관적 사유correlative thinking를 통해 탐구할 것을 제안한 바 있다. 김경호, 『감성의 유학』, 광주: 전남대학교출판부, 2014. 12쪽.

8 기대승의 감성 세계와 관련해서는 다음의 선행 연구를 참조하라. 김경호, 「선비의 감성-고봉의 낙을 중심으로」, 『호남문화연구』 Vol.45, 호남학연구원, 2009.

9 『高峯集』 Vol.1, 「先生前上狀李同知宅」. "선비가 이 세상을 살아가는 데는 진실로 운신할 수 있는 곳이 없습니다. 그러나 사직을 빌 생각을 감히 내지 못하고, 탄핵을 받아 파직되기만을 기다린다면 또 어느 때에나 그만두게 되실지 모르겠습니다. 사직하면 낭패당할 근심이 염려되고, 사직하지 않으면 실로 구차투안하는 부끄러움을 가지게 될 것이니, 사직하지 않고서 항상 미

되는 '수월빙호水月氷壺'[10]라는 두 낱말을 축으로 진행된다.

구차투안은 '구차스럽게 편안함을 탐한다'는 뜻이다. 구차라는 낱말에는 가난함이라는 물질적 빈곤과 함께 행위나 의지의 박약함akrasia도 포함된다. 가난에 얽매여서 생활을 위한 명목으로 자신이 지켜온 가치와 신념을 버리게 되는 상황은 내적 중심을 잃어버리는 것과 다르지 않다.[11] 이런 상태에서는 대부분 당당하지 못하고 떳떳하지도 못하게 된다. 그래서 생활을 위해서 '구차하지만' 혹은 '구차스럽게' 살아간다.

투안은 심신의 편안함이나 안락함을 탐하는 것이다. 투偸는 구차하다는 뜻도 있지만, 이 낱말이 갖는 주된 의미는 '훔치는 것'이다. 자신의 몫이 아닌 것을 취하는 방식이 정상적으로 이루어지지 않음을 시사한다. 그 과정은 정의롭지 못하다는 것은 당연하다. 구

안한 생각을 품는 것보다 차라리 사직하여 난처한 경우가 생긴다 하더라도 처음에 먹었던 마음에 한 되는 바가 없게 하는 것이 낫지 않겠습니까." 기대승이 쓰는 구차투안은 탄핵과 사직의 기로에서 나오는 낱말이다.

10 빙월당은 기대승을 배향하는 월봉서원의 강당을 말한다. 이 명칭은 1655년(효종6) 음력 4월 2일에 예조좌랑이 기대승의 사당에서 제를 올렸던 효종의 치제문에서 유래한다. 이 제문에서는 기대승의 인품을 "정제한 금 윤택한 옥과 같으며精金潤玉 물속의 달 얼음 호로와 같았네水月氷壺"라고 평가한다. 수월빙호는 빙호추월氷壺秋月과 유사하다. 『高峯集: 論思錄』, 「致祭文」(효종대왕 을미년 4월)

11 가난에 대해 처연했던 대표적인 유교적 인물은 안연이다. 안연은 누구나 불편해하고 기피하려는 가난을 적극적으로 받아들임으로써 낙樂이라는 세계의 변화를 주체적으로 수용한다. 송대 이후 성리학에서 공안낙처가 지속적으로 논의되는 것도 이와 같은 이유에서이다. 김경호, 「빈과 낙에 대한 성찰」, 『유학연구』 Vol.34, 충남대유학연구소, 2016. 16-19쪽.

차와 투안이 만나는 상황은 비정상적이고 예외적 것들의 결합이지만, 그러나 일상에서 빈번하게 목격되는 다반사이다.

'수월빙호'는 '물속의 달과 얼음 항아리'이라는 이미지를 형용한다. 밝은 달이 거울에 비치듯 맑은 물속에 담겨 있는 이미지는 얼음 항아리가 주는 차고 투명한 이미지와 중첩된다. 깨끗하고 맑은 인품을 은유하는 이 표현은 '물속의 달(빛)' '얼음 항아리'가 주는 이미지에서 느껴지듯 '차가움'이라는 질성을 공감각적으로 드러내고 있다는 점은 주목할 만하다.

이 은유는 기대승의 인품만이 아니라 사유의 특징을 상징적으로 보여준다. 즉 '차갑다'는 것은 기대승의 사유가 냉철하다는 것을 지시하고, 그런 점에서 매우 분석적이라는 것을 알려준다. 얼음 항아리의 차고 맑은 이미지는 가을 밤하늘에 뜬 맑은 달과 중첩되기도 하여 빙호추월이라는 낱말이 만들어진다.

빙호추월은 얼음으로 된 호로병에 맑은 가을 달이 담겼다는 의미다. 등적鄧迪이 주희의 스승인 이동李侗의 인품에 대해 "마치 빙호추월과 같아 티 없이 맑고 깨끗하니 우리들이 미칠 수 없다."[12]고 평가한 데에서 비롯한다.

맑은 물속에 담긴 달과 차디찬 얼음 항아리의 은유는 '구차하게 안일함을 찾는 삶의 태도'와 대비된다는 점에서 기대승이 마주했던 삶의 현실과 지향적 태도를 살펴보는 매개이기도 하다. 감성철학적 층위에서 기대승의 '삶-정치'를 탐문하는 것은 기존의 연구에서 확

12 『宋史』 Vol.428, 「李侗列傳」.

인하기 어려웠던 기대승철학을 구성하는 사유의 너머에 존재하는 감성적 궤적들을 보여준다는 점에서 새롭다.

그러나 그 한계점도 분명하다. 기대승의 '삶-정치'가 담긴 텍스트에 대한 재구성과 재해석의 방식에서 자의성의 오류를 배제할 수 없기 때문이다. 이러한 점에서 이 글은 기대승을 온전히 이해하기 위한 시론적 연구인 셈이다.

이 같은 한계를 인식하면서 이 글은 기대승이 위치했던 삶-정치적 공감장을 두 가지 논점을 통해 탐문한다. 첫째, 시대와 불화했던 기대승의 저항적 의식과 감정을 불온성의 측면에서 탐구한다.

둘째, 자기로부터 타자에 이르는 감성적 결속과 정치적 지향성을 이황과의 연대적 공감 속에서 고찰한다. 불온성은 정의롭지 못한 것들에 대한 저항적 감정의 분출이자 비판적 의식의 발로이며, 이것은 통합과 연대를 향한 지향적 감정인 공감과 긴밀하게 접속한다.

국정 농단과 소기묘의 불온성

기대승을 상징하는 평가적인 낱말 가운데 하나가 소기묘小己卯다. 소기묘는 기묘사화에 희생되었던 신진 사림들을 지칭하는데, 특히 당시 젊은 사림의 기수였던 조광조趙光祖(靜庵, 1482-1520, 본관 漢陽)의 의취와 기백을 닮은 사류를 의미한다. 조광조가 당시 훈구척신들의 지위를 위태롭게 만들었던 '불온한 세력의 수괴'였다는 점을 감안한다면, 기묘년의 기억장에서 자유롭지 못했던 자들에게 '소기묘'는 또 다른 악몽의 다른 이름이었다. 기대승은 과연 '소기묘'로 불릴만한 인물이었을까? 아니면 과장된 것이었을까?

기대승의 가계 이력으로 볼 때, 그는 '소기묘'로 불릴 수 있는 조건은 어느 정도 갖고 있었던 셈이다. 기대승이 고향을 등지고 뿌리 뽑힌 존재가 되어 광주에서 성장한 것도 기묘사화의 여파였다. 그의 작은 아버지 기준奇遵(服齋, 1492-1521, 본관 幸州)은 기묘사화 당시 조광조의 당파로 체포되어 유배되었다가 죽임을 당했고, 기대승의 아버지 기진奇進(勿齋, 1487-1555, 본관 幸州)은 환란을 피해 광주로 이거하였다.

기대승은 그러한 가족사의 불행을 잊지 않았고, 아버지의 가르침을 「과정기훈」[13]으로 기록하고 스스로는 「자경설」[14]을 지어 경계한다. 병약하고 허약했던 기대승은 18살이 되던 해에 "아, 내가 태어난 해의 정월 초하루가 기묘일이었는데, 지금 벌써 110번째의 기묘일을 맞게 되었다…심하다, 나의 무지함이여"[15] 라고 자탄할 정도로 강박적인 성격을 보인다. 이것은 달리 말하면 뿌리 뽑혀 이주한 존재가 학문을 통해 입신하여 상경종사上京從仕하려는 강렬한 욕구를 보여준다.

---

13 『高峯集』 Vol.2, 「過庭記訓」.

14 『高峯集』 Vol.2, 「自警說」. "고인들은 모두가 과거의 허물을 자책하여 스스로 경계하였으니, 대체로 과거의 실수를 마음 아프게 여기고 앞으로 잘하려는 생각을 일으키려는 것이다. 이는 모두 성인과 현사들이 뜻을 붙여 공부하던 것인데, 나만 어찌 유독 그러하지 않겠는가."

15 『高峯集』, 「年譜」 23년 갑진(1554) 18세조.

성취감과 인정욕구가 강했던 기대승은 비교적 늦은 나이인 32세(명종 13, 1558)가 되어서야 과거에 급제한다. 여기에도 사연이 있었다. 젊은 기대승의 명성은 이미 조야에 자자했는데 25세(명종 6, 1551) 되던 해에 대과에서 탈락한다. 급제할 수 있었던 실력이었음에도 당시 국정을 좌우하던 윤원형尹元衡(1509-1565, 본관 坡平)이 그의 이름을 꺼려 하등의 점수를 주는 바람에 탈락한 것이다. 이 사건은 기대승의 분노와 울분, 자괴감을 심화시켰다.

출사 이전 기대승이 겪었던 학습기의 시간은 향후 강직하고 선명한 그의 거취와 연결된다. 작은 아버지 기준의 아들인 종형 기대항奇大恒(1519-1564, 본관 幸州)이 이량李樑(1519-1582, 본관 全州)이나 심강沈鋼(1514-1567, 본관 青松)과 같은 척신 권세가들과 어울렸던 것에 비하여, 기대승은 사림의 선봉에 선다.

기대항이 아버지(기준)로 인해 빠르게 승진하였음에 비하여 기대승은 원칙을 고수하면서 기묘명현의 후예를 자임한다. 그러한 기대승에게 이량의 당인들에 의한 화가 미친다. 이량의 당여黨與에는 기묘사림이었던 고운高雲(1479-1530, 본관 長興)의 아들 고맹영高孟英(霞川, 1502-?, 본관 長興)과 그 손자 고경명高敬命(霽峯, 1533-1592, 본관 長興)도 연루되어 있었다.

윤원형 세력을 견제하기 위해 명종에 의해 등용되었던 이량은 그의 아들 이정빈李廷賓(1539-1592, 본관 全州)과 함께 당파를 만들어 무소불위의 권력을 휘두르며 국정을 농단하는 사태가 벌어진다.[16]

16 농단壟斷은 『맹자』에서 보인다. 농壟은 롱龍과 같은 의미로 농단이란 본래

이량 부자의 전횡에 대해 사림 세력이 견제하자 이들은 오히려 "고담준론으로 사림을 소란스럽게 한다."는 죄목으로 기대승을 포함하여 이문형李文馨(拙翁, 1510-1582, 본관 全義), 박소립朴素立(1514-1582, 본관 咸陽), 허엽許曄(草堂, 1517-1580, 본관 楊川), 윤두수尹斗壽(梧陰, 1533-1601, 본관 海平), 윤근수尹根壽(月汀, 1537-1616, 본관 海平)를 탄핵하는 사태가 벌어진다.[17] 자신들의 세력을 확장하기 위해 사림의 축출을 기도한 이들의 음모로 인해 박소립과 기대승은 관작이 삭탈되어 문외출송 되었고, 윤두수는 관직이 삭탈, 이문형·허엽·윤근수는 파직된다.

이량 부자에 의해 조작된 음모는 조정에서 사림을 제거하는 방향으로 점차 확대된다. 그러자 이들과 가까이 지냈던 기대승의 종형이자 홍부관 부제학이었던 기대항을 비롯한 관원들이 역공을 취하면서 전세는 역전된다.

『명종실록』에 따르면, "이량이 이감을 사주하여 박소립 등을 논박하여 축출하고 사림들을 화란에 얽어 넣으려 하였는데, 그 형세가 심의겸에게 미치려 하였다. 기대항은(대항은 그때 옥당의 장관이었

깎아지른 듯 높은 벼랑이나 언덕을 말하는데, 이익을 독점한다는 의미로 정착하였다. 옛날 어떤 사내가 높은 언덕에 올라가서 시장을 살펴보고 싼 물건을 사서 비싸게 팔아 그 시장의 이익을 독점하여 사람들이 천하게 여겼다는 천장부賤丈夫의 고사가 유래한다. 『孟子』, 「公孫丑」下: 季孫曰, 異哉子叔疑. 使己爲政, 不用, 則亦已矣, 又使其子弟爲卿. 人亦孰不欲富貴. 而獨於富貴之中, 有私龍斷焉. 古之爲市者, 以其所有易其所無者, 有司者治之耳. 有賤丈夫焉, 必求龍斷而登之, 以左右望而罔市利. 人皆以爲賤, 故從而征之. 征商, 自此賤丈夫始矣.

17 『明宗實錄』 Vol.29, 명종 18년 8월 17일 계해 1번째 기사.

다) 심강이 이에 내전을 통해 상지를 여쭙고 밤에 그 아들을 보내어 그 내용을 알리면서 옥당이 상차하도록 부탁하였다. 대항이 마침내 이량 부자를 논박하고 아울러 대간들을 체직시켰다. 이로 인하여 대사헌이 되어 마침내 간악한 무리를 제거하는 일을 끝내니 사림들이 그의 힘을 입어 화란을 면하였다."[18]라고 기록하고 있다. 이량의 당여들이 신진 사류를 제거하려는 음모에 의해[19] 기대승은 탄핵되어 문외출송 되었지만[20], 이 사건은 오히려 척신 세력에 대한 반감과 저항을 증폭시키는 계기가 된다.

기대승을 소기묘라고 평가한 내용은 이식李植(1584-1647)의 시장에서 보인다. 이식은 기대승의 시장을 쓰면서, "당시로 말하면 간악한 권신이 혼탁하게 어지럽혀 놓은 뒤를 이어받은 때였기 때문에, 사기士氣가 시들시들해진 채 떨쳐지지 못하고 있었다. 이러한 때에 공이 그 사이에 우뚝 서서 어질고 훌륭한 이들을 스승과 벗으로 삼고 후진들을 격려하고 인도하며 선을 장려하고 악을 물리쳤다. 그리하여 몇 년 동안이나 마치 큰물을 막는 제방처럼 조정에 우뚝 서 있었으므로, 당시 사람들이 소기묘로 지목하기까지 하였다."[21]라고

18 『明宗實錄』 Vol.30, 명종 19년 7월 13일 계축 1번째 기사. 기대항의 졸기.

19 『明宗實錄』 Vol.29, 명종 18년(1563) 8월 19일(을축). 심의겸, 기대항은 오히려 사림의 옹호하면서 이량 세력이 몰락하게 된다. 기대승과 교유하였던 광주 출신의 고경명도 이량 당인들과 연루되어 18년간 정계를 떠나게 된다.

20 이 시기에 이황은 기대승에게 편지를 보내어 "비록 성상의 용단으로 사악한 무리가 제거된 뒤이지만, 우리가 남의 지목을 받는 것이 여전하기 때문입니다. 이 편지를 널리 퍼뜨리지 말기를 바랍니다."라고 전하면서 자신을 지키는데 힘써야 함을 강조한다. 『高峯集: 兩先生往復書』 Vol.1, 「明彦拜復 奇翰林宅」.

기록하고 있다.

소기묘라는 명칭은 기묘사화에서 죽임을 당했던 조광조와 같은 기개와 절의를 가진 평가적인 이미를 담고 있다. 이러한 점에서 '소기묘'는 기득권자들에게 불온하고 위험한 세력이나 그들의 지도자를 의미한다.

소기묘라는 말은 이황李滉의 글에서도 확인된다. 이황은 1566년(명종21)에 기대승과 동향인 박순朴淳에게 보내는 편지에서 바둑의 패착이라는 비유를 들어 당대의 시류를 언급한다. 이 편지에서, "근세 사림의 화는 모두 허착으로 인해 일어났습니다. 뒤집힌 수레가 앞에 있으니 뒤따르는 자는 더욱 나아가기 어렵습니다. 병든 사람의 먹은 귀에도 들뜬 무리가 소기묘라고 지목하는 말이 들리니 이는 바로 서로 재앙을 불러일으키는 말입니다. 저는 불행히 허착의 국면을 당하여 패착에 이르렀으니 여러 사람들이 끝내 편안할지 모르겠습니다."[22]라고 말하면서 '소기묘'를 적시하고 있다.

『선조수정실록』(1569)에도 소기묘라는 낱말이 보인다. 기록에 따르면, "이때 상이 새로 정사를 보는 초기라서 잘 다스려보려는 생각이 매우 절실하였다. 그런데 등용된 신진의 선비들이 모두 이황을 종주로 삼고, 떼 지어 서로 교유하며, 학문을 강론하면서 그들 스스로 한 무리가 되었다. 세상의 도리를 만회하고 부정한 것을 제거하고 깨끗한 것을 드러내는 것을 제일로 삼았는데, 당시 사람들이 소

21 李楨, 『澤堂集』, 「大司諫贈吏曹判書高峯奇先生謚狀」.

22 李滉, 『退溪全書』 Vol.9, 「答朴參判」 丙寅(1566년).

기묘라고 지목하였다. 따라서 윤원형·이량의 무리로서 버림을 당하여 쓰이지 못하는 자들이 많았으니, 이들은 원망이 뼈에 사무쳤으며 소위 명망이 있고 오랫동안 권좌에 있던 신하들은 비록 많은 세상의 풍파를 겪으면서도 지조를 잃지 않았다고 자부하고 있었으나, 세태에 따라 부침하면서 오랜 동안 부귀와 안일에 젖어 있었다."[23]라 하여 이황을 따르는 사람들을 소기묘라 지칭하고 있음을 확인할 수 있다. 이황이 "들뜬 무리가 소기묘라고 지목하는 말"이나 "신진의 선비들이 모두 이황을 종주로 삼고, 떼 지어 서로 교유하며, 학문을 강론하면서 그들 스스로 한 무리가 되었다"는 소문에 과민하게 반응하는 것은 이유가 있다. 앞선 경험의 시간에서 사화로 인해 젊은 인재들이 일망타진된 기묘사화의 전례가 있었기 때문이다. 기묘사화는 기준 없이 잘못 부여된 위훈을 삭제하고 몰수하라는 요구가 빌미가 되어 발생하였지만, 그 과정 자체는 '신-구' 세력이 사활을 건 정치투쟁이었다. 그래서 '소기묘'를 '재앙을 불러일으키는 말'이라고 하는 것이다.

'소기묘'라는 낱말에 이황 자신은 공감하였음에도 그는 불안하였다. 불의에 저항하는 사림뿐만 아니라 모순을 항구화하는 기득권자들에게도 소기묘는 불온함 그 자체였다. 소기묘는 불온한 힘을 지닌, 반발과 반감이 예상되는 평가적인 말이었기 때문이다.

---

23 『宣祖修正實錄』 Vol.3, 선조 2년(1569년) 6월 1일(계유).

학우사우와 동류의식

기대승은 출사 이전부터 문장과 학문으로 명망이 높았다. 그는 32세 이전에 이미 『주자대전』을 통독하고 김인후金麟厚의 제자였던 송정황宋庭篁(1532-1557)과 함께 『주자문록』을 편정할 정도의 수준이었다. 태인의 이항李恒과는 태극음양에 대해 토론하고, 정지운鄭之雲의 〈천명도天命圖〉를 함께 토론하기도 했다.[24] 특히 1558년 10월 서울에서 이황과 만났고, 이후부터 왕복서한으로 사단칠정의 문제와 출처와 관련된 논의를 지속한 사실은 조야에 퍼질 만큼 주목되는 사건이었다.[25]

기대승이 이황과 교유한 기간은 1558년(명종 14)부터 1570년(선조 3)까지 거의 12년 정도이다. 이 시기는 신진 사류들이 낭관 등의 청요직에 진출하면서 기존의 구신세력을 대체해 나갔던 때이다. 척신의 일원이었던 심의겸沈義謙(巽菴, 1535-1587, 본관 靑松)의 도움으로 기대승을 비롯한 신진 사류가 몰살될 위기를 넘기면서 정국의 주도권은 성리학을 학습한 이들에 의해 주도된다. 그러나 여전히 신구 갈등의 요소는 잠복해 있었고, 이 과정에서 신진 사류를 대표하는 인물이 기대승이었다. 기대승은 격정적이기는 했지만 시비가 분명했고, 게다가 학술적으로 뛰어났기 때문에 당대의 주목받는 인물이 되었다.

24 김경호, 「고봉 기대승과 일재 이항의 학술교류와 논쟁」, 『고봉 기대승, 배움과 가르침의 흔적들』, 서울: 경인문화사, 2015.

25 김경호, 「고봉 기대승의 리기사칠논변과 문제의식」, 『고봉과 현대의 대화』, 대전: 이화, 2012.

이황은 기대승의 강직함이 화란禍亂을 자초할 수 있음을 경계한다. 강직함은 곧 타자들에 대한 공격이 될 터이고, 그 공격은 불온함 그 자체였다. 그래서 이황은 기대승에게 "학문이 지극하지도 못하면서 스스로 처신하기를 너무 높게 하고, 시의도 헤아리지 못하고서 세상을 경륜하는 데 용감한 것"[26]은 실패의 원인이기 때문에 이 말을 절실하게 여기라고 당부한다.

이황은 "출세하여 벼슬할 때는 오로지 국사를 걱정하는 것 외에 항상 한 걸음 물러서고 한 계단 낮추어 학문에 전념하여 나의 학문이 아직 지극하지도 못한데 어떻게 선뜻 경국제세의 책임을 맡을 수 있겠는가를 자문하고, 시대와 맞지 않을 때에는 한직을 청하거나 물러나길 도모하고서 학문에 전념하여 나의 학문이 지극하지 못하니 마음을 안정하여 몸을 닦고 학문을 진전시킬 것"[27]을 주문한다. 경국제세經國濟世를 자임하는 자가 긴요하게 여겨야할 처신의 도리를 학우사우學優仕優로 적시하는 것이다.

학우사우는 자하가 "벼슬하면서 여력이 있으면 배우고, 배우면서 여력이 있으면 벼슬한다."[28]라고 하여 관직의 수행과 학문함의 연관성에 대해 말한 것이다. 사대부가 벼슬살이를 하는 것은 배운 바를 펼치기 위한 것이고 배우는 것은 벼슬살이 하는 기초를 쌓으려는 것이기에 두 가지 일은 이치가 같지만, 실질적인 내용은 다를 수밖

26 『高峯集: 兩先生往復書』 Vol.1, 「答奇正字明彦書」.

27 『高峯集: 兩先生往復書』 Vol.1, 「答奇正字明彦書」.

28 『論語』, 「子張」 13. "子夏曰 仕而優則學, 學而優則仕."

에 없다. 그럼에도 유학자들은 벼슬살이와 학문함에 경중을 두어서 학문을 통해 숙성된 연후에 벼슬길에 나아가 그 배운 바를 실천하는 것이 학문하는 자의 본분이고, 이럴 경우에 참다운 진보를 기약할 수 있다고 본다. 이러한 유교적 가르침에 대해 이황도 예외는 아니었고, '학우사우'를 인용하여 기대승에게 벼슬길에 있다고 해서 배움을 등한히 하지 말 것을 강조하는 것이다.

이황은 실상 벼슬보다도 배움의 길을 선호한다. 그래서 기대승에게 지속적으로 학문에 정진할 것을 간곡하게 요청한다. 무엇보다 이황은 기대승의 학문적 자질을 잘 알았고, 기대승의 기질적 한계 또한 잘 알고 있었기 때문이다. 그래서 과격하게 나서지도 말며 자중하라고 주문한다.[29] 이황과 학문적으로 담론할 수 있는 대상이 기대승이었던 것이다. 그렇기에 이황은 자신의 퇴거를 예감하던 시기에 기대승을 통유通儒라고 추천한다.

기대승을 통유로 평가하는 이황의 심정은 아마도 두 가지 마음이 교차했을 것이다. 기대승을 통유로 세움으로써 그가 지속적으로 학문에 침잠하기를 바라는 심정이 그 하나였을 것이다. 그리고 더욱 중요한 바람은 기대승을 통유로 추천함으로써 수렴이 부족한 그를 적대적인 세력으로부터 보호하려는 심정이었을 것이다. 이황의 기

29 기대승은 이황에게 보내는 편지에서, 상대에게 오만하고 사람들을 능멸한다는 비난은 자신의 편벽된 성품에서 비롯한 것이지 사실이 아니고, 앞으로는 강력히 억제하여 술에 빠지지 않겠고, 통유로 추천한 것은 애초에 잘못된 것이나, 남들의 비난과 비웃음을 면할 수 있도록 노력하겠다고 다짐한다. 김경호, 「빈과 낙에 대한 성찰」, 『유학연구』 Vol.34, 충남대유학연구소, 2016.

대승에 대한 평가는 『논사록』에는 실려 있다.[30]

당대 조선 최고의 유학자로 평가받던 이황이 기대승을 '통유'라고 평가했다는 것은 조선유학의 학술사에서 매우 중요한 의미를 갖다. 이 영예로운 지칭은 조선의 유교사회에서 어떤 상징성을 갖는가? 말 그대로 통유는 두루 통달한 유교학자라는 의미인데, 유교적 진리에 대해서 해박할 뿐만 아니라 조행操行에 있어서도 타의 모범과 사표가 되는 인물이라는 뜻을 포함한다.

그렇다면 기대승은 이러한 평가에 적합한 인물이었을까? 이황의 평가에 대해 조선유교 사회에서는 구설이 많았던 듯하다. 이황이 기대승에 대해 "수렴하는 공부가 부족"하다는 단서를 달고 있다는 점도 그러하거니와, 선조도 기대승은 문장지사라 인식하고 있다는 점도 그렇다. 조선을 대표하는 '통달한 학자'로 평가하기에 기대승은 뭔가 부족하고 아쉬운 점이 있음을 나타낸다.

이황의 기대승에 대한 평가를 애담 스미스Adam Smith(1729-1790)

30 『高峯集: 論思錄』, 1569년(선조2, 己巳), 3월 4일조: 상이 야대청에 납시어 퇴계 선생을 인견하였다.…상이 말하였다. "학문하는 사람 중에 아뢰고자 하는 자는 없는가? 어려워하지 말고 부디 말하라." 퇴계 선생이 대답하였다.…"기대승의 사람됨은 옛 문자를 많이 보았고, 성리학에 있어서도 소견이 가장 뛰어나니, 그는 바로 통달한 유학자입니다. 다만 收斂하는 공부가 부족하니, 이것이 미진한 부분입니다. 소신도 항시 이것을 가지고 그의 단점으로 여겨 공부를 더할 것을 권면합니다. 그러나 이와 같은 유학자도 얻기가 쉽지 않습니다." 상이 말하였다. "이 말이 지당하다. 나로서야 어찌 그 학문의 만분의 일인들 알 수 있겠는가. 그러나 나도 항시 생각하기를 그가 문장은 잘 짓는다고 여겼다." 이황이 답하였다. "그의 문장 또한 쉽게 구할 수 없는 수준입니다.

가 『도덕감정론』에서 제기한 공감sympathy의 능력에 비추어 본다면[31], 일종의 '동류의식fellow-feeling'[32]을 유추할 수 있게 된다. 애담 스미는 '타인에 대한 관심'이 인간 본성에 천성으로 주어져 있다고 본다. 관찰자의 관점에서 대상을 바라보는 감정과 행위가 타인의 대상에 대한 감정과 행위에 거의 일치할 경우에 그러한 감정과 행위에 타당성이 있고, 그렇지 않을 경우에는 부정하게 된다. 애덤 스미스는 타인의 감정과 행위의 타당성을 판단하는 마음의 작용을 공감이라고 한다.[33]

이황이 기대승에 공감했기 때문에 선조에게 '통유'로 추천한 것인데[34], 이러한 이황에 공감하지 않는 반감의 사례도 있을 수 있다.

---

31 애담 스미스, 박세일·민경국 역, 『도덕감정론』, 서울: 비봉출판사, 2009. 박세일·민경국은 sympathy를 동감同感으로 번역하고 있으나 이 글에서는 sympathy가 서로 다른 존재들 사이에서 정情의 마주침과 상호작용이라는 관계적이고 균형적인 감정 작용을 추구한다는 점에서 공감共感으로 번역한다.

32 애담 스미스, 박세일·민경국 역, 『도덕감정론』, 7쪽. "타인의 슬픔에 대한 우리의 동류의식을 나타내고자 할 때 쓰는 말이 연민pity과 동정compassion이다. 아마도 본래 의미는 동일한 것이겠지만, 이제 여기서 모든 종류의 격정에 대한 우리의 동류의식을 나타내는 용어로 同感sympathy이란 말을 사용하더라도 그다지 부적절하지는 않을 것이다."

33 도메 다쿠오, 우경봉 옮김, 『지금 애덤 스미스를 다시 읽는다』, 서울: 동아시아, 2010, 41-42쪽.

34 기대승과 이황은 서로에 대해 허심탄회하게 속내를 드러낼 정도로 신뢰하고 상호 존중과 존경을 보냈던 사이였다. 이들은 26살의 나이 차이에도 불구하고 공감에서 비롯하는 '동류의식fellow-feeling'을 공유하고 있었다. 이황은 기대승을 하대하지 않고 '공公' 혹은 '영공令公'과 같은 존칭을 사용했고, 기대승은 이황을 '선생'이라 호칭한다. 이황이 기대승을 추천한 것은 그의 학술적 자질을 아낀다는 의미도 있지만 당대의 유림을 이끌어갈 지향의식과도 연관된다. 이황에게 기대승은 제자가 아니라 학문적 동류이자 도학을 실천하는

실제로 관행적인 평가였다면, 기대승은 통유에 적합한 인물이 아니었을 수도 있다는 말이다. 이황의 기대승에 대한 평가가 조선유학의 학술사에서 중요한 변곡점이 되는 것은, 그것이 조선유교사회에서 유교 및 유교지식인을 인식하는 기준이 바뀌고 있음을 의미하기 때문이다. 유교학자에 대한 평가의 기준이 이전 시기처럼, 의리와 절개를 지켜내는 것에만 한정되지 않다는 것을 뜻한다.

이 같은 평가적 기준이라고 하는 내용적 변화를 주도한 인물이 이황이다. 이황의 당대 유교학자에 대한 평가는 지조와 의리실천을 중시하는 행실의 요소나 이이李珥가 강조하는 경세제민經世濟民의 능력에 있지 않았다. 평가의 핵심에는 '학문'과 '지향의식'이 놓여 있었다. 이황이 기대승을 통유로 평가한 요인은 무엇보다 그가 『주자대전』을 통독하여 자신과 사단칠정에 대한 논변을 할 정도의 학술적 능력이 뛰어났다는 점이고, 부차적으로는 그의 지향의식이 도학을 지키고 감당할 만 하다고 보았기 때문이다.

이황은 기대승이 폭음과 직설적인 언사로 신료들의 지탄을 받을 때에도 그를 감싸고, 자숙할 것을 권면한다. 이황의 이언적李彦迪(晦齋, 1491-1553, 본관 驪州)에 대한 평가도 학술적인 면을 중시한 것이었다. 이황은 이언적이 조선유학의 리학적 측면에서 일정한 기여를 했다고 평가한다. 을사사화에 연루되어 출처에 문제가 있었던 이언적이 후에 문묘에 종사된 것도 이단의 사설을 물리치고 성리학의 본원을 바로 세우는데 기여했다는 이황의 평가 때문이었다. 이러한

동반자였다.

평가는 조광조에 대한 이황의 비판적 인식과는 차이가 있다.

이황은 조광조의 지치주의 이상을 존경하지만, 그가 학술이 무르익지 않았음에도 조급하게 거사를 도모하여 많은 사류가 희생당했다고 본다. 조광조와 이언적을 바라보는 기대승의 입장도 이황과 크게 다르지 않다. 이에 비하여 이이는 도학적 차원에서 인물을 평가하기 때문에 이언적을 높이지 않고 오히려 조광조를 조선도학의 비조로 삼고 있다. 이러한 기준의 상이함은 이들이 삶-정치, 유학의 세계를 바라보는 시선의 차이에서 비롯한다.

신원과 도통

기대승이 신진 사류의 선봉에서 소기묘라는 평가를 받았던 것은 사실인 듯하다. 그가 조광조를 비롯한 기묘사림의 신원을 지속적으로 건의하고 실제로 관철시키고 있기 때문이다. 게다가 이언적과 을사사화의 직접적 피해를 입은 사림들의 신원과 복직 문제를 제기하면서 이들의 신원을 이끌어낸다. 이 과정은 기묘사화의 연장선에서 을사사화를 견뎌내었던 구세력들과 새롭게 정계에 진출한 신진 사림들과의 정치적, 학술적 헤게모니 쟁취를 위한, 불온하지만 강력한 투쟁이었다. 싸움의 승패가 곧 이들의 생존과 직결되기에 첨예하게 대립할 수밖에 없었다.

그러나 사화기에 정치적 판단에 의해 좌우되었던 피해자들을 구제하는 것은 중차대한 문제에 직면하게 된다. 이전 시기에 진행되었던 사건을 재평가하여 복권하는 것은 그 결정의 당사자들이 정당하지 않았음을 인정하는 것이 된다. 그리고 그러한 결정을 내리고 집행했던 자들이 실제로 권력을 분점하고 있는 상황에서 잘못을 스스로 인정한다는 것은 자신이 향유하고 있는 기득권을 다 내려놓는다는 것을 의미한다. 염퇴恬退가 지난 시절의 과오에 대한 속죄의 길이기 때문이다. 비루함과 정당함, 구차함과 정의로움이 교차하는 이러한 상황에서 부조리한 자들의 저항은 격렬할 수밖에 없다.

기대승은 이 문제에 직면하여 정공법을 택한다. 사림이 감당해야 했던 고통의 시절에 대해 재평가할 수 있는 길은 시비를 판정하는 것에 달려 있다고 본 것이다. 사안을 선악의 문제로 접근하기보다는 옳고 그름이라고 하는 의리의 문제로 전환시킨다. 그래서 기대승은 "천하의 일이란 옳고 그름이 없을 수 없으니, 옳고 그름이 분명해진 뒤에야 인심이 복종하여 정사가 순조로워집니다. 옳고 그름은 비단 인심에서 나올 뿐만 아니라 실로 천리에서 나온 것이니, 일시적으로는 비록 엄폐하고 처형하여 입을 막을 수 있다 할지라도 그 시비의 본심은 끝내 없앨 수 없는 것입니다."[35]라고 천명한다. 시비, 옳고 그름이 천리에서 내원한다는 것을 부정할 유교지식인은 없다. 적어도 유교가 근거하는 본원이 바로 천리天理이기 때문이다.

이러한 논거를 제시하면서 기대승은 어그러진 과거사를 재정립하는 것이 바로 '지금-여기'의 삶을 재정향하는 시도임을 역설한다. 그러한 시발점을 기대승은 조광조에 대한 신원에서부터 출발한다.

35 『高峯集: 論思錄』, 1567(선조 즉위년, 丁卯) 10월 23일 조강.

그는 조광조를 위한 변론을 제기한다. 집권 세력들에 의해, 다수의 권력에 의해 불온하고 불순한 자로 낙인찍혀 순절해야 했던 조광조는 남곤과 심정 등의 소인배들에 의해 희생된 사람이었음을 강조한다.

조광조에 이어 기대승은 이언적도 변론한다. 기대승은 을사사화 이후 이언적의 행적을 설명하면서 그가 위사공신에 참여했던 것을 수치로 여겼고, 이후 공신에서 삭제되고 파직되어 유배 가서 죽었음을 말한다. 이언적에 대한 변론에서 특기할 만한 사항은 그의 『중용구경연의』와 같은 학술적 성과를 함께 거론하고 있다는 점이다. 이언적에 대한 기대승의 평가가 '학술'에 있음을 확인할 수 있다.

이외에도 기대승은 기묘사화와 을사사화에 연루되었던 노수신, 유희춘 등 유배인물들의 서용을 건의한다.[36] 이 같은 기대승의 과거사 정리와 피해 인물들에 대한 복권은 신진 사림의 현재가 그들의 과거와 연결되어 있고, 그 연장선에서 미래로 이어질 수 있기 때문이다.

그런데 기대승은 과거사의 문제 가운데에서 유독 '위훈삭훈'에 대해 부정적이다. 기묘사화로 인해 작은 아버지 기준奇遵이 죽임을 당하고, 그의 가문이 멸문지화를 피해 광주로 낙향했던 기억의 정치사는 을사 위훈삭훈에 대한 유보적 태도로 나타난다. 이러한 입장

36 『高峯集: 論思錄』, 1568(선조 원년, 무진) 1월 12일 주강. 기대승의 건의에 따라 노수신은 홍문관 직제학을 거쳐 당상관에, 백인걸은 대사간이 되었고, 김난상·민기문·유희춘 등도 당상관에 등용된다.

은 기대승의 정치적 배경을 지지해 주던 당대 사림의 영수인 이황과도 동일하다.

이황은 1567년(정묘), 정유일鄭惟一(文峯, 1533-1576, 본관 東萊)에게 보낸 편지를 통하여 기대승이 을사삭훈 문제에 대해 개입하지 않도록 부탁한다. 이황은 자신의 입장을 공식적으로 제기하지 않는다. 을사삭훈 자체를 논의하는 것은 어려운 일이고[37], 이것을 주창하게 될 경우, 기묘사화와 같은 환란이 닥칠지도 모른다는 불안감에서였다. 시대가 변하였음에도 이황은 지난날의 트라우마가 너무 커서 당시 조정의 여론과는 반대로 을사삭훈에 대해 부정적이다.

기대승과 이황의 모호한 태도에 대해 비판적인 인물이 이이다. 그는 위훈삭훈에 가장 적극적이다. 이이가 이준경李浚慶(東皐, 1499-1572, 본관 廣州)과 대립하는 근본 이유 가운데 하나도 그가 을사삭훈을 반대했기 때문이다. 대표적인 글이 이이의 『옥당논을사위훈차』(1570)이다.[38]

이이는 을사사화 때, 윤원형·이기·정순붕·임백령·허자 등이 사화를 모의한 공로로 모두 보익공신保翼公臣 또는 위사공신衛社功臣 등의 엉터리 공훈을 받았다고 주장한다. 따라서 이이는 홍문관의

---

37 『退溪全書』 遺集 Vol.4, 「與鄭子中別紙」(丁卯).

38 李珥, 『栗谷全書』 Vol.4, 「玉堂論乙巳僞勳箚」(庚午): 바라옵건대, 전하께서는 깊이 생각하고 결단을 내리시어 먼저 여러 신하들을 다 말하지 못한 죄로써 책하시고, 그런 다음에 동의한다는 교지를 쫙 내리시어 을사사화 이래로 무고한 사람들은 모두 관작을 복직해 주시고 적몰한 것들은 되돌려 주시며, 간사하고 흉악한 무리들은 모두 관작을 빼앗고 또 가짜 공훈을 깎아버려 종묘와 사직에 고하시고 온 나라를 혁신시키십시오.

동료들과 을사사화의 주모자들의 공훈이 가짜이며, 그렇기 때문에 이를 되빼앗아야 하고, 이 때 역모로 희생된 사람들은 거의가 억울하니 누명을 벗겨주어야 한다고 주장한다.

이런 맥락에서 이이는 을사공신에 이름을 올렸던 이언적에 대해서 기대승과 달리 매우 비판적이다. 조광조와 같은 착한 사람善人들이 죄를 받아 짓밟히고 탐욕이 횡횡하는 무도한 시대를 청산해야 한다는 기대승의 주장은 옳고 그름의 근본적인 원칙을 세움에 있었다. 그것이 시대의 모순을 해결하는 첩경인 셈이다. 그러나 이황을 종주로 한 정치적 집단화에 대한 구세력을 대표하는 대신들의 경계는 여전하였고, 조광조의 도학 정신은 불온한 것으로 간주되었다.

신원伸冤과 함께 기대승을 비롯한 신진 사림들은 사림 권력의 제도화를 위한 조선유학의 도통道統을 추진한다. 기대승은 사화를 통한 사림의 피해를 막기 위한 방책의 하나로 조선유학의 도통을 제안한다. 도학의 학술이 이단과 권력의 전횡에서 살아남기 위해 이념화되는 방식을 조선유학 도통론에서 찾고 있는 것이다.

도통은 국가 권력에 의해서 공식적으로 학술의 전범이 표창되는 것이고, 그에 따라 국가적 예우가 뒤따르는 것이어서 누가 그러한 계보를 잇고 있는가는 민감한 초미의 관심사였다. 기대승은 그러한 조선유학의 학술적 계보를 도통이라는 이름으로 가시화한다.[39] 기

39 『高峯集: 論思錄』, 정묘, 10월 23일. "고려 말에 정몽주는 …정주학을 배워서 동방 리학의 시조가 되었습니다.…정몽주의 학문을 전승하여 익힌 자는 김종직입니다.…또 김굉필이 있었으니 김종직의 제자입니다. 김종직은 대체로 문장을 숭상하였으나 김굉필은 힘써 행한 사람입니다.…조광조는 또 김굉필

대승은 조선유학의 도통을 고려 말, 조선 초의 정몽주로부터 그 맥을 잡아서 김종직→김굉필→조광조의 계보로 잇고 있다.[40] 이 계보를 확정하는 것은 일종의 학술권력의 탄생을 의미한다.

조선이 유교적 이념에 근거한 통치 질서를 구축하고 있다는 점을 감안한다면, 학술권력은 정치권력과 다르지 않게 된다. 이 같은 도통의 확정은 새롭게 성립하는 유학적 가르기의 기준에 따라 계통지어진다. 그 기준은 절의나 출처의 의리가 아니라, 학술이었다. 이황이 기대승을 통유로 추천하는 근거도 학술에 있었던 것이다. 이러한 변화는 16세기 중후반에 이르러 조선유학이 학술적으로 심화되어 가고 있다는 점을 시사한다.

도통의 계보를 만들어낸다는 것은 단순히 개인적 차원의 작업에 머물지 않고 당대 유교사회의 학술과 가치지향 의식을 총집결한 사상문화적 산물이다. 도통은 정권의 토대가 상대적으로 약한 사림계열이 기득권 관료집단 세력에 저항할 수 있는 새로운 힘을 결집해내는 과정이기도 하였다. 그 중심에 기대승이 있었다. 기대승이 구신세력들에게 불온한 비호감일 수밖에 없는 이유가 하나 더 추가되는 셈이다.

의 제자인데 독실하게 공부하였으며 세도를 만회하고 이욕의 근원을 막고자 하였으나 그렇게 하지 못하고 죽었습니다."

40 김영두, 「선조초 문묘 종사 논의와 도통론의 변화」, 『한국사상사학』 Vol.31, 한국사상사학회, 2008.

기·세·사의 삶을 위하여

『조선왕조실록』에는 기대승의 죽음이 〈졸기卒記〉라는 형식으로 기록되어 있다. 졸기에는, "호군 기대승이 졸하였다."라는 단 한 줄의 기록과 "이 사람은 뜻이 높고 일에 과감하였으며 선악의 호오를 분명히 하였고 널리 배우되 옛 것을 좋아했으며, 문장도 뛰어나서 가히 보배로운 그릇이요 세상에 드문 인재라 할 만하였다. 그러나 너무 강직하고 과대하여 말을 쉽게 해서 나이들은 노신들을 악평하여 권좌에 오래 있었던 신하들과 고관대작의 신료들에게 큰 미움을 사서 훌륭한 기개를 펴지도 못하였는데 갑자기 죽을 병이 든 것이다."[41]라는 사관의 부연 설명이 부기되어 있어 있다.

짧은 졸기를 통해 우리는 기대승의 성향과 '삶-정치적 특질'이 어떠했는가를 추측할 수 있다. 그는 뜻이 높고 일에 과감하여 선악의 호오가 분명하였으며, 자신의 강직함을 유연하게 조절하는데 익숙하지 않아, 직설적이고 말을 순화할 줄도 몰랐다. 문장과 학술이 뛰어나 큰 인재로 쓸 만하였음에도 구시대의 늙은 신료들이나 고위직 대신들과 정치적으로 충돌하여 기피의 존재, 불온한 인물이 되었다는 것이다.

기대승을 통유로 추천하였던 이황은 기대승을 중심으로 하여 성리학적 가치질서와 규범을 내세우는 신진 사림들의 움직임에 대해서 대신 세력들은 항상 경계하고 불안해하고 있음을 너무도 잘 알고 있었다. 따라서 이황은 조광조와 같다는 평가적 낱말인 소기묘

---

41 『宣祖實錄』 Vol.6, 선조 5년(1572년) 11월 8일(경인).

에 대해 공감하면서도 그런 기류로 인해 야기될 사태의 심각성에 대해 경계하였다.[42] 불온함에 의해 야기되는 사태들은 안정적인 지위를 지닌 기득권자들에게는 종잡을 수 없는 불안을 재생산하기 때문에 공포심을 유발한다.

하지만 이 불온함에 의한 균열은 새로운 사태나 삶의 이면을 엿보게 한다. 공고하게 구축되어 막혀 있던 철옹성도 무너질 수밖에 없는 구조물이라는 것을 예견함으로써 불온함은 우리의 '감각'을 활성화하고 '각성'에 이르게 한다. 이 각성은 바로 "보이지 않던 것이 보이게 되는 사건"이다.[43] 보이지 않던 것들이 융기하듯 솟아나게 될 때, 그것을 직면하는 것은 너무도 생경하고 낯설며, 동시에 두렵다. 불온성의 공감은 그래서 사유 너머에서 기존의 형식과 내용을 뒤집는 낯선 전복과 다르지 않다.

고봉과 존재로 불렸던 기대승은 어쩌면 강직함과 불온함으로 인하여 세상과 불화하고 자신과도 갈등했던 존재였는지도 모른다. 그 불화와 갈등의 지점에서 기대승이 고수했던 강렬한 의취는 그가 지향했던 '시비가 분명한 세계'였다. 구차苟且하지 않게 살겠다고 하는 자기결의는 착하고 바른 도리를 지키는 것이었다. 그러한 기대승은 죽음이 임박해오던 1570년 10월, 한강에서 낙향을 위한 전별의 자

42 이러하기 때문에 이황은 기대승에게 경거망동하지 말고 자숙, 자정할 것을 권면한다. 그러나 1569년(선조 2) 4월에 김개가 기대승을 포함한 사림을 '연소배'라 지칭하며 비난하자 과격하게 대응한다. 이 대응 방식이 문제가 되어 기대승은 낙향을 결심하게 되는 사태가 벌어진다. 이황은 이와 같은 상황이 초래되는 것을 경계했던 것이다.

43 이진경, 『불온한 것들의 존재론』, 37쪽.

리에서 기세사幾勢死 세 글자로 자신의 일생을 정리한다.

기대승은 전송하는 사람 중 어떤 이가 "사대부로서 조정에서 벼슬하고 평소 몸가짐에 있어 시종일관 지켜야 할 것은 무엇입니까?"라고 묻자, "기·세·사 세 글자면 충분하다."고 대답한다. 기세사라는 "그 뜻은 대개 군자가 출처함에 있어서는 마땅히 먼저 기미를 살펴 의리에 어긋나지 않게 하고, 또 시세를 알아야 구차한 병폐가 없으며, 마지막으로는 죽음을 무릅쓰고 선도善道 지키기를 목적을 삼아야 한다."[44]는 의미이다. 일이 구체적으로 드러나기 이전의 조짐을 예측하여 의리에 맞게 대비하고[45], 이미 드러난 시세를 정확하게 파악하며, 바른 도리는 목숨을 걸고 지켜내는 것, 그것이 사대부가 지켜야할 태도라는 것이다.

시비가 분명한 일원적인 지평위에서 인간에 대한 연민과 동정과 같은 천성으로서의 공감 능력이 자리한다. 그러나 기대승이 세상과 공감하기에 '삶-정치'의 현실은 너무도 왜곡되어 있었고, 인순구차因循苟且한 세상은 그가 감당하기에 너무도 이욕적이었다. 기대승이 추구했던 구차하지 않고 당당하게 살아가는 '삶-정치'의 안락함은 그의 몫이 아니었고, 사유 너머를 지향했던 '공감'의 세계, '낙'의 본체[46]는 도달할 수 없는 미제의 것으로 남아 있다. 기대승에 대한 재조명은 이 지점에서 시작되어야 한다.

---

44 『高峯集』, 「年譜」. 1572년(임신), 46세조, 10월 3일.

45 기미 판단에 관해서는 다음을 참조하라. 이상임, 「판단의 한 과정의 측면에서 본 주역의 기미」, 『동양철학』 Vol.30, 한국동양철학회, 2008, 425쪽.

46 김경호, 「빈과 락에 대한 성찰」, 『유학연구』 Vol.34, 충남대유학연구소, 2016, 25-26쪽.

참고문헌

『역경』
『논어』
『맹자』
『명종실록』
『선조수정실록』
『선조실록』

『고봉집』
『송사』
『율곡전서』
『택당집』
『퇴계전서』

김경호, 「고봉 기대승과 일재 이항의 학술교류와 논쟁」, 『고봉 기대승, 배움과 가르침의 흔적들』, 서울: 경인문화사, 2015.
김경호, 「고봉 기대승의 리기사칠논변과 문제의식」, 『고봉과 현대의 대화』, 대전: 이화, 2012.
김경호, 『감성의 유학』, 광주: 전남대학교출판부, 2014.
도메 다쿠오, 우경봉 옮김, 『지금 애덤 스미스를 다시 읽는다』, 서울: 동아시아, 2010.
애담 스미스, 박세일·민경국 역, 『도덕감정론』, 서울: 비봉출판사, 2009.
이진경, 『불온한 것들의 존재론』, 서울: 후마니타스, 2011.

김경호, 「부끄러움의 윤리학은 가능한가?」, 『유교사상문화연구』 Vol.66, 한국유교학회, 2016.

김경호, 「빈과 락에 대한 성찰」, 『유학연구』 Vol.34, 충남대유학연구소, 2016.

김경호, 「선비의 감성-고봉의 낙을 중심으로」, 『호남문화연구』 Vol.45, 호남학연구원, 2009.

김영두, 「선조초 문묘 종사 논의와 도통론의 변화」, 『한국사상사학』 Vol.31, 한국사상사학회, 2008.

박치범, 「공감의 재개념화와 현대사회에서의 의미」, 『한국융합인문학회 2015 춘계학술대회 자료집』, 한국융합인문학회, 2015.

이상임, 「판단의 한 과정의 측면에서 본 주역의 기미」, 『동양철학』 Vol.30, 한국동양철학회, 2008.

임유경, 「개념으로서의 불온」, 『개념과 소통』 Vol.15, 한림과학원, 2015.

여정과 소통: 율곡의 감성정치학

공론과 '삶-정치'

이 글은 성리학적 규범체계의 영역에서 주로 논의되었던 조선시대 공론정치의 담론을 여정輿情이라는 집단적 감성 개념과 연관하여 조명함으로써 율곡 이이의 소통을 위한 구상을 감성철학을 포함하는 감성정치학의 관점에서 재사유하려는 것이다.[1] 이이의 정치철학 혹은 언론 사상을 연구한 기존의 선행연구들은 공론公論에 집중되어 논구되어 왔던 것이 사실이다.[2]

---

1 이 글은 단순히 이이가 제안하는 소통을 위한 방안을 현대적인 언어로 기술하기보다는 우리 시대의 철학적인 관점을 통해 당대적 논의를 재사유하려는 시도이다. 이러한 나의 시도는 '감성철학'이라는 개념 속에 함축되어 있다. 이 글에서 사용하는 '감성철학'이란 개념은 이성중심의 철학적 전통에서 배제되었던 우연성, 이미지, 상상력, 열망, 행복 등 감성적인 측면에 대한 복권을 통해 합리주의가 기반하고 있는 이원론적인 '이성-감성'의 이분법을 넘어, 몸을 근거로 한 통합적이고 치유적인 새로운 사유와 세계 해석의 가능성을 제기하는 철학적 방법론을 포함한다. 감성철학의 관점은 삶-정치라는 측면에서 감성정치학의 관점과 연동한다. 김경호, 「낙세에 대한 열망-시천주와 후천개벽을 중심으로」, 『동학학보』 Vol.42, 동학학회, 2017. 263쪽; 감성에 대한 철학적 탐구에 관해서는 다음을 참조하라. 정대현 외, 『감성의 철학』 서울: 민음사, 1996.

2 이이의 공론과 관련한 주요 논문은 다음과 같다. 이상익, 「栗谷의 公論論과

그러나 나는 이이가 사용하고 있는 '여정' 개념에 특별히 주목한다.[3] 이이는 공론公論을 거론하면서 여론輿論이나 여론與論이란 용어 대신에 물론物論, 물정物情, 물의物議, 중론衆論, 중의衆議, 민심民心 등과 함께 '여정'이라는 낱말을 사용하고 있다.[4] 이이는 '다중의

그 현대적 의의」, 『율곡사상연구』, Vol.5, 율곡학회, 2002; 이현출, 「사림정치기의 공론정치 전통과 현대적 함의」, 『한국정치학회보』 Vol.36-3, 한국정치학회, 2002; 김영수, 「조선 공론정치의 이상과 현실(1) -당쟁발생기 율곡 이이의 공론정치론을 중심으로」, 「한국정치학회보』 Vol.39-5, 한국정치학회, 2005; 최진홍, 「율곡의 경세론: 법과 소통을 중심으로」, 서울대학교 정치학과 대학원 박사논문, 2009

3 이 글의 아이디어는 〈율곡학국제학술대회〉에서 발표(2008) 되었으나 출간되지 않았던 「율곡 이이의 여정과 소통의 정치철학」을 토대로 하고 있다. 당시 '여정' 개념에 대해서는 언론학 분야에서 '공론'과 유사한 개념의 하나로 논의했던 김주영의 논문(「조선왕조 초기 公論과 공론형성과정 연구- 諫諍·公論·公論收斂制度의 개념과 종류, 특성」, 2002)이 유일하였고, 율곡학 분야에서 '여정' 개념에 주목한 연구는 발견되지 않았다. 나는 근래 감성유학의 관점에서 조선유학을 재독해 하면서 이 글을 재구성하게 되었다.

4 김영주의 두 편의 선행 연구(김영주, 「조선왕조 초기 公論과 공론형성과정 연구-諫諍·公論·公論收斂制度의 개념과 종류, 특성」, 『언론과학연구』 Vol.2-3, 한국지역언론학회, 2002; 김영주, 「조선시대 공론 연구-여론 유사용어와 관점, 유형과 형성주체, 그 용례를 중심으로」, 『언론과학연구』 Vol.14-1, 부산울산경남언론학회, 2010)는 '여정' 개념을 공론 유사 개념과 함께 거론하고 있다는 점에서 주목된다. 김영주가 2002년의 논문에서 다루었던 내용은 2010년 논문에서도 다시 거론되고 있는데, 이 논문에서는 조선시대 공론과 관련한 용어를 『조선왕조실록』을 근거로 하여 일별하면서 세 가지 유형으로 분류하고 있다. 1) 공론公論과 거의 동일하게 사용된 공의公議는 'Public Opinion', 2) '많은 백성들의 공통된 의향'을 뜻하는 여정輿情과 민정民情, 민정과 유사한 민심民心, '많은 백성들의 공통된 마음'을 뜻하는 물정物情은 'Grassroots Opinion', 3) '많은 사람들의 비난'을 뜻하는 물의物議, '많은 사람들이 공통으로 느낀 의견'을 뜻하는 물론物論, '뭇사람들의 의견'을 뜻하는 군의群議, 여의輿議, 여론輿論, '많은 사람들의 의론'인 중의衆議, 여송輿誦 등은 'Common Opinion'으로 구분하고 있다. 한편 김영주는 "조선시

공감하는 마음'이 누적되어 표출된 '감성의 집단적 형태'를 지칭하는 개념으로 '여정'을 사용한다. 이이가 구사하고 있는 '여정'이란 용어를 통해서 그가 지향하는 '삶-정치'의 소통적 지평을 감성유학의 관점에서[5] 탐구하고자 하는 것이다.

이 글에서 이이의 '소통을 위한 구상'을 '삶-정치'라는 측면에서 감성정치학의 관점으로 다루면서 다중의 집단적 감성이 응축된 '여정'이란 개념을 주요한 소재로 삼는 것은 그만한 이유가 있다. 이이는 사림세력의 등장이 갖는 시대적 역할을 '사회적 힘' 곧 '다중의 감성적 소통'에서 독해하고 있다는 점이다. 이와 같은 이이의 관점

대의 '여론' 용어는 공론Public Opinion과 통용되기도 하지만 '뭇사람들의 의견Common Opinion 또는 '물의'라는 뜻으로도 사용했다."고 기술하면서도 우리 시대에 통용되고 있는 여론과 공론을 'Public Opinion'의 번역어로 혼용하고 있다. 이러한 관점은 서양의 근대적 산물인 'Public Opinion'을 조선유학의 공론 개념에 인위적으로 적용하는데서 비롯한 한계이다. 다시 말하면서 조선시대의 공론은 과연 'Public Opinion'이라고 규정할 수 있는가에 대한 유학적 성찰이 요청된다. 나는 조선시대 공론 개념을 기존의 'Public Opinion' 개념에 한정할 것이 아니라 대안적 개념으로 '합의된 의견'을 의미하는 'Consensus'도 제안될 수 있다고 본다. 공론을 'Consensus'로 파악하는 선행연구는 다음과 같다. 정재훈, 「16세기 사림 공론의 내용과 의미」, 『조선시대사학보』 Vol.71, 조선시대사학회, 2014.

5 감성유학론은 텍스트 분석을 통하여 당위적인 유학적 가치나 이념을 조명하는데 치중하기 보다는 '신체화된 감정embodied emotion'의 관점에서 감성과 이성으로 분할될 수 없는 온전한 유학적 삶의 세계, 곧 온-경험의 세계를 계기적으로 포착하고 재해석한다. 이 점에서 감성유학론은 횡단적transversal이며 상관적인 사유correlative thinking를 통해 감성과 유학의 지평을 혼성하는 철학적 기획이자 탐구이다. 감성유학론은 유학이 표방하는 도덕규범의 형식과 내용을 감성이라는 개성적인 생활세계의 일상성과 어떻게 결합할 것인가를 핵심 논제로 삼는다. 김경호, 『감성의 유학』, 광주: 전남대출판부, 2014. 3쪽.

은 16세기 중엽이후, 정치세력이 변화하는 시점에서 새로운 시대를 구성하는 '사회적 힘'은 무엇이었고, 사림의 핵심 논객이자 이론가였던 그가 직면했던 당대 시폐에 대한 진단과 타개책에 대한 구상과 직접 연관된다.

민심民心이라는 일반적인 낱말 대신에 이이가 '여정'이라는 어휘를 사용했다는 것은 그의 감성과 사유가 동시대의 여타 지식인들과는 다른 결을 보여준다. 이이는 유가적 역사미래주의자의 관점에서 자신의 시대를 '중쇠기'로 파악하면서 당대적 현실을 '백절동통百節疼痛'[6]으로 감각하고 있는데, 이 점은 그가 다수가 감각하는 실제적인 현실감, 곧 사회적 공감과 감성적 결집력에 대해 민감하게 반응하고 있음을 알려준다.

이이가 직면했던 1560년대 후반의 조선사회는 오래된 폐단들의 척결이 시무로써 필요하던 시대였다. 그것은 일종의 시대정신이었다. 그럼에도 불구하고 그와 같은 적폐를 해결해야 할 주체로서 사림은 분열하였고, 그래서 폐단은 누적되었던 것이다. 이와 같은 상황에서 이이는 더더욱 '다중의 힘'에 의한 '공론'의 모색과 이를 통한 모순의 척결을 구상하게 되는 것이다. 비록 시기적으로는 차이가 있지만 이이가 주목하였던 '다중의 힘 혹은 집단적 감성'을 근거로

6 '백절동통'은 "온 몸의 뼈마디가 쑤시고 아프다"는 뜻이다. 이이는 '정언正言'의 직책을 사퇴하는 상소문에서 "지금 나라 일은 마치 큰 병을 앓고 나서 원기가 채 회복되지 않아 온 뼈마디가 쑤시고 아픈 것과 같으니, 한번 조리를 잘못하면 곧 위급하게 될 지경입니다."라고 언급하고 있다. 『율곡전서』 권3, 「辭正言疏」. "今國事, 譬如大病之餘, 元氣未復, 百節疼痛, 一失調護, 便至危急."

한 공론의 모색과 소통에 대한 관심은 우리 시대가 당면한 현실문제와 접속 가능한 점이 발견된다.

한국사회는 근년에 통치권의 정책 결정과 집행에 관련하여 심각한 소통장애를 경험하였고 현재도 그러한 상황의 후유증이 부분적으로 지속되고 있는 상황이다. 특히 정치권에 대한 불신과 민심의 이반으로 인해 우리사회에는 '소통' 혹은 '소통의 부재'라는 말이 유행하고, 불공정한 사회적 시스템에 대한 위기감 속에 '공정사회'와 '정의'라는 용어도 많이 유통되었다. 이와 같은 현상은 부정의한 사회적 모순과 정치적 행태에 대한 국민적 저항을 담보한 시민사회의 민주역량의 성숙에서 그 원인을 찾을 수 있다.

그러나 이와 동시에 간과할 수 없는 것은 '정보의 생산·유통'과 관련한 미디어 환경의 급격한 변화이다. 기존의 주류 매체나 방속에서 독점하였던 정보의 생산과 일방적 공급 방식에 맞서 인터넷 통신망에 기반한 소셜네트워크 서비스Social Network Services 및 일인 미디어의 확산은 사회적 이슈를 제기하거나 사회적 실천을 공유하는 새로운 창구가 되었다.

이에 따라 다중에 의한 문제해결의 새로운 방식과 실천이 '집단지성'이라는 이름으로 제안되고 있기도 하다. 개개인이 정보의 생산 및 공급이 가능한 일인 미디어로 활동하고 다중이 실시간 접속 가능한 사회적 연결망은 시민사회 구성원들의 사회적·정치적 현안에 대한 참여를 가능하게 만들었다는 점은 기존과 다른 사회적 소통에 대해 사유할 필요성을 제기한다.

'소통' 혹은 '소통의 부재'는 정치적인 측면에서 나타난 정부와 국민간의 이해의 단절을 '의사소통'과 관련하여 주로 사용되어 왔다. 그리고 '집단지성'이란 국가의 통치 행위와 관련하여 '개체의 능력을 넘어서 새롭게 형성된 집단적 능력'에 의하여 이전의 방식과 다르게 형성되고 진화하는 여론의 향방을 지칭하는 용어로 자리 잡았다.

새로운 용어가 사회적으로 유통되는 것은 그 사회의 현주소를 반영한다. 새로운 '말'의 출현은 그 말의 기저에 놓여 있는 의도와 지향을 함축하고 있기 때문이다. 이것은 곧 '소통'의 문제와 관련된다. 나는 이 글을 통해 16세기 조선사회에서 이이가 구상했던 소통을 위한 감성정치적 사유를 '여정'과 '공론'을 중심으로 살펴봄으로써 우리 시대의 '소통의 부재'에 대한 대안 담론을 시론적으로 검토한다.

집단감성과 공론장

유학의 세계에서 타자에 대한 이해는 인간관계에서 형성되는 '공통의 틀'을 기초로 한다. 공자의 인仁이라고 하는 인간의 본질적인 덕성도 가장 가까운 '사람과 사람사이의 관계'親親로 부터 드러나게 되는 '사랑의 감정'이고, 그것을 통하여 관계망의 범위를 넓혀 타자에게로, 사회적으로 확장해 가는 과정은 충忠과 서恕의 형태로 나타난다. 충忠과 서恕의 개념에서도 그 기반은 '인간의 마음'으로 정초되어 있다는 점에서 개인적 마음은 '확장된 마음'으로 드러나게 되는 것이다.

유가철학에서 마음의 문제는 인간의 근본적인 덕성을 근거로 하여 감정으로 드러나게 되며, 이 마음과 감정은 직접적으로 연관되어 나타나기 때문에 자기 자신에 대한 이해 뿐 만아니라 타자와의 교섭 과정에서도 핵심적인 요인으로 등장하게 된다. 따라서 유가적 세계에서 인간에 대한 이해는 상황에 따라 가변하는 마음과 감정의 양상을 어떻게 파악하는가에 의해 좌우되는 경향을 띠게 된다.

그렇기 때문에 유가철학에서는 인간관계의 바람직한 형성과 유지를 위해서 욕구지향적인 마음과 감정을 조절할 수 있는 수기修己를 통한 내면적 가치에 대해 보다 중점을 두게 되고, 이렇게 확보된 도덕성을 사회적으로 실현해가는 치인治人의 과정을 설정하게 된다. 치인治人은 곧 인간의 도덕성을 실현해 가는 과정으로서 올바름을 구현해 나가는 과정적 단계인 정치政治의 형태로 드러나게 된다.

이러한 점에서 공자는 계강자가 정사政事에 대해서 묻자 "정政이란 바로 잡는 것이다. 만약 그대가 바름으로써 통솔한다면 누가 감히 바르게 되지 않겠는가?"[7]라고 말한다. 이는 공자가 "백성을 정령政令으로 다스리고 형벌로써 가지런하게 한다면, 백성들은 형벌을 피하고자 할뿐이요, 부끄러워하는 마음이 없게 된다. 덕으로써 다스리고 예로써 가지런하게 하면, 백성들은 부끄러워하는 마음을 가질 뿐 아니라 또한 바르게 될 것이다."[8]라고 하여 규율과

7 『論語』, 「顔淵」. "季康子問政於孔子. 孔子對曰 政者, 正也. 子帥以正, 孰敢不正."

형벌에 의한 통치를 반대하면서 덕치와 예치를 강조하는 면에서도 드러난다.

이는 다시 말한다면, 정치를 힘에 의해서 펴게 되면, 백성들은 상황을 모면하기 위해서 숨기는 마음[遯心]을 갖게 되고, 잘못된 마음[非心]을 갖게 되기 때문에 예와 덕으로 다스림으로써 스스로 인격적인 변화를 유도하라는 것이다. 이러한 인격적인 감화를 유도하는 것이 곧 정치이고, 이런 점에서 유가의 정치철학은 인간 관계망의 조정을 통해 대동사회의 구현을 지향하게 되는 것이다.

이렇듯 사해동포四海同胞와 대동세상大同世上을 지향하는 유가철학의 궁극적 이상이 제시될 수 있는 것은 '여러 사람이 따르고 감화될 수 있는 마음', 곧 예와 덕에 준거해서 표출된 마음이 결집될 수 있기 때문이다. 이 마음의 감정이 집단적으로 드러난 것을 이이의 경우에는 '여정輿情'이라는 개념으로 제시된다.[9]

표준국어사전에는 여정輿情을 "어떤 일이나 행동에 대한 사회 일반의 정적情的인 반응"이라고 기술하고 있다. 여정輿情을 사전적 표현대로 '사회 일반의 정적인 반응'이라고 할 때, 이는 오늘날 일반적으로 말하는 '여론'과는 일정부분 상통하는 점도 있다.

그러나 우리 시대에 사용하는 여론이라는 용어가 'Public Opinion'의 번역어라는 점은, 이 여론의 주체와 논의의 근대적 성격을 명확

8 『論語』, 「爲政」. "子曰 道之以政, 齊之以刑, 民免而無恥, 道之以德, 齊之以禮, 有恥且格."

9 『율곡전서』 권4, 「玉堂論乙巳僞勳箚」. "今者, 衆怒之積, 如久壅之水, 不決自潰, 公論之發, 出於國人, 不可沮遏, 則順輿情定國是, 正在今日."

하게 드러낸다는 점에서 여정과는 그 맥락을 달리한다. 다시 말하면 여론의 주체는 평등한 지위를 갖는 근대적 개인들이고, 이들이 공적인 영역에서 자유로운 토론을 거쳐 합의한 내용이 곧 공론의 성격을 갖게 되고, 일정한 사회적 영향력을 발휘하게 된다. 일종의 규범적 성격을 띠게 되는 것이 여론이다. 하지만 여정은 이와 다르다. 여정은 '여輿'와 '정情' 두 글자가 결합된 용어이다.

'여輿'의 의미는 『주역』 사괘師卦의 '육삼효'에서 확인할 수 있다.[10] 육삼효에서는 '여시輿尸'라 적고 있는데, 이것의 의미를 확인하기 위해서는 사괘의 경문과 단전을 확인할 필요가 있다. 사괘의 경문에서는 "군중을 이끄는 방식은 올바름을 굳게 지켜야 하니, 장인이라야 길하고 허물이 없다."라 하고, 이것에 대해 「단전」은 "사란 군중이다. 정은 올바름이다. 올바름으로 군중을 이끌 수 있다면 왕이 될 수 있다."[11]라고 풀이한다.

이렇게 보면 사괘가 말하고자 하는 핵심은 군중을 이끌되, 올바름, 곧 '정'을 근본으로 해야 한다는 것을 시사한다. 이런 관점에서 육삼효를 살펴보면, "군사적인 일을 여러 사람이 주장하게 하면 흉하다."라는 뜻이고, 정이천은 "여시輿尸란 여러 사람이 주관한다는 것으로 육삼효를 가리킨다."[12]고 해석한다. '여' 자는 여론輿論이나

10 『주역』, 「師卦第七」. "六三, 師或輿尸, 凶."

11 『주역』, 「師卦第七」. "彖曰, 師, 衆也, 貞, 正也. 能以衆正, 可以王矣." 인용된 번역문은 심의용의 번역을 따랐다. 정이천 주해, 심의용 옮김, 『주역』, 파주: 글항아리, 2016.

12 정이천 주해, 심의용 옮김, 『주역』, 파주: 글항아리, 2016. "…輿尸衆主也, 蓋

여정輿情, 여인輿人 등에서 쓰인 거처럼 '중衆'을 의미한다.[13]

정情 자는 원래 특정한 상황이나 대상의 특질을 나타내는 글자였다. 그러다 점차 "특정한 상황이나 사실에 따라서 연속하여 발생하는 사건이나 판단, 대상의 성질에 따른 특별한 성격의 노출이 직접적으로 감정 표현과 연관됨으로써 감정을 지칭하는 용어"[14]로 사용되었다. 정은 단순히 사단과 칠정으로 대표되는 감정의 표출만을 의미하는 것이 아니라 그러한 상황에 대한 생각과 판단까지도 포괄하는 개념이다.

여와 정의 개별 개념으로부터 '여정'의 의미를 유추해 본다면, 뭇 사람들의 감정의 표출 및 상황에 대한 생각과 판단이 주장된 것이라고 할 수 있다. 여정은 생각이나 판단과 관련된 이성적인 영역에 한정되지 않고 감정의 영역도 동시에 개입되고 있다는 점이 중요하다. 감성철학의 관점에서 본다면, "감정은 단순히 심리적인 차원에 머물지 않고 구체적인 신체 표현으로 드러나며, 경우에 따라서는 개인의 정서적 차원을 넘어 다중의 집단적인 의사를 형성하는 기제로 작동"한다.

따라서 "특정한 기분이나 느낌이 결합된 정서적이고 인지적인 삶의 태도나 반응 양식"인 감성은 "단순히 사물인식이나 지각의 수용양상에 한정하지 않고, 인간의 삶을 구성하는 다양한 요소들이

指三也."

13 『사고전서』, 經部, 易類 , 『易酌』 卷2. "按輿字如輿論, 輿情, 輿人等, 皆作衆字."

14 전남대호남학연구원, 『공감장이란 무엇인가』, 서울: 도서출판 길, 2017. 22-23쪽.

복합적으로 연계되어 드러나는 태도와 반응양식"[15]으로 이성과 감정을 포괄한다. 이런 점에서 여정은 총체적인 삶의 문제를 해결하기 위한 집단적인 감성이자 정치적 태도이라고 할 수 있다.

그런데 여정 개념에서 유의할 것은 '여'의 개념적 기원이 『주역』의 세계관과 연관되어 있다는 점이다. '여'로 표상된 집단 혹은 다수의 주장은 앞서 살펴보았지만, '옳음' 혹은 '바름'을 지향한다는 것이다. 따라서 여정輿情은 단순히 사적인 이익이나 욕구로부터 비롯한 집단적 감성의 표출이 아니라는 점에서 현대적인 개념의 여론과는 일정한 차이를 갖는다. 여정에는 예와 덕의 유가적 감성이 전제되어 있다.

이렇듯 예와 덕에 준거하여 다수의 사람들에 의해서 표출된 '집단적 감성'의 형태인 여정輿情을 이이는 다음과 같이 표현하고 있다.

> 하물며 지금 나라의 일은 마치 큰 병을 앓고 나서 원기가 채 회복되지 않아 온 뼈마디가 쑤시고 아픈 것과 같으니, 한번 조리를 잘못하면 곧 위급하게 될 지경입니다. 이러한 때에 위로는 전하의 마음을 바르게 하고, 아래로는 여정을 전달하여 그릇된 폐해를 바로 잡는데 있어서는 그 책임이 간관에게 달려 있습니다.[16]

이이가 직면했던 1560년대 중반 이후의 조선사회는 권력구조의

15 김경호, 『감성의 유학』, 전남대학교출판부, 2014. 6-7쪽.

16 『율곡전서』 권3, 「辭正言疏」. "況今國事, 譬如大病之餘, 元氣未復, 百節疼痛, 一失調護, 便至危急. 於此之時, 上格宸衷, 下達輿情, 釐補穿弊, 責在諫官."

변화와 그에 따른 권력투쟁의 양상이 중앙정계 내부에서 지속되고 있었다. 선조의 등극은 권력구조를 개편할 수 있는 기회였으나, 군신 간에 당대를 체감하는 온도 차이의 상이함은 갈등과 반목을 낳는다. 상하의 불통이 낳는 폐단은 민생의 시폐로 전가되고, 관료들은 무사안일과 사리사욕만을 추구하는 세태에 직면한 것이다.

이이는 그러한 현실을 비판하면서 공론을 제기하고 지켜나가는 간관의 책무를 강조한다. 간관은 '군주의 마음'을 바르게 하고 '여정'을 전달함으로써 폐해를 바로 잡는 자로 규정하고 있다. 간관은 여정을 군주에게 알림으로써 민심의 소재를 파악하게 한다는 것이다.

여정에 대한 표현은 이 외에도 이이의 저술에서 다수 발견된다.[17] 이이는 여정을 공론公論과 함께 쓰기도 한다.

> 오늘날 많은 사람들의 노여움이 쌓인 것이 마치 오래 막혀 있던 강물이 터놓지 않아도 스스로 무너지는 것과 같아서, 공론이 나라 사람들에게서 터져 나오고 있는 것은 막아낼 수가 없으니, 곧 여정에 따라 국시를 안정시키는 것은 바로 오늘에 해야 할 일입니다.[18]

17 『율곡전서』 권3, 「六曹郎官論沈通源疏」. "豈不樂從以快輿情耶."; 「十六箚」 4. "如其不然, 則快順輿情, 以定是非, 不勝幸甚."; 「擬陳時弊疏」 4. "霈恩中止, 輿情未厭"; 「代白參贊論時事疏」 4. "尙不奮發大志, 以慰輿情耶"; 「論朋黨疏」 4. "惟近世常規, 是拘是守, 擧錯未服輿情."; 「被劾辭兵曹判書疏」 7. "正臣之罪, 振肅朝綱, 以快輿情, 不勝幸甚."; 「六疏」 7. "貶臣之職, 少快輿情."; 「經筵日記」 28, 1, 隆慶元年丁卯, 十月. "公論今日始發, 輿情快之."

18 『율곡전서』 권4, 「玉堂論乙巳僞勳箚」. "今者, 衆怒之積, 如久壅之水, 不決自潰, 公論之發, 出於國人, 不可沮遏, 則順輿情定國是, 正在今日."

이이는 공적인 논의인 공론이 표출되고 있는 상황이라면 서둘러 공론을 '여정'에 따라서 처리함으로써 '국시國是'를 안정시켜야함을 시급한 일로 강조하고 있다. 국시를 안정시키는 것이 시대의 급무이고 그것이 곧 시대정신인 셈이다.

이러한 점에서 본다면, 이이는 감성의 집단적 형태를 지칭하는 여정 개념을 통해 민심을 수렴하고, 이 '여정의 결집'을 통해 제기되는 집단적 감성이 공론 구성과 문제해결의 역량임을 알고 있는 것이다. 결국 공론을 실현하는 것을 주요한 일로 삼고 있는 정치란 인민의 마음과 감정을 위무하는 것이 되어야 하고, 인민의 집단적 감성이 표출된 것이 곧 공론의 형태로 드러나는 것임을 보여준다.[19]

이이가 이처럼 여정輿情으로 표현되는 집단적 감성을 공론과 함께 주요한 논제로 삼고 있다는 것은 두 가지 측면에서 주목할 필요가 있다. 즉 여정을 공론과 논의하는 것은 이이의 특별한 시선인가, 아니면 그가 직면했던 당대의 새로운 사회적 흐름인가의 여부이다.

이 문제는 정치 참여층의 확대와 직결된다. 김종직 이래로 권력구조의 변화를 지속적으로 추진했던 사림세력들의 오래된 기획은 홍문관의 언관화와 낭관권의 형성으로 훈척세력들과 대결구도를 갖추었지만, 여전히 정치적 입지는 불안한 상태였다. 유동적인 정

19 국립국어원의 『표준국어대사전』에서는 감정과 정서, 감성을 구분하여 정의하고 있지만, 이 글에서는 감성을 감정을 포괄하는 개념으로 사용한다. 희노애락과 같이 구체적으로 계열화 되는 정서적 형태를 감정이라고 본다면, 감성은 감정과 그러한 감정이 행위로 드러나는 태도까지 포함하는 개념으로 사용한다. 이와 관련된 논의는 다음을 참조하라. 김경호, 『감성의 유학』, 광주: 전남대학교출판부, 2014. 23-28쪽.

치적 입지를 사림세력은 공론을 통해 정치참여층을 확대함으로써 정치적 정당성을 확보하고자 하였다.

이렇게 본다면, 당대의 사림세력들이 자신들의 정치적 입지를 강화하기 위해 관료들뿐만 아니라 지방의 사림들의 의견을 공론으로 수렴하려는 분위기는 새로운 흐름이라고 할 수 있다.[20] 이와 같은 흐름을 주도하는 인물 가운데 한 사람이 이이다.

이이는 공론형성의 중요성을 강도 높게 주장하면서 동시에 마음이 드러난 감성적 태도에 대해서 매우 중시하고 있다. 그는 언어 표현을 비롯한 대인관계나 사회적 행동은 마음과 감정의 문제와 연동되며, 밖으로 드러난 행위와 그 행위에 대한 판단은 온전히 그 적실성 여부에 따른다고 주장한다.[21] 이이가 집단적 감성인 여정을 공론과 연관하여 주목하는 것도 이와 같은 태도에 기인한다.

이이가 여정을 주목하고 공론을 강조하는 맥락은 사회적 '소통'의 문제와 연관된다. 일반적으로 우리는 갈등적 상황이나 오해의 여지가 있는 상황에 직면해서도 상대의 말이나 행위를 통해 타자의 마음과 감정으로 해석한다. 행위 당사자와 해석자의 견해가 일치할 경우, 우리는 그 상태에 대해 '마음이 통했다' 혹은 '심정을 이해했다'고 하며, 해석의 불일치를 경험할 경우, '마음을 상했다' 혹은 '심정을 이해 못했다'고 표현한다.[22] 이 때 '마음이 통했다' 혹

20 최이돈, 『조선중기 사림정치구조연구』, 서울: 일조각, 1994(1997). 232-246쪽.

21 이이는 본성을 담고 있는 마음이 외물의 자극에 반응하여 구체적인 감정으로 드러나는 방식을 '심통성정'으로 이해하고, 감정의 표출은 중절 여부에 따라 구분 사단과 칠정으로 구분된다는 이론을 제시한다.

은 '심정心情을 이해했다'라고 했을 때, '통했다'나 '이해했다'는 것은 '통通'을 의미한다.

통은 『주역』에서 주로 '방통旁通' '통리通理' '만물통萬物通' '통천하지지通天下之志' '지통志通' '통색通塞' '회통會通' '통기변通其變' '통천하지고通天下之故' '통신명지덕通神明之德' '통기通氣' 등으로 사용된다. 이때 통은 '교통하다' '왕래하다' '소통하다' '알다' '겸하다' '같다'와 같은 의미를 갖는다.[23]

또한 통通은 변變과도 긴밀하게 연관되어 쓰이기도 한다. '교통'하고 '왕래'할 수 있는 것이 물리적인 행위의 문제뿐만 아니라 타자를 파악하고 이해할 수 있는 '마음의 길'도 의미하므로, 이 통通에는 '소통하다' '겸하다' '알다' '같다'라는 뜻이 포함된다. 이렇게 본다면, 통通은 '물리적이고 심리적인 막힘의 장애가 없는 상태'를 지시하는 개념으로 쓰이고 있음을 알 수 있는데, 그러한 점에서 소疏와 연결된다.

소疏의 경우 유가 경전인 『주역』과 『서경』에서는 보이지 않고, 『시경』에 1회 나타나는 등 매우 제한적으로 사용되고 있다.[24] 통通이 소疏와 결합되어 나타나는 경우는 유가 경전 가운데 『예기』에서

22 최상진·김기범, 「한국인의 심정심리: 심정의 성격, 발생과정, 교류양식 및 형태」, 『한국심리학회지』 Vol.18, 1999. 3쪽 참조.

23 곽신환, 「周易의 변통과 개혁 사상」, 『유교사상연구』 Vol.29, 한국유교학회, 2007. 136쪽 참조.

24 『논어』, 「里仁」 26. "子游曰 事君數, 斯辱矣, 朋友數, 斯疏矣."; 「述而」 15. "子曰 飯疏食飮水."

"소통지원疏通知遠"이란 표현이 유일하게 나타난다.[25] 소疏의 의미를 파악할 수 있는 전거는 『맹자』에게서 보인다.

『맹자』「등문공상」에서는 우왕의 치수 사업과 관련하여 "우소구하禹疏九河"라고 하고 있다. 이 내용을 살펴보면, 우왕이 구하九河를 소통하고 제수濟水 탑수漯水를 소통하여 바다로 주입하고, 여수汝水와 한수漢水를 트고 회수淮水와 사수泗水를 배수하여 양자강으로 주입하여 그런 후에 중국이 곡식을 먹게 되었다는 것이다.[26]

이 문장을 주희는 "우왕이 치수하는 일을 시행할 수 있었다. 소는 통함이며 분산함이다."라 하고 "약瀹도 또한 소통의 의미"라고 한다.[27] 즉 소疏를 '통通'과 '분分'으로 쓰면서 막힌 물길을 트고 분산하여 연결시킨다는 의미로 파악하고 있는 것이다.[28]

이렇게 본다면 소疏는 먼저 물리적인 장애를 제거하고, 그러한 과정에서 또 다른 세계와의 접점을 찾아 '통하게 된다.'는 의미로 파악할 수 있다. 막혔던 세계가 뚫리고 열리는 것은 물리적 세계의 교류뿐만 아니라 존재들이 구축했던 닫힌 삶의 영토에서 새로운 만남과 마주침의 장場을 구성하는 것이기도 하다. 여정을 통해 구성되는 낯선 자들의 감성적 연대는 이전에 없었던 공감의 지평을

25 『예기』, 「經解」 26. "孔子曰, "入其國, 其教可知也. 其爲人也, 溫柔敦厚, 詩教也. 疏通知遠."

26 『맹자』, 「滕文公上」 04. "禹疏九河, 瀹濟漯而注諸海, 決汝漢, 排淮泗而注之江然後, 中國可得而食也.

27 『맹자』, 「滕文公上」 04 주희 주석. "禹得施治水之功, 疏通也分也. 九河, 曰徒駭 曰太史 曰馬頰 曰覆釜 曰胡蘇 曰簡 曰潔 曰鉤盤 曰鬲津 瀹亦疏通之意."

28 이동철 외, 『21세기의 동양철학』, 서울: 을유문화사, 2005. 361쪽 참조.

만들고, 그러한 공감대는 새로운 공감장을 구축하는 동력으로 작동한다.

공감과 소통을 위한 통치자의 자질

이 글에서 나는 이이가 지향한 삶의 풍경을 소통疏通이란 단어로 포착하고 있는데, 이것은 이이가 추구한 철학적인 입장에서 판단한 것만은 아니다. 이이의 '소통'적인 면모는 그의 기질적인 특성뿐만 아니라 성장과정에서 경험하고 체득했던 사유와 감성에서 비롯한다.

이이의 인간적 성향을 '막힘없이 툭 트였다'는 의미에서 소통이라고 평가하는 성혼과 정철 등 교유자들의 평가가 이를 잘 보여준다.[29] 특히 성혼은 이이를 신원하는 상소에서 "이이의 사람됨은 소통하고 명민하며 천성이 매우 고매"[30]하다고 말하면서, 그가 너무 소통한 성격이어서 오히려 소탈한 병통이 있고, 그런 점에서 침착하고 치밀한 기풍이 적다고까지 말한다.

그러나 소통의 문제는 단순히 개인과 개인, 개인과 사회에 국한되는 것만이 아니다. 이이는 개인과 개인을 넘어서 개인과 제도, 개인과 사상, 개인과 문화의 소통을 지향하며, 나아가 우주자연과의 소통을 추구하게 된다.[31] 이이가 파악하는 인간적 삶의 조건은 이

29 『우계집』. "李珥爲人, 疏通明敏, 天分甚高."; 『栗谷全書』 권37, 「祭文」 (鄭澈). "疏通敏達."

30 『선조실록』 17권, 선조 16년 7월 15일 甲午. "臣竊觀李珥之爲人, 疏通明敏之分甚高, 少有求道之志, 慨然以學自勵於衆理."

러한 점에서 보다 이상적인 세계를 지향하는 열망과 소통의 감성으로 표현되고 있으며, 그것을 구체화하여 실질적으로 구현하는 과정이 곧 정치다. 반목과 대립을 조정하여 여정의 집단감성이 수렴된 공론정치를 수행할 주체로서 통치자의 감성적 자질은 이이의 감성정치적 구상과 맞물려 있다.

이이는 「성학집요」에서 현능한 통치자로서의 인군은 무엇보다 먼저 진덕수업進德修業을 통하여 도덕적 인격의 완성자가 되어야 하며, 이러한 과정을 통해 성왕聖王에 이를 수 있다고 강조한다. 이러한 점에서 이이는 선조 임금에게, "전하께서는 먼저 큰 뜻을 세우셔서 반드시 성현을 표준으로 삼으시고, 삼대를 기필하시어, 전심하여 글을 읽으시고 사물에 나아가 이치를 궁구하시옵소서."[32]라고 진언한다. 그래서 이이는 "제왕의 학문은 기질을 변화하는 것보다 절실한 것이 없다"[33]고 한다. 여기서 기질의 변화矯氣質는 육체적 형질(형기)로서의 변화를 의미하기 보다는 근본적으로 본성의 회복復其性 문제이다.

이이는 "본연의 성은 비록 물욕에 가려지고 기에 구애되었더라

31 이이의 소통을 통한 조화와 화해의 모색은 그의 리기심성론에서도 잘 드러난다. 그는 리기관계를 '일이이一而二, 이이일二而一'로 파악하면서 리기지묘를 말하고, 이를 리통기국설로 구체화한다. 심성의 문제에 있어서는 일도一途의 측면을 말하고 있으며, 수양공부의 경우에도 경 공부뿐만 아니라 성 공부를 함께 강조하는 성경誠敬 공부론을 강조하고 있다는 점이 그러하다.

32 『율곡전서』 권19, 「進箚」. "伏望殿下先立大志, 必以聖賢爲準, 三代爲期, 專精讀書, 卽物窮理."

33 『율곡전서』 권19, 「進箚」. "帝王之學, 莫切於變化氣質."

도, 그 근본을 추구하여 보면 순선하여 악이 없다. 그런 까닭에, 그 본성을 되찾으라고 말한 것이다. 기에 있어서는 혹은 탁하기도 하고 혹은 불순하기도 하여, 이미 처음 태어날 때부터 판정되어 있다. 이렇기 때문에 그 기를 되찾으라고 말하지 않고, 기질을 교정하라 말한 것"[34]이라고 한다. 이는 왜곡된 혹은 왜곡될 가능성이 있는 기질을 변화시킨다면 본연의 성을 드러낼 수 있다는 의미에서 기질은 교정한다 하고, 본연지성을 회복한다고 하는 것이다. 바로 천리에 근거한 인간의 본연성을 회복함으로써 도덕적 인격을 완성해 나갈 수 있음을 의미한다.

이이는 이러한 제왕의 모범으로 성왕을 예로 든다. 「진시사소陳時事疏」[35]에서 "원하옵건대 자신에 돌이켜 살피시어, 가깝고 작은 일에 구애되지 마시고 반드시 성왕을 따르는 것을 목표로 삼으소서. 이것은 성명께서 학문에 종사하고 힘써 행하는 것이 어떠하냐에 달려 있으니, 지금 감히 수다스럽게 거듭 아뢰지 못하겠습니다."[36]라고 한다. 이렇듯 이이가 성왕의 예를 빈번하게 거론하는 것은 현실적인 통치자인 군주의 도덕적 해이와 현실적 안이함을 경계하기 위함인데, 그의 상소문에서 특히 자주 보인다.[37]

---

34 『율곡전서』 권31, 「語錄上」(金振綱). "曰. 本然之性, 雖物蔽氣拘, 而推其本則純善無惡, 故曰, 復其性也. 至於氣, 則或濁或駁, 已判於有生之初, 故不 曰復其氣, 而曰矯氣質也."

35 율곡, 48세, 1583년 4월, 공안 개정, 군적 개정, 주현 병합, 감사구임, 서얼허통, 공사천 무재가 있는 자 속량, 계봉사라 한다. 시폐에 대해 극력 전달.

36 『율곡전서』 권7, 「陳時事疏」. "伏願反躬省念, 無拘近小, 必以追踵聖王爲志焉. 此在聖明典學力行之如何, 今不敢喋喋累陳焉."

그러나 만일 군주가 현군이 되지 못한다면, 신하들을 소외해서 착한 줄을 알고도 등용할 뜻을 보이지 않게 되고, 악한 것을 보고도 추방하는 명을 내리지 못하여, 마침내 군자는 감히 그 정성을 다하지 못하게 되고 소인은 그 틈을 타서 사邪와 정正이 섞이고 시是와 비非가 모호하게 되어, 나라를 다스리지 못하게 될 지경에 이르게 된다.

따라서 왕도정치를 구현하기 위해서는 현능賢能한 인재를 등용하여[推誠用賢][38] 능력에 맞게 적재적소에 배치하는 것이 중요한 문제이다. 추성용현의 사고 속에는 덕성과 능력을 갖춘 인재가 자기의 기량을 충분히 발휘할 수 있는 관직에 기용되어야 하고 그에 합당한 대우를 받아야 한다는 유가의 공적주의 입장이 개진되어 있다.

그리고 이런 사고 속에는 현능한 인재가 적절한 관직을 얻지 못할 경우에는 퇴거하여 은거隱居하면서 자신의 도를 추구해한다는 의미가 내포되어 있다. 이이가 잦은 출사와 퇴거를 반복한 것은 이와 같은 이유 때문이다. 이러한 인물을 이이는 학자學者로 보고 있다.[39] 이이는 이 점에서 인재 등용뿐만 아니라 이들의 능력을 최대

37 『율곡전서』의 「論尹元衡疏」, 「諫院陳時事疏」, 「玉堂陳時弊疏」, 「辭應敎兼陳所懷疏」, 「萬言封事」, 「應旨論事疏」, 「陳時事疏」, 「六條啓」, 「東湖問答」.

38 『율곡전서』 권19, 「聖學輯要」 進箚. "帝王之治, 莫先於推誠用賢."

39 이이는 자수自守하는 유형 중에 학자를 다음과 같이 정의하고 있다. 『율곡전서』 권15, 「東湖問答」. "若學者之不仕, 則非爲時之不可也, 非爲隱之可尙也, 誠以學術不足, 先施功業, 則代大匠斲, 鮮不傷手, 故韜光自守, 藏器待用, 尺蠖之屈, 以求伸也."

한 활용하기 위해서는 군주가 자신의 사심을 버리고 신하들을 신뢰하는 사기종인舍己從人·허심종선虛心從善[40]의 태도가 요구된다고 판단한다.

이이에 따르면, 군주는 "첫째 마음을 바르게 하여 다스림의 근본을 세우는 것이요, 둘째 어진이를 써서 조정을 맑게 하는 것이요, 셋째 백성을 편안하게 하여 나라의 근본을 튼튼하게 하는 것"으로 그 책무를 삼아야 한다.[41] 나라가 잘 다스려지고 못 다스려지는 것[治亂]은 군주의 수기에 달렸으므로 군주는 제일 먼저 수기를 통하여 마음을 정성스럽게 하고 민본위민의 왕도정치에 대한 확고한 신념을 가져야 한다는 것이다.

인재 등용에 있어서도 신분과 문벌을 따지지 말고 오로지 사람의 됨됨과 기국이 서로 맞는 자를 등용하게 되면 자연히 인정仁政을 베풀게 되어 백성을 편안히 하고 이롭게 만들 수 있다는 것이다. 이렇게 군주가 수기를 통하여 큰 뜻을 세우고 학문에 힘쓰며, 어진이를 등용하여 정사를 펼치는 근본은 바로 民이다. 이것이 위민정치爲民政治이다.

결국 인치와 덕치에 의한 왕도정치의 구현이라는 이이의 관점에서 본다면, 군주는 백성의 위에 군림하는 존재가 아니라 나라의 근

40 『율곡전서』 권6, 「應旨論事疏」. "古人稱堯曰, 舍己從人. 稱舜曰, 樂取諸人以爲善. 稱禹曰, 拜昌言. 稱湯曰, 從諫弗咈. 堯·舜·禹·湯, 德已至矣, 治已極矣, 猶且虛心從善, 如恐不及,"

41 『율곡전서』 권3, 「諫院陳時事疏」. "一曰 正心以立治本, 二曰 用賢以淸朝廷, 三曰 安民以固邦本."

본인 백성의 고통과 아픔을 들으면서 그들이 원하는 바를 해결해 주며 교화시키는 존재로 파악된다. 현실적 통치자인 군주가 성인과 성왕을 모범으로 공감과 소통적인 존재로 기능할 때, 바로 이 현실에서 유가적인 도덕윤리세계의 실현이 가능하게 된다. 이이가 선조와의 갈등하면서도 지속적으로 현실의 인군人君을 이상적인 성왕聖王으로 '기질변화'라는 감성적 전환을 시도하였던 이유도 여기에 있다.

수혜자 중심의 통치 시스템

정치권력의 급속한 변동은 그에 따른 권력기구의 개편과 권력구조의 변동을 야기한다. 이이가 출사하여 활동을 했던 1560년대 후반 이후의 조선사회의 정치세력과 정치구도는 세 가지 점에서 특징적이다.

첫째, 이 시기에는 기존의 훈구와 척신 세력의 정치력이 약화되고 사화기 이후 성장했던 사림이 주요한 정치세력으로 등장한다는 점이다. 그런데 흥미로운 점은 이들 사림의 인적 구성이 이전 시기 사화의 여파로 정치적으로 탄압받았던 복권된 노장의 사림과 이들 노장 사림들의 문하에서 성장하여 과거를 통해 출사한 신예의 사림으로 구분된다는 점이다. 사림은 혼맥과 학맥을 통해 광범위한 사회적 관계망을 형성하고 있었고, 이러한 관계망은 정치적 쟁점이 발생함에 따라 대립할 수 있는 가능성이 잠재되어 있는 상태였다.

둘째, 이 시기는 정치권력이 사림 주도의 정치세력으로 재편되면서 그들의 정치적 정당성을 확보할 수 있는 대안이 새롭게 모색되었다는 점이다. 복권된 노장사림이나 출사한 신진 사림은 정권을 잡았지만 그들의 정치적 역량이나 정치적 행보는 검증된 바 없었고, 그렇기 때문에 그와 같은 한계를 뒷받침할 수 있는 '무엇인가'를 필요로 하였다. 사림은 자신들의 정치적 정당성을 담보할 수 있는 근거를 '공론'에서 구한다. 공론은 단순히 특별한 사안에 대한 '공적인 논의'라는 차원에서 '공적 합리성'의 영역에 한정되는 것이 아니라 청렴과 정당함이라고 하는 '도덕성'과 '감성적 합정성'에 대한 논의와 맞물려 있다는 점이 중요하다. 이이는 이 점을 여정으로 포착하고 있는 것이다.[42]

셋째, 더욱 중요한 변화는 공론을 주도하는 세력이 대신이나 언관 등의 중앙 관료집단만이 아니라 지방의 유생층으로 광범위하게 확대되었다는 점이다. 사화기를 거치면서도 사림은 민감한 정치적 사안에 대해 직언할 수 있는 언론기관에 진출하였고, 사림이 주도하는 삼사의 위상은 지속적으로 강화되어 이들은 삼정승의 대신과 함께 중앙의 공론을 주도하게 된다. 삼사의 위상이 강화될 수 있었던 것은 그들의 논의를 지지하는 지역에 소재한 사림 유생들의 '공론'이 있었기 때문에 가능한 것이었다. 삼사는 지역의 민심을 모으는 창구이자 민심을 전달하는 통로이기도 했다. 지역의 사림들은 삼사를 통해 지역의 민심을 상소의 형식으로 임금에게 직접

42 감성적 합정성이란 개념은 박원재의 논의에서 차용하였다. 이와 관련해서는 다음을 참조하라. 박원재, 「감성, 규범, 공동체」, 『국학연구』 Vol.13, 한국국학진흥원, 333-334.

전달할 수 있는 창구를 확보함에 따라 공론의 소재는 전국적으로 확대된다.[43]

이와 같은 시대적 흐름 속에서 이이는 민심民心이 표출된 '여정'과 여정이 수렴된 공적인 논의인 '공론'을 강조한다. 군주는 한 몸으로 만백성 위에 처신하고 있어서 청각은 모든 것을 다 듣기에 부족하고 시각은 모든 것을 다 보기에 부족하다.[44] 그렇기 때문에 항상 민심의 소재와 여정을 헤아리고 수렴함으로써 시대의 급무急務를 파악해야 하고, 이를 통해 시의時宜에 맞는 대책을 입안할 수 있다는 것이다. 그러한 점에서 여정의 파악과 민심 수렴을 통한 공론의 형성과 소통의 모색[45]은 오늘날의 여론 정치의 일면을 보여준다.[46]

이이는 이렇게 수렴된 공론을 국가가 존립할 수 있는 근본적인

43 최이돈은 공론형성층의 확대는 그들의 논의를 수용할 홍문관과 같은 정치기구가 언론기관으로 확대되어 삼사의 언론 기능이 강화되었고, 이러한 과정은 낭관의 공론권이 확대되는 결과를 가져옴으로써 공론정치를 활성화하는 한편 붕당론으로 이어지는 계기가 되었다고 분석한다. 최이돈, 『조선중기 사림정치구조연구』, 서울: 일조각, 1994(1997). 235-247.

44 『율곡전서』 권3, 「玉堂陳時弊疏」. "人君以眇然之身, 處億兆之上, 聰不足以盡聽, 明不足以盡視, 故古之聖王, 必以國人之耳, 爲我之耳, 聽無不聽, 以國人之目, 爲我之目, 明無不視, 以國人之心, 爲我之心, 知無不盡, 天地不足以爲大, 日月不足以爲明矣."

45 손홍철은 이이의 공론에 대한 논의를 '공론의 소통'을 보면서 '여론정치'의 측면에서 접근한다. 손홍철, 「율곡의 경세론과 소통의 정신」, 『율곡사상연구』 Vol.27, 율곡연구원, 2013. 58-63쪽.

46 그러나 조선시대의 공론은 유가철학적인 인간이해와 규범론, 세상 경륜을 위한 경세론을 바탕으로 설정되고 있다는 점에서 현대의 평등하고 자유로운 개인들에 의한 공적 영역에서의 논의인 '여론' 개념과는 차이가 있다.

지표國是이며[47], 그러한 힘이 곧 국가를 지탱할 수 있는 근원적인 기운元氣이라고 한다. 이이는 당대 조선사회가 안고 있는 행정적 비효율성에 대해서도 지적하면서 일관된 정책의 지속과 효율적인 업무 수행[48]을 위해서는 지방행정구역을 개편[49]할 것도 제안하고 있다. 이는 오늘날의 행정구역 개편론과 유사한 점을 발견할 수 있다. 이러한 정책도 당연히 공론에 의해서 결정되어야 한다.[50]

제도 개혁의 측면에서 이이가 무엇보다 주목한 것은 '민생의 삶의 질'에 대한 제고이다. 이 문제는 과도한 부세賦稅와 요역徭役의 조정과 직결된다. 민생 경제의 안정은 국가적인 안정을 가져오는 초석인데, 이러한 입장은 공자 이래로 지속되어온 부민富民을 위한 경요박부輕徭薄賦 사상의 연장선에 있다. 이이의 이와 같은 생각은 현실에 맞지 않는 오래된 옛 법제를 개혁하여 시의時宜에 맞게 변통變通하는 것으로 나타난다. 대표적으로 공납제貢納制 개혁안

---

47 『율곡전서』 권7, 「辭大司諫兼陳洗滌東西疏」. "人心之所同然者, 謂之公論. 公論之所在, 謂之國是. 國是者, 一國之人, 不謀而同是者也. 非誘以利, 非怵以威, 而三尺童子, 亦知其是者, 此乃國是也."

48 『율곡전서』 권7, 「陣時弊疏」. "監司爲一道之主, 久於其職, 與民相信, 然後王化宣焉, 號令行焉, 平日可以成政, 緩急可以應變."

49 『율곡전서』 권4, 「擬陳時弊疏」. "我國之大, 比於中朝, 不及一道. 臣見中朝官職衙門, 不倍於我國 可見我國之, 官司太冗也."

50 『율곡전서』 권7, 「代白參贊仁傑疏」. "竊念公論者, 有國之元氣也. 公論在於朝廷, 則其國治, 公論在於閭巷, 則其國亂. 若上下俱無公論, 則其國亡, 何則? 在上者, 不能主公論, 而惡公論之在下也, 防之口而治其罪, 則其國未有不亡者也. 周有衛巫之監, 秦有誹謗之法, 是也."

과 군역軍役 개혁안이 그것이다.

공납제 개혁안의 골자는 공안개정貢案改定을 통해 군현의 공물貢物 부과량을 실정에 맞게 책정하고 수미법收米法을 통하여 공물 부과를 민호의 경제력에 상응하게 하자는 것이다. 이이는 「만언봉사」에서 "공안은 우선 연산군 때에 더 늘여 정한 분량을 모두 없애어 선대의 옛 모습을 되찾아야 합니다. 그리고 나서 여러 고을의 물산의 유무·전결의 많고 적음·민호의 잔성 등을 조사하여 그에 따라 공물의 양을 정하여 한결같이 균평하게 해야 합니다. 반드시 본색으로써 각사에 납부하게 하면 방납은 금하지 않아도 저절로 없어지게 되고 백성들의 삶은 극심한 고통에서 풀려나게 될 것이니, 오늘날 시급히 해야 될 일로써 이보다 더 큰 일은 없습니다."[51]라고 한다.

지역의 특산물을 진상하는 공안제는 특정한 집단에 의한 방납防納으로 대체되고, 이에 따른 폐단이 민생에 직접적으로 영향을 주기 때문에 이를 폐지하고, 공안 자체를 조정하자는 것이다.

군역 개혁안은 군적軍籍의 실질적인 작성과 방군수포放軍收布로 인한 폐단[52]을 제거함으로써 악폐를 해결 할 것을 제안한다. 당시 군적의 작성 상황을 이이는 "거지들까지도 모두 넣어 수를 채웠고

51 『율곡전서』 권5, 「萬言封事」. "悉除燕山所加定, 以復祖宗之舊, 因考列邑之物產有無, 田結多少, 民戶殘盛, 推以量定, 均平如一, 必以本色, 納于各司, 則防納不今自罷, 民生如解倒懸矣. 今日急務, 無大於此矣."

52 『율곡전서』 권5, 「萬言封事」. "我國法制, 多所欠闕, 只設兵使水使僉使萬戶權官等官, 而無稟養之具, 使之取辨於士卒, 邊將侵漁之弊, 濫觴於此矣."

닭이나 개의 이름까지도 군적에 올리게 되니 한두 해가 지나지 않아 태반이 빈 장부가 되어 버렸다."[53]라고 탄식할 정도이다.

이렇게 이이가 당대의 현실에서 제기되고 있는 '시폐'에 대해 논의할 수 있는 것은, 그러한 현실의 폐단에 민심의 소재가 놓여 있고, 그 지점에서 여정이 구성된다는 것을 잘 알기 때문이다. 시폐를 척결하는 것은 곧 도탄에 빠진 백성을 구제하는 것이고, 그것이 곧 안민安民·이민利民을 위한 감성적 응대이다.

이러한 이이의 감성철학적이면서 감성정치적인 구상은 학자적 관료로서 성리학적 가치질서를 실현하려는 의리의 정당함이고, 유교적 인정人情을 구체화하는 것이기도 했다. 그러나 이이의 이러한 구상은 백성의 삶의 세계를 경영하는 현실 정치에서 시행되지 못하고 제한되고 말았다는 점에서 한계점 또한 지적하지 않을 수 없다.

지향과 현실의 충돌

이이가 학자적 관료로서 활동했던 1560년대 후반부터 1580년대 중반의 시기는 조선사회가 기간의 훈구척신세력과 사림의 대립과 갈등이 해소되고 사림에 의한 정계 개편이 이루어진 때이다. 따라서 이전 시대와 달리 성리학적 가치·이념을 현실 정치를 통해 구현할 수 있는 터전이 마련된 기회의 시기이기도 하였다.

학술 사상적으로도 이 시기는 매우 활발한 학문적 교섭과 논쟁으

53 『율곡전서』 권5, 「萬言封事」. "六年成籍之法, 廢而不行, 癸丑年搜括於久廢之餘, 奉使之臣, 以嚴急幹辨爲能, 州縣承風猶恐不及, 只念搜括之或遺, 不計苟充之貽患, 匃乞之人, 無不備數, 鷄犬之名, 亦得載錄, 不出一二年, 太半爲虛簿矣."

로 새로운 학풍을 형성하는 시기이기도 하다. 조선의 지식인 사회는 외부적으로 양명학을 중심으로 하는 명대 학술사상의 영향을 받으면서, 내부적으로 성리학의 기본서적 및 주희의 저작물을 학습과 『심경』의 연구를 통해 심학화의 경향을 보여준다.[54]

그렇지만 정계의 주도권을 장악한 사림 내부에서는 점차 권력의 분점과 지향의 차이로 인하여 갈등의 기제가 가시화되면서 분열의 양상을 보이게 된다. 이러한 분열의 한 가운데서 사림의 통합을 모색하던 인물이 이이이다. 그의 사림 통합의 시도는 조제보합론調劑保合論으로 나타난다.[55]

이이는 일견 학문적으로나 정치적으로나 일정한 성취를 얻은 듯 보이지만, 그 자신의 산문 입산과 하산, 출처와 언행의 문제[56]때문에 정치적으로 어려움을 겪게 되면서 '소인'(1583)으로 지목되기도 한다. 그가 성리학의 정치한 이론을 탐구함으로써 일정한 성취를

54 김경호, 「16세기 조선 지식인 사회의 『심경』 수용과 철학적 담론의 형성」, 『동양철학』 Vol.19, 한국동양철학회, 2003. 참조.

55 이이가 자신의 조제보합의 입장에 대한 당대의 비난을 기술하면서, "사람을 관찰하는 도리는 오직 사정邪正만 분간할 뿐인데, 어찌 동인이냐 소인이냐를 분별할 것이겠습니까. 신으로 말하더라도, 당초에 사류에게 죄를 얻은 것이 아니라, 다만 양쪽을 조제하여 국사를 함께 하려 한 것뿐인데, 사류로서 그 의도를 모르는 사람이 잘못 서인을 부호하고 동인을 억누른다고 지목하여, 한 번 흠을 지적당하자 점차 의심하게 되어 온갖 비방이 따라 일어나고, 마침내 성균관과 사학의 유생들도 혹 업신여기기에 이르렀습니다."라고 언급하고 있다. 『율곡전서』 권7, 「陳時事疏」.

56 이이의 언행에 관한 논란은 이조전랑 임명문제(1577), 동서분당 보합 문제(1579), 상소대필 문제(1579), 전투용 병마의 문제(1583), 예궐하여 대죄하지 않은 문제(1583) 등에서 주로 나타난다.

얻고 강학을 통해 많은 문하 제사들을 두고 있었던 것과 달리, 그는 이러한 혐의로 인하여 탄핵을 받는다. 그가 학문을 통해 성취한 내용을 현실 정치에서 구현하기에 현실의 장벽은 높았고, 한계와 좌절을 경험해야 했다. 이이의 정치적 좌절은 곧 그가 지향한 이상의 현실적 좌절을 의미한다.

이이는 「동호문답」에서 정치가 잘 시행될 수 있는 것과 잘 시행되지 못하는 혼란한 경우를 각기 나눈다. 정치가 잘 이룩될 수 있는 방도는 1)임금의 재지才智가 보통사람보다 뛰어나서 영웅·호걸들을 잘 부리는 경우와 2)임금이 재지는 비록 부족할지라도 능히 어진 신하에게 맡기는 경우 두 가지로 나눌 수 있는데, 여기에는 왕도王道와 패도覇道가 적용된다.

이이는 당연히 왕도에 의한 정치를 이상적인 통치로 꼽는다. 반면 정치가 혼란해지는 경우를, 1)임금이 자신의 총명함을 자부하고 신하들을 믿지 않는 경우와 2)임금이 간사하고 아첨하는 자만을 믿어 자신의 귀와 눈을 가리게 되는 경우로 나눈다. 이러한 혼란한 정치를 만드는 임금의 유형을 이이는 1)폭군暴君[57] 2)혼군昏君[58] 3)용군庸君[59]으로 나눈다.

---

57 많은 욕심이 속마음을 흔들고 여러 가지 유혹이 밖에서 침공하여 백성의 힘을 다 빼앗아 자기만 생활하고 忠言을 물리치고 스스로 성명聖明한 척 하여 스스로 멸망에 이르는 자를 말한다.

58 치평을 이룩해 보려는 뜻은 있으나, 간사한 자를 분별하는 총명이 없어, 믿는 바는 어진 이가 아니요 맡긴 바는 재능 있는 이가 아니어서 점점 패망하게 되는 자를 말한다.

59 나약하여 뜻이 확립되지 못하고 우유부단하여 정치가 떨치지 못하여 구

그리고 선비는 기본적으로 '경세제민經世濟民에 뜻을 두고 있다고 이해하면서, 그 유형을 출사하는 겸선兼善과 물러나는 자수自守의 둘로 나눈다. 관직에 나아가 겸선을 하는 유형에는 대신大臣, 충신忠臣, 간신幹臣이 있고, 관직에서 물러나 자수自守하는 유형에는 천민天民, 학자學者, 은자隱者로 구분한다. 이이가 이러한 논의를 한 까닭은 군주가 바른 마음으로 자신을 수양하면서 어진 선비를 등용하여 성왕聖王의 지치至治를 구현하기 위한 충언이었다.

이이는 현능賢能한 인재가 자신의 이상과 지향을 펼칠 수 있는 시기를 도학道學을 닦은 선비들이 출사하고 왕도정치를 행할 수 있는 군주를 만나는 시기라고 여긴다. 여기서 도학이란 격치格致로써 선을 밝히고 성경誠敬으로 몸을 닦아, 그 학문이 몸에 익숙해져 있는 것을 말하는데, 그러한 도학을 하는 선비를 진유眞儒라고 규정한다. 그런데 문제는, 이렇게 도학을 한 선비들에 대한 통치자의 판단이다. 이이는 통치자가 도학을 학습한 선비들을 도덕적 이상만 앞세울 뿐 현실감이 없다고 의심하여 관직에 참여시키지 않았기 때문에 혼란한 시대가 지속되고 있다고 판단하였다.

이런 점에서 이이는 선조의 총애를 받는 신하였음에도 지속적으로 갈등한다. 이이는 선조가 여정을 헤아리고 공론을 수렴하여 상하가 소통하기를 염원하지만, 선조는 이이의 기대에 미치지 못한다. 그럴 때마다 이이는 선조에게 직언을 하고, 선조는 수용하지 못한다. 이러하기에 이이는 퇴거와 출사를 반복한다. 선조(1576)는 이

태舊態만 되풀이 하면서 날로 쇠약해져 가는 자를 말한다.

이의 귀향을 막으려는 박순朴淳의 간청에 대하여, "그가 교격矯激하고 또 그가 나를 섬기려 하지 않는데 어떻게 억지로 그를 머물게 할 수 있겠는가?"[60]하면서 만류하지 않는다. 이이도 선조가 붙잡지 않으니 미련 없이 파주로 낙향한다.

이이가 민심이 모여 구성된 집단적 감성인 여정을 중요시 하였다는 것은 우리 시대의 관점에서 보면 탁월한 혜안이었고, 자신의 시대가 도래할 파국에 직면할 만큼 위태로운 지경에 빠지는 시기라고 인식했던 점은 정확했다. 국가가 위난에 처한 주요한 원인은 우선적으로 왕도정치를 실현하기 위한 군주(선조)의 의지가 너무도 박약하였고, 그러한 세태에서 과거의 폐단이 시정되지 않았으며, 나라를 지탱하는 근본인 선비들은 도의지학道義之學보다는 일신의 영달을 위한 실용공부에 몰두하였기 때문이라고 진단한 것도 틀리지 않았다.[61]

이러함에도 불구하고 이이의 소통을 위한 구상이 현실화되지 못하고 묻히고만 까닭은 무엇일까? 그가 끊임없이 군주의 성학聖學을 역설하였지만 군주는 용렬했고, 사문의 동료인 사류들은 그의 진유화眞儒化에 대한 요청에 오히려 저항하였다는 것은 무엇을 시사하는가?

60 『율곡전서』 권29, 「經筵日記」. 병자(1576), 二月. "李珥棄官歸鄕. 珥旣遞副提學, 朴淳每於經席, 薦其賢且才可用. 上曰, 此人矯激, 且渠不欲事予, 予何爲强留乎?"

61 『율곡전서』 권13, 「學蔀通辨跋」. "我國之士, 不朱不陸, 專務俗習者, 多矣, 此與傭夫販奴何別."

이이는 시폐를 청산하고 경장을 이루기 위해서는 '포황용빙하包荒用馮河'[62]와 같은 포용과 용기가 중요하다는 점을 잘 알고 있었다. 그러나 그는 정작 자신과는 다른 거친 타자들을 '포용'하고 '관용'하지 못하였다는 비판에서 자유롭지 못하다. 그것이 이이의 한계였다.

62 『율곡전서』 권3, 「玉堂陳時弊疏」. "必以包荒之量, 容受衆善, 以馮河之勇, 洗滌舊習, 然後百弊可革, 庶績可熙矣."

참고문헌

『禮記』

『論語』

『孟子』

『牛溪集』

『栗谷全書』

『朱子語類』

『宣祖實錄』

『易傳』』

강릉문화원 편, 『강릉』, 강릉: 강릉문화원, 2016.

김경호, 『감성의 유학』, 광주: 전남대학교출판부, 2014.

이동철 외, 『21세기의 동양철학』, 서울: 을유문화사, 2005.

전남대호남학연구원, 『공감장이란 무엇인가』, 서울: 도서출판 길, 2017.

정대현 외, 『감성의 철학』 서울: 민음사, 1996.

정이천 주해, 심의용 옮김, 『주역』, 파주: 글항아리, 2016.

최이돈, 『조선중기 사림정치구조연구』, 서울: 일조각, 1994(1997).

곽신환, 「周易의 변통과 개혁 사상」, 『유교사상연구』 Vol.29, 한국유교학회, 2007.

김경호, 「16세기 조선 지식인 사회의 『심경』 수용과 철학적 담론의 형성」, 『동양철학』 Vol.19, 한국동양철학회, 2003.

김경호, 「낙세에 대한 열망- 시천주와 후천개벽을 중심으로」, 『동학학보』 Vol.42, 동학학회, 2017.
김영수, 「조선 공론정치의 이상과 현실(1) -당쟁발생기 율곡 이이의 공론정치론을 중심으로」, 「한국정치학회보』 Vol.39-5, 한국정치학회, 2005.
김영주, 「조선시대 공론 연구-여론 유사용어와 관점, 유형과 형성주체, 그 용례를 중심으로」, 『언론과학연구』 Vol.14-1, 부산울산경남언론학회, 2010.
김영주, 「조선왕조 초기 公論과 공론형성과정 연구-諫諍·公論·公論收斂制度의 개념과 종류, 특성」, 『언론과학연구』 Vol.2-3, 한국지역언론학회, 2002.
손흥철, 「율곡의 경세론과 소통의 정신」, 『율곡사상연구』 Vol.27, 율곡연구원, 2013.
이상익, 「栗谷의 公論論과 그 현대적 의의」, 『율곡사상연구』, Vol.5, 율곡학회, 2002.
이현출, 「사림정치기의 공론정치 전통과 현대적 함의」, 『한국정치학회보』 Vol.36-3, 한국정치학회, 2002.
정재훈, 「16세기 사림 공론의 내용과 의미」, 『조선시대사학보』 Vol.71, 조선시대사학회, 2014.
최상진·김기범, 「한국인의 심정심리: 심정의 성격, 발생과정, 교류양식 및 형태」, 『한국심리학회지』 Vol.18, 1999.
최진홍, 「율곡의 경세론: 법과 소통을 중심으로」, 서울대학교 정치학과 대학원 박사논문, 2009.

감 / 성 / 유 / 학 / 의 / 지 / 평

제2부
감성적 주체

도래할 낙세: 감성적 주체의 열망

하원갑 지내거든 상원갑 호시절에
만고 없는 무극대도 이 세상에 날 것이니
- 최제우, 몽중노소문답가

희구

이 글은 19세기 후반 조선사회에서 '융기Uplift'했던 동학[1]의 역사적 맥락과 철학적 의미를 낙세樂世 혹은 낙토樂土에 대한 열망이라는 개념을 중심으로 한 감성철학적인 측면에서 탐구한 것이다.[2] 유학의 학술적 전통과 분리될 수 없는 동학을 감성철학적인 측면

1 이 글에서 동학의 출현에 대해 지질학 용어인 '융기'를 사용한 것은 그것이 갑자기 돌출한 것이 아니라 다양한 힘들과의 경쟁을 통해 조건화 되었다는 것을 강조하기 위해서이다. 동학은 유학을 중심으로 하는 조선의 오래된 역사문화와 정치사상적 토대를 기반으로 하여 전통의 계승이면서 동시에 단절이라는 불연속적 지점에서 형성되었다는 것이 나의 입장이다. 이러한 점에서 19세기에 등장한 동학은 유학의 세속화 과정에서 새롭게 융기된 사유와 실천의 종교적 감성체계라고 할 수 있다.

2 감성철학은 이성중심의 철학적 전통에서 배제되었던 우연성, 이미지, 상상력, 열망, 행복 등 감성적인 측면에 대한 복권을 통해 합리주의가 기반하고 있는 이원론적인 '이성-감성'의 이분법을 넘어, 몸을 근거로 한 통합적이고 치유적인 새로운 사유와 세계 해석의 가능성을 제기한다. 감성에 대한 철학적 탐구에 관해서는 다음을 참조하라. 정대현 외, 『감성의 철학』(서울: 민음사, 1996).

에서 논의한다는 것은 관행화된 담론 중심의 연구와 달리 감성의 분출과 그것이 재구성되는 사유의 과정적 계기성에 주목한다는 것이다.

이러한 입장은 동학이 완결된 것이 아니라 여전히 미완의 것이고, 재해석을 통해서 새롭게 구성해 가야할 현재 진행형의 것이라는 나의 관점에서 비롯한다.[3] 그래서 이 글은 '지금-여기, 우리에게 동학은 과연 무엇인가?'라고 하는 물음을 지속적으로 제기한다. 나는 이 물음에 대한 응답의 단초를 동학에서 발견되는 낙세에 대한 희구와 열망, 두 가지 점에서 포착한다.

이 글을 풀어가는 첫 번째 단서는 '낙세 혹은 낙토에 대한 희구'이다. 낙세(낙토)는 단순히 삶의 기쁨과 즐거움, 희열이 충만한 세계만을 의미하지 않는다. 낙세는 차안此岸의 세계를 벗어나 피안彼岸에 있는 것만도 아니다. 이 낙토는 고통과 괴로움으로 점철된 무간지옥Avīci과 짝하여 공존한다.

이 글에서 제기하는 낙세는 공간적으로 피안의 세계가 아니라 '지금-여기'의 차안의 세계이다. 차안은 독락獨樂의 세계[4]와 달리 타

3 전석환은 동학의 '한울님'을 "시작과 끝의 주재자가 아니라 공과를 스스로 실현해 나가는 '과정 안에 들어 있는 존재'"라고 기술하고 있는데, 이러한 입장은 내가 동학을 이해하는 관점과 유사하다. 전석환, 「동학, 천도교의 개벽사상에 대한 철학적 의미 고찰」, 『동학학보』 제33호, 동학학회, 2014. 343쪽.

4 『孟子』, 「梁惠王」下: "獨樂樂, 與人樂樂, 孰樂?…今王與百姓同樂, 則王矣." 「梁惠王」 上: "與民偕樂, 故能樂. 湯誓 曰時日害喪. 予及女偕亡, 民欲與之偕亡, 雖有臺池鳥獸, 豈能獨樂哉?"

자를 배제하지 않는다. 낙세는 어둡고 부정적인 힘들을 무력화시키는 역량의 주체들이 공감과 배려의 감성적 연대를 통해 더불어 살아갈 수 있는 도래하는 현세이다. 낙토세상樂土世上은 동학의 후천개벽, 다시 개벽과 연관된다.

두 번째 단서는 '열망熱望'이다. 열망은 낙세에 대한 희구와 연동하면서 증폭된다. 열망은 합리적인 사유를 전제로 하지만 그러한 사유가 도달할 수 없는 세계의 불가해함에서 태동한다. 열망은 선형적으로 여겼던 세계의 삶이 비선형적이라는 것을 자각할 때, 그 같은 결락의 틈새를 통해 분출하는 섬광과 같다.

열망을 통한 자각은 직관적이며 몸의 변화를 수반한다. 이 글에서 열망은 세계와의 경계이자 마주침의 매개인 몸의 재발견을 통해 드러나는 감성적 주체들의" 성화聖化된 삶에 대한 강렬한 감성적 분투Conatus이다.[5]

내가 동학을 '낙세(낙토)에 대한 희구와 열망'으로 포착하여 감성철학적인 관점에서 탐구하는 것은 일정한 의도를 포함한다. 동학을 이전의 시각과는 다른 방향에서 조명하려는 것이다. 보다 직접적으로 말한다면, 동학으로 분출되었던 새로운 사유와 감정, 행위와 느낌, 몸의 반응을 '감성적 주체'와 '감성적 근대성'라는 개념으로 사유하려는 것이다.

동학이 창도된 1860년을 전후한 조선사회의 감성적 분기는 당대

5 이규성은 해월의 종교적 열망을 '경이로운 만남과 감격'으로 파악하고 이것을 '열망의 현상학'으로 설명하고 있다. 부산예술문화대학 동학연구소 편, 『해월 최시형과 동학사상』(서울: 예문서원, 1999), 15-29쪽.

세계의 부조리함과 억압에 대한 단선적인 저항이나 분노 표출에 머물지 않는다. 자각적인 주체들에 의한 집단적이면서도 새로운 결사의 형태로 수렴되는 양상을 보여준다.

나는 그와 같은 감성적 흐름이 비록 얕은 수준이지만 감성적 주체들의 자각과 타자에 대한 새로운 인식의 층위에서 비롯하였다고 판단한다. 그러한 점에서 동학에 보이는 낙세에 대한 열망이라는 '응축된 감성적 흐름'을 '감성적 주체'의 발견과 '감성적 근대성'으로 파악하는 것이다.

이 같은 시도는 기존에 수행되었던 동학에 대한 많은 분야의 다양한 연구 성과에 대한 재검토와 함께 동학의 현재성과 미래상에 대한 전망을 요청한다. 사실 동학에 관한 수많은 선행 연구 가운데는 그러한 성찰을 보여주는 우수한 결과물도 있다. 하지만 이 글과 직접적으로 관련된 연구는 거의 찾아 볼 수 없는 형편이다. 그러나 몇몇 선행 연구는 감성철학적 방법론을 언급하고 있지 않지만, 나에게 매우 중요한 논점을 제공한다.

이규성은 조선말의 "전통적 교양을 갖춘 지식인이나 평민들"은 "세계상실과 자아상실"이라는 부조리한 "총체적인 소외"를 경험하면서 "자기와 세계의 변형이라는 실천적 지평"에 관심을 갖고, "진정한 그리고 분열 없는 통일적 생에 대한 동경"을 통해 "역사에 저항"하는 방식을 취하였다고 분석한다.[6] 이러한 논의는 동학을 포함

6 이규성, 「한국 근대 생철학의 조류와 구조」, 『시대와 철학』 제19-4호, 한국철학사상연구회, 2008. 22-23쪽.

하여 근대의 태동기에 분기했던 사유와 감성 주체들을 어떤 관점으로 파악할 것인가에 대한 시사점을 제공한다.

윤석산은 동학의 창도와 관련하여 '조선 봉건사회의 해체' 과정이나 '근대를 향한 사회운동이나 사회사상'이라는 기존의 주류 시각을 넘어설 것을 제안한다. 그는 동학을 인류의 문명사적인 차원에서 '새로운 사건'으로 재해석할 것을 주장한다.[7] 김영철은 동학을 "자기 자신과의 직접 대화"의 형태로 파악하면서 인간의 유한성을 극복하기 위한 '행복의 열망'과 연결된다고 제기한다.[8]

김용휘는 동학의 창시자나 계승자들의 "내면에서 일어난 종교체험"과 반성적 성찰들, '몸으로 보여준 삶의 실천들'을 텍스트로 보고 그것을 종합적으로 살필 것을 제안한다.[9] 이 글은 위와 같은 논점과 다수의 동학관련 선행 연구의 성과를 기반으로 하여 논의를 진행한다.

동학에 대한 감성철학적인 고찰은 기본적으로 당대 사회 현상에 대한 세 가지 인식을 전제로 한다. 첫째, 동학은 조선사회에서 지속된 유교적 신분제의 동요와 그 모순의 심화 양상과 연동된다. 둘째, 동학은 신분제의 동요와 직접적으로 연관되는 유교문화의 대중

7 윤석산, 「동학 창도의 문명사적 의미」, 『한국언어문화』 제26호, 한국언어문화학회, 2004. 1-2쪽.

8 김영철, 「인간 유한성 극복의 단초로서의 동학사상」, 『동학학보』 제36호, 동학학회, 2015. 154-155쪽.

9 김용휘, 「시천주 사상의 변천을 통해 본 동학 연구」, 고려대학교대학원 박사학위논문, 2005. 2-3쪽.

화 경향과 맞물려 확산된다. 이런 점에서 동학은 유학의 세속화 과정에서 출현한다. 셋째, 19세기 중후반 이후 조선사회의 광범위한 양반층의 형성과 서학의 영향은 집단 내부의 가르기를 통한 타자의 발견으로 이어진다. 이 세 가지 인식과 관련된 구체적인 내용은 본문에서 기술된다.

이 글의 논의 범위는 시간적으로 19세기 초부터 동학의 창도(1860)를 전후한 시기이며, 내용적으로는 최제우崔濟愚(水雲, 1824-1864, 본관 慶州)의 신비체험과 동학의 경전에서 제시하는 시천주侍天主와 후천개벽後天開闢을 주요 논점으로 다룬다.

본문에서 다룰 내용은 다음과 같다. 제2장은 조선의 역사적 전개 과정에서 누적되었던 부조리한 힘들이 임계점에 도달하여 동학으로 융기한 맥락을 '불락不樂의 파국성'이란 측면에서 논의한다. 제3장은 최제우의 종교체험과 경전을 중심으로 하여 천도天道가 어째서 동학東學인가 하는 점을 '도래할 낙세'라는 관점에서 다룬다. 제4장은 시천주 개념을 몸의 성화聖化를 통한 '낙樂'의 관점에서 재해석하여 '낙도樂道'의 경지로 논의한다. 제5장은 동학의 혼종성을 논의하면서 후천개벽이 갖는 철학적 의미를 '다시-열림'의 지평'에서 다룬다.

불락의 파국성과 동학의 융기

역사를 발전이 아니라 '인간에 의한 자연과 인간의 폭력적인 지배가 진보해가는 과정'으로 파악한 아도르노Adorno, Theodor Wiesengrund

는 인간의 역사를 '몰락의 논리'에 따라 진행하는 '고통의 연속체'라고 주장한다.[10] 그렇기에 아도르노에게 있어서 배제되었던 고통의 흔적과 조우하고 그것을 인식하는 것은 무엇보다 중요하다. 해방의 가능성을 그 지점에서 모색할 수 있기 때문이다.

몰락과 파국의 관점에서 본다면, 18세기 후반부터 누적되기 시작했던 파국의 징후는 19세기 서구제국의 서세동점西勢東漸이라는 세계질서 재편과 맞물려 침탈의 구조화로 나타난다. 서양 이양선異樣船의 빈번한 출현으로 생존에 대한 위기의식이 고조되는 가운데 기존의 유교적 통치체계에 균열이 생기면서 신분제의 동요와 양반화는 급속하게 진행된다.

양반화의 추세가 사회경제적으로 미치는 영향은 무엇보다 대다수의 상민이 양반으로 전환됨으로써 반상제의 구분을 모호하게 만들고, 특히 군역을 담당할 상민층의 급격한 감소를 초래한다는 점이다. 군역이 면제된 다수의 양반들을 대신해서 그 부담은 고스란히 농민을 중심으로 하는 상민층에 전가된다. 이 구조적 모순은 삼정의 문란으로 더욱 첨예화되기에 이르고 농민의 유민화를 촉진한다.

신분제의 동요와 맞물려 양반화의 추세는 조선사회 전반에 유교문화를 확산하는 계기가 된다. 이것은 달리 말하면 유교의 대중화 혹은 유교의 세속화 과정이라고 할 수 있다.[11] 18세기 이후 조선사

10 김유동, 『아도르노사상-고통의 인식과 화해의 모색』(서울: 문예출판사, 1993), 31-33쪽.

회의 양반화가 급격하게 진행되었다는 것은 산술적으로 양반의 숫자가 확대되었다는 것만이 아니라, 양반의 양적 증가에 따른 유교문화의 확산을 의미한다. 특권적 신분이었던 양반에 제한되었던 유교문화가 문턱을 낮추어 사회의 전반에 보급됨으로써 대중화되었다는 것이다.

양반이라는 형식적인 동일성의 외피는 내부적으로 생활공간, 경제조건, 학술·문화적 향유 기반 등 사회생태적 생존 조건과 연계되어 다층구조를 이룬다. 최상류의 고위층 양반으로부터 상민과 거의 비슷한 수준인 몰락한 양반에 이르기까지, 그들은 유교문화를 향유하는 신분이라는 점에서는 동일하다. 하지만 위계화 된 삶의 위상과 조건들은 현실의 자기를 타자와 변별하는 발견적 동인을 제공하면서 조선사회의 균열을 심화한다.[12]

---

11 김상준은 조선유교사회의 양반화를 통한 변동양상을 '대중유교mass confucianism'로 개념화하면서 '대중 유교'로서 '동학'을 주장한다. 김상준, 「대중유교로서의 동학-유교적 근대성의 관점에서」, 『사회와 역사』 제68권, 한국사회사학회, 2005. 172쪽.

12 동학을 창도한 최제우의 출생과 득도 이전의 성장 과정을 살펴본다면 그의 사회적 신분을 유추할 수 있다. 그의 출생 시기에 60살이 넘은 아버지 최옥(崔鋈, 1762-1840)은 퇴계학맥을 잇는 유학자였지만 출사하지 못한 가난한 촌로에 불과하였다. 그의 어머니 한씨는 재가녀였던 만큼 정실부인도 아니었다. 윤석산은 최제우의 모호한 사회적 신분을 '서자'로 보고 있다. 윤석산, 『동학교조 수운 최제우』(서울: 모시는사람들, 2004), 46-57쪽. 비록 최제우는 몰락하여 한미한 가계의 후손이었지만 유교문화의 훈습 속에서 성장하였고, 어디에도 속할 수 없는 타자로서 경계인의 삶을 살았던 것은 분명하다. 최제우에게 유교적 교양과 문화, 규범과 질서체계는 그를 존속시킨 토대이자 내파되어야 할 '이중적인 것들'이었다. 동학을 구성하는 많은 내용이 유교적 유사성을 지니면서도 다른 방향을 지시하는 것도 이러한 이유 때문이

신분제의 동요와 상민의 양반화로 인하여 사회 제모순은 더욱 심화되고, 하층의 민중들은 권력과 가진 자들의 수탈에 그대로 방치되어 속수무책이었다. 일상화된 억압과 착취의 구조 속에서 태어난 사내아이는 사흘도 안 되어 군첩에 오르고, 군포를 내지 못해 소를 빼앗긴 농부는 자신의 남근을 자르는 사태까지 발생한다.[13] 정약용은 강진의 유배지에서 호남의 민초가 겪고 있는 고단한 현실을 '잘린 남근'을 통해 표현하고 있다.[14]

남근을 자르는絶陽 물리적인 아픔보다 더한 '슬픔哀'은 '단장斷腸' 만큼이나 고통스럽고, 해소할 길 없는 고통과 분노는 점증한다. 똑같은 백성임에도均吾赤子 평등하지 않은 현실에서 학정에 시달리는 농민들은 무엇을 할 수 있었을까? 야밤에 도주하여 '집을 떠난' 길 위의 사람들은 유민이 되어 객지를 떠돈다.

군정의 문란과 가렴에 의한 수탈은 정주의 삶을 살아야 할 '땅의 사람들'을 유랑자로 만들고 공동체를 파괴한다. 유교적 공공公共 이념에 근간하여 구축하였던 중앙집권적 통치 시스템과 사회체제는

다. 박경환은 이 같은 점을 '동학과 유학'의 '대체적인 유사성'으로 설명한다. 박경환, 「동학의 민주주의의 토대, 동학의 인간관」, 『인문학연구』 제66집, 조선대학교 인문학연구소, 2013. 28쪽.

13 『茶山詩文集』 卷4, 「哀絶陽」: "蘆田少婦哭聲長, 哭向縣門號穹蒼, 夫征不復尙可有, 自古未聞男絶陽. 舅喪已縞兒未澡, 三代名簽在軍保, 薄言往愬虎守閽, 里正咆哮牛去皁. 磨刀入房血滿席, 自恨生兒遭窘厄, 蠶室淫刑豈有辜, 閩囝去勢良亦慽. 生生之理天所予, 乾道成男坤道女, 騸馬豶豕猶云悲, 況乃生民思繼序. 豪家終歲奏管弦, 粒米寸帛無所捐, 均吾赤子何厚薄, 客窓重誦鳲鳩篇."

14 『牧民心書』, 「兵典」, 〈簽丁〉. 정약용은 〈哀絶陽〉을 가경 계해년(1803) 가을에 강진에서 지었다고 밝힌다.

더 이상 제대로 작동하지 않으면서 조선 사회는 해체의 국면으로 치닫고 있었다.

점증하는 내부적 모순의 임계상태는 파국이 임박했음을 알려주는 징후이다. 임박한 파국은 "관계적 상황을 전화시키는 집단적 역량, 이를테면 다중의 감성동력이 분출하는 봉기"와 연결된다.[15] 민중들의 누적된 고통과 분노는 봉기의 형태로 분출한다. 기득권자들에 의해 민중봉기가 민란으로 규정되는 19세기는 흔히 '민란의 시대'로 명명된다.[16] 가난하고 힘없는 이들이 최소한의 생존권조차 지킬 수 없이 물화物化된 19세기는, 낙樂이 없는 불락不樂의 시대였다.

한 연구자는 이 시기에 조선사회에서 '새로운 인민이 출현하였다'고 규정한다.[17] 새로운 인민은 조선사회에서 새롭게 등장한 '각성된 근대인'이라 해도 좋을 것이다. 그러나 '새로운 인민'의 출현을 말할 수 있으려면, 단순히 전통적인 것과의 단절 의식만이 아니라 최소한 자각적으로 근대를 사유할 수 있는 사람들이어야 한다. 새로운 인민은 자기 세계를 반성적으로 성찰하면서 이전과는 다른 사유와 감성을 보여주어야 한다.

---

15 김경호, 「매천 황현 - 구한말 유교지식인으로 산다는 것」, 『공자학』 제28호, 한국공자학회, 2015. 218쪽.

16 고성훈 외, 『민란의 시대: 조선시대의 민란과 변란들』(서울: 가람기획, 2000). 이이화, 『민란의 시대: 조선의 마지막 100년』(서울: 한겨레출판사, 2017).

17 송호근은 '새로운 인민'은 1860년을 전후하여 역사의 전면에 등장하기 시작했으며, 이들은 "유교적 질서에서 약간이라도 벗어나 있는 사람들, 그 속에 구속되어 있더라도 벗어나고 싶은 욕망을 가진 사람들, 그것에 저항 의식을 품고 있는 사람들, 신분과 직역의 직접적 속박에서 이탈한 사람들"이라고 기술한다. 송호근, 『인민의 탄생』(서울: 민음사, 2012), 69-72쪽.

서학이 신앙의 대상으로 조선에 전파되는 1784년부터 수용과정에서[18] 일어났던 박해의 역사는 그런 점에서 주목할 만하다.[19] 천주교 신자들의 출현은 조선사회에 새로운 인간에 대한 이해, 가치와 윤리의 재조정, 감성의 표출 방식의 다름을 야기했다. 이것은 18-19세기 조선의 문화적 흐름에서 일대 사건이었다.[20]

그러나 19세기 중반 이후 천주교는 은밀하게 세력을 확대하면서 신자들이 급증하고, 천주교의 배후에 있는 서양이 이양선을 통해 조선을 압박하는 상황은 조선의 위정자뿐만 아니라 민중들에게도 두려움으로 각인된다. 서학이 천주교로 병칭되는 시기에 천주교 신자를 제외한 다수의 조선민중들에게 서학은 서구의 이양선과 신무

18 북경의 천주당을 중심으로 청나라에 파견되었던 예수회 선교사들의 조선인과 학자들에 대한 포교와 1836년 모방Maubant 신부의 조선 입국을 비롯한 외국인 선교사들의 조선 진출과 관련해서는 다음을 참조하라. 피에르 엠마뉘엘 후, 「조선 가교의 재발견: 16-19세기 천주교 선교사의 조선 진출 전략에 대한 기초연구」, 『연민학지』 제16, 연민학회, 2011. 205-225쪽.

19 1860년 이전까지 공식적으로 기록된 박해는 신해박해(1791), 을묘박해(1795), 신유박해(1801), 기해박해(1839), 병오박해(1846) 등이며, 이로 인해 많은 순교자와 동시에 배교자도 발생한다. 천주교에 대한 박해 과정은 신앙의 문제를 넘어 서양이라는 타자에 대한 발견으로 이어져 조선사회를 격동하게 하는 요인으로 작동한다. '척사윤음斥邪綸音'을 반포하여 천주교를 이단으로 규정하고 3명의 외국인 선교사를 포함한 다수의 신자가 순교한 기해박해에 관해서는 다음을 참조하라. 최석우, 「긔히일긔의 몇 가지 문제점」, 『한국교회사의 탐구』(서울: 한국천주교사연구소, 1982), 265-276쪽.

20 조광에 따르면, "조정 및 양반 사족 대부분도 천주교가 수분지풍守分之風을 무시하는 평등사상이며, 왕조의 멸망과 사회의 변혁을 바라는 원국지도怨國之徒나 사욕변세자思欲變世者들의 신조로 인식되었다."고 평가한다. 조광, 「19세기 후반 서학과 동학의 상호관계에 관한 연구」, 『동학학보』 제6호, 동학학회, 2003, 54쪽.

기 그 자체였다.

서학에 대한 두려움이 점증하던 시기에 동학은 천주교의 사상·문화적 지반과는 다르지만 서학(천주교)과 짝하면서도 또 다른, 근대적 인민의 출현을 예고한다. 19세기 중엽의 조선은 외부적 압력뿐만 아니라 내부의 분열과 절망감에서 비롯하는 집단적 분노, 그것에 상응하는 무기력으로 인해 급격한 파국에 직면한다. 갑작스러운 파국의 전복성은 이전과는 전혀 다른 감성의 분기를 촉발한다.[21] 분기하는 새로운 시공간의 감성은 섬광처럼 빛나고, 낯선 그 섬광에서 이전에 없었던 새로운 연대와 공감을 발견한다.

새로운 감성적 사유와 믿음의 운동인 동학은 다층적인 조건하에서 1860년 4월, 몰락한 양반의 후손인 최제우에 의해 창도되어 민중들에게 유포되고 '융기'한다.[22] 동학을 이해하기 위해서는 동학이 융기한 19세기 중후반 민중종교의 사회적 기반과 맥락을 우선적으로 고려해야만 하는 이유도 여기에 있다.[23] 낙樂이 없는 시대에 낙을 찾고자 하는 시천주와 후천개벽에 대한 공감은 곧 동학의 확산으로 이해할 수 있다. 동학의 융기는 종교·사상, 정치·문화운동으

---

21 문강형준, 『파국의 지형학』(서울: 자음과모음, 2011), 11쪽.

22 이규성은 동학의 출현을 "관습적 삶의 방식을 붕괴시키고 우주와 인간, 인간과 인간의 새로운 관계의 필요성을 제기한 혁명적 사건"이며, 최제우의 자각은 "개체의 자주성과 평등한 연대성을 제기"했다고 평가한다. 그가 최제우를 "몰락 귀족의 후예"로 보는 것은 논란의 여지가 있다. 이규성, 『한국현대철학사론: 세계상실과 자유의 이념』(서울: 이화여자대학교출판부, 2012), 41-42쪽.

23 최종성, 『동학의 테오프락시: 초기동학 및 후기동학의 사상과 의례』(서울: 민속원, 2009), 14쪽.

로서 '동학 공감장sympathetic field of Donghak'[24]의 확대다.

낙세, 지금-여기, 도래할

그렇다면 왜 동학인가? 1860년 4월 5일, 신비체험을 통해 득도한 최제우는 1861년(신유년)에 이르러서야 깨달음을 전하기 시작한다. 사람들은 찾아와 "지금 하늘님天靈이 선생님께 강림했다고 하니 어찌 그렇게 되었습니까?"라고 묻는다.

그러자 최제우는 "가되 돌아오지 않음이 없는 이치를 받았다."고 말한다. 최제우는 그것이 '하늘의 도天道'이고, 도라는 점에서 '서양의 도洋道와 다르지 않다고 한다. 그렇다면 의문이 생길 수밖에 없다. 천도天道와 양도洋道가 같다면 둘 사이의 차이점은 무엇일까? 이러하니 응당 "도가 같다고 말씀하셨으니同道言之 그렇다면 선생님의 도를 서학西學이라 불러도 되겠습니까?"라는 물음이 제기되는 것이다.[25]

이와 같은 질문에 직면하자 최제우는 양도와 천도, 서학과 동학

24 "동학 공감장"은 나의 제안이다. 황태연에 따르면, 공감장은 『중용』(26장)의 표현처럼 "나타나지 않고 빛나고, 동하지 않고 변하고, 작위 없이 이루지는 것(不見而章, 不動而變, 無爲而成)"으로 "개인들에게 모든 행동을 판단하고 지도하는 객관적인 공감적 만인관찰자"라고 기술한다. 황태연, 『감정과 공감의 해석학』 1(성남: 청계, 2014), 243쪽.

25 『東經大全』, 「論學問」: "轉至辛酉, 四方賢士, 進我而問曰, 今天靈降臨先生, 何爲其然也? 曰受其無往不復之理…曰同道言之則, 名其西學也." *『東經大全』의 한글 번역문은 박맹수의 번역을 따랐음을 밝힌다. 이하의 한글 번역문에는 서지사항을 생략한다. 최제우, 박맹수 옮김, 『동경대전』(서울: 지식을만드는지식, 2012), 13쪽.

의 동이점을 비교 설명한다. 여기에서 동학에서 중시되는 주문과 기화氣化, 무이이화無爲而化, 수심정기守心正氣를 비롯하여 천주天主 개념이 제시된다. 서양의 도를 근간으로 하는 서학은 주문의 실효성이 없고 주문을 외우는 주체는 자기 몸을 위해 빌고 기화와 같은 신령함이 없으며, 학문 또한 하늘님의 가르침이 없다고 보기 때문에 서양의 도는 허무에 가깝고, 학문도 하늘님을 위한 것이 아니라고 최제우는 단정한다.[26]

최제우는 자신의 도는 한마디로 억지로 하지 않아도 저절로 이루어지는 것無爲而化이라고 정의한다. 그렇기 때문에 본래의 마음을 잃지 않게 단속하고 몸의 기운을 바르게 하는 것守心正氣이 중요하다고 한다. 이렇게 하면 본래의 성품이 어그러지지 않고, 그대로 본성을 따르는 가르침을 받게 되면 자연스럽게 천도가 이루어지게 된다는 것이다.

특히 최제우가 양도와 오도의 차이를 '몸身'을 근거로 '기화지신氣化之神'의 유무有無로 논의하는데. 이 점은 특기할만하다. 기화지신은 '몸에 하늘의 기운이 가득 찬 상태'를 말한다. 최제우의 오도는 서학과 달리 우리의 몸이 우주적 기운과 혼연한 상태를 이루어 '몸의 성화聖化'가 가능하다는 점을 밝히고 있다. 이 같은 도에 근거하여 조선에서 형성된 학문과 믿음체계가 동학이다.[27]

26 『東經大全』, 「論學問」: "曰洋學如斯而有異, 如呪而無實. 然而運則一也, 道則同也, 理則非也…西人,…頓無爲天主之端, 只祝自爲身之謀. 身無氣化之神, 學無天主之敎, 有形無迹, 如思無呪, 道近虛無, 學非天主, 豈可謂無異者乎."

27 『東經大全』, 「論學問」: "曰吾道無爲而化矣, 守其心正其氣, 率其性受其敎, 化出於

동학의 하늘님天主은 하늘의 신령스러움을 뜻하는 천령天靈과 같은 의미다. 천주 혹은 천령은 구체적인 형상의 존재가 아니라 초월적이면서도 자취가 있는 신령한 기운至氣과 같은 존재이다. 서양의 도인 서도西道와 최제우의 오도吾道, 즉 동도東道는 하늘의 섭리를 그대로 받았다는 점에서 같은 도라 할 수 있지만 그것을 구성하는 특질에 있어서는 전혀 다른 것이다. 따라서 서양의 도를 구하려는 것이 서양에서 비롯된 학문西學이라면 조선의 도를 실천하는 학문이 바로 최제우가 제기하는 동학이다.

이처럼 1861년에 최제우가 동학을 선언한 것[28]은 19세기 중후반 서구로 대표되었던 서양을 조선과 선명하게 구분하려는 의식의 발로이다. 그가 서학에 대한 동학을 내세우는 것은 사상적으로나 종교적으로 매우 의미 있는 자각이었다. 서양이 제국주의적 야욕을 드러내며 서구西寇 혹은 양이洋夷로 불리는 시기에, 이중의 의미를 내포한 서학西學이 곧 신(천주)과 '이양선' 혹은 '대포'로 상징되는 침략자들의 문명과 자본의 힘이었음을 간파한 것이다. 반서학反西學의 주체적인 자각과 선언이 '동학'이다.

최제우가 서학이라는 서양의 학술문물과 천주학이라는 종교사상을 오도吾道와 동학東學을 통해 선명하게 구별 짓기를 시도한 것은

自然之中也…. 吾亦生於東 受於東 道雖天道 學則東學…. 吾道受於斯, 布於斯, 豈可謂以西名之者乎."

28 최제우가 득도한 '무극대도'가 '동학'으로 명명되는 것은 1861년 후반 겨울 무렵부터 1862년 6월까지 지냈던 남원의 '은적암' 시기이다. 여기서 지은 「논학문」에서 '동학'이 제기된다. 임형진, 「은적암과 초기 남원지역의 동학 전파」, 『동학학보』 제33호, 동학학회, 2014. 60쪽.

근대적이다. 이 가르기는 타자에 대한 동일성, 즉 천도天道라는 동일성을 전제로 서양이라는 타자성의 발견이자 중심으로서의 자기에 대한 발견이다. 그렇기 때문에 최제우는 서학에 숨겨진 타자성의 원천을 자신의 타자로 설정하고 그에 상응하는 중심으로서의 오도 및 동학에 대한 전략을 모색할 수 있었던 것이다.

흥미로운 것은 최제우의 근대적 감각은 조선의 역사성과 전통에서 비롯한 동국東國이라는 오래된 관념을 새롭게 재발견하는 것에서부터 동학을 구성하고 있다는 점이다. 동국이란 낱말은 화이론華夷論의 시각에서 출현한다. 중국을 중심으로 놓았을 때, 지리적으로 동쪽에 있다는 의미이다. 한반도를 화이론적 시각에서 '동이東夷'라 부른 것이다.

이러한 관념이 무의식적으로 통용되어 한반도의 고대사나 지리지, 혹은 문집류를 편찬할 때 '동국'은 우선적으로 사용되는 낱말이었다.[29] 최제우의 '동학' 관념에는 '조선적인 것', '우리의 학술사상'이란 의미가 전제되어 있다. 그의 동학 개념에는 현존하는 조선적인 학문과 역사문화 의식을 담고 있는 '동국'이라는 오래된 낱말의 재발견을 통해 선취된다.[30]

---

29 '동국'이란 낱말을 사용한 사례는 『동국이상국집』(이규보), 『동국통감』(서거정), 『동국사략』(권근) 등과 관찬지리지인 『동국여지승람』, 조선팔도를 그린 지도첩인 『동국지도』 등이 있다.

30 김용휘도 '동국'을 '동학'과 연결하여 이해한다. 김용휘, 「수운 최제우의 아국의식과 동학의 어원적 의미」, 『한민족문화연구』 제20집, 2007. 310-311쪽. 그러나 '동국'은 역사적으로 화이론적 범주에서 제기었다는 사실을 염두에 둘 필요가 있다. 최제우의 동학 개념은 동국 개념에 포함되었던 화이론을

그런데 유의할 점은 이와 같은 '동국'의 개념에도 변화가 있다는 것이다. 동국 관념에는 17세기 중반 이후 명나라의 멸망과 청 왕조의 건국에 따라 화이론적 세계관의 변화양상이 반영된다. 특히 17세기 후반 송시열에 의해 제기된 소중화론은 18세기 이후 조선중화론의 형태로 광범위하게 조선의 사상문화에 착근된다. 최제우의 '동학' 개념에도 '조선중심주의'의 영향을 간과할 수 없겠지만, 그의 '동학'에 대한 이해는 주류 성리학자들의 춘추대의에 따른 명분론적 이해와는 결이 다르다.

최제우는 1860년 당시에 세간에 떠도는 풍문을 기록하면서 "만일 중국이 소멸한다면 어찌 '입술이 없어져 이가 시리다'라고 하는 근심이 없겠는가?"[31] 라고 한다. 서양의 자본과 문명의 힘 그리고 군사력으로 인해 중국도 존망의 위협을 느낄 정도로 위태롭다는 것이다. 중국이 서양에 비해 무력하다는 인식은 세계의 중심이 중국이라고 하는 화이론적 세계관에서 벗어나 있다는 것을 의미한다.

더 적극적으로 해석한다면, 최제우는 순망치한脣亡齒寒의 고사를 들어 중국(입술)은 더 이상 중심이 아니고 오히려 조선(이)을 중심으로 설정하고 있다. 그래서 입술(중국)이 망하는 지경에 대한 우려를 하게 되는 것이다. 순망치한의 구도로 조선과 중국·서양을 바라보

넘어서 탈중화주의적인 사유를 보인다.

31 『東經大全』, 「論學文」: "西洋之人, 道成立德, 及其造化, 無事不成. 功鬪干戈, 無人在前, 中國燒滅, 豈可無脣亡之患也."

는 최제우의 시대인식은 조선이 대결해야 할 타자는 중국과 서양이고, 특히 서양 세력의 첨병인 서학에 있다고 보는 것이다. 따라서 동학은 반서학의 입장을 견지하고, 신앙으로서의 천주교와도 다르다는 점을 명확히 한다.

반외세, 반서학의 주체적인 경향을 보여주는 동학은 낙세를 추구한다는 점에서 현세구복적인 성격을 갖는다. 지금-여기의 현재는 고통스러워도 포기할 수 없고, 낙의 세계로 변화시켜야 하는 것이다. 지금 또한 과정적 시간이기 때문에 내세나 피안을 제시하는 서학에 반대한다. 이런 점에서 동학이 지향하는 낙세는 '여기에 없는 것'이 아니라 이미 여기에 실현되어 있는, 지금-여기서 우리의 몸과 온-경험의 삶에서 증험해야 할 당위의 역사이다.

각지불이와 흠탄

최제우의 동학에 대한 선언은 근대의 경계에서 근대인 최제우가 각성된 사유와 감성을 철학적으로 개시한 것이고, 이를 통해 새로운 주체의 학문을 시작되었음을 알리는 역사적 의미도 포함한다. 동학은 당대적 삶의 세계에서 제국주의의 서구열강의 침략에 대한 반제, 반식민을 위한 자주적 저항의식이었다.[32] 그것은 동시에 '도래할 유토피아'를 현재의 역사적 과정 속에서 찾아가는 희망의 실

32 전호근은 근대를 말하는 중요한 지표 가운데 하나를 자주라고 보며, 이런 점에서 동학은 "조선 사회에서 일어난 최초의 근대 사상"이라고 평가한다. 전호근, 『한국철학사』(서울: 메멘토, 2015), 659쪽.

천과 크게 다르지 않다.[33] 동학의 낙세는 잃어버린 낙원을 찾는 것도 아니요, 천년왕국을 꿈꾸는 것도 아니다.[34]

그렇다면 동학을 통해 최제우는 무엇을 말하고자 하는 것일까? 동학의 정체성은 「논학문」을 통해 확인할 수 있다. 최제우는 1860년(경신년) 음력 4월에 하늘님의 말씀을 접하는 종교체험을 하게 된다.

최제우에 따르면, "천하가 어지럽고 사람들의 마음이 혼란하고 야박해져서 어디로 향해야 하는 처지인지 알지 못할 때" 서양 사람들이 "자신들의 도를 서도西道라 부르고 그 학문을 천주天主라 부르며 그 가르침을 성스러운 가르침(聖敎, 천주교)"이라 하는 것을 보고, 그것이 "하늘의 때天時를 알고 하늘의 명령天命을 받은 것"과 다르지 않다는 것을 깨닫고는 몹시 두려웠다고 한다.[35] 그 두려움은 정작 우리는 각자위심하여 오래된 유교적 문명 지형에서 추구되었던 하늘의 도리를 잃었으나 서양은 그 본령을 찾았기 때

33 블로흐에게서 "유토피아는 지금 여기에 존재하지 않는 시공간적 장소가 아니라 지금 여기에 잠재된 것으로서 파악된다. 유토피아는 인간과 세계의 존재론적 본질의 표현이다." 안성찬, 「아직 존재하지 않는 것의 존재론, 에른스트 블로흐와 유토피아의 희망」, 『문화과학』 제68호, 문화과학사, 2011, 61-62쪽.

34 임철규에 의하면, "천년왕국 신앙은 이상사회가 이 세상에서 실현될 수 있다고 생각한다는 점에서 유토피아적 비전과 같지만, 그 실현에 이용되는 수단이 궁극적으로는 메시아라는 점에서 유토피아와는 본질적으로 구분된다."고 주장한다. 임철규, 『왜 유토피아인가』(파주: 한길사, 2009), 23쪽.

35 『東經大全』, 「論學問」: "斯人. 道稱西道. 學稱天主. 敎則聖敎, 此非知天時而, 受天命耶."

문이다.

불안과 두려움이 미만彌滿하던 시기에 최제우는 '몸이 몹시 떨리면서 밖으로는 신령함을 접하는 기운'을 느끼고 내면에서 울리는 말씀을 접한다. 신령스런 존재는 "보려 해도 보이지 않고 들으려 해도 들리지가 않아서 마음이 괴이하고 의아해", 기운을 바르게 하고修心正氣 물었더니, "내 마음이 곧 네 마음이다."라는 말씀을 듣는다. 하늘님이 전하는 말씀降話을 듣는 신비체험을 통해 최제우는 오심즉여심吾心卽汝心을 깨닫게 되고 깨달음을 전할 사명을 부여받는다.[36]

「논학문」을 통해서 본다면, 최제우는 새로운 각성과 깨달음을 위한 수행의 과정에서 서학에 대해 어느 정도 공부했음을 알 수 있다. 그가 천주학과 서도라는 가르침이 '하늘의 때天時'와 '하늘의 명령天命'임을 알아챈 것도 그러한 다방면의 체험적 수행의 결과이다. 이 같은 수행의 연장에서 하늘님의 '말씀'을 듣고, 핵심 가르침인 '오심즉여심' 곧 '내 마음이 네 마음'이라는 깨달음을 얻은 것이다.[37]

그렇지만 '마음의 문제'와 관련하여 한 가지 의문점이 생긴다. '나의 마음'이 곧 '너의 마음'이라고 하는 깨달음의 말씀은 '마음'의

36 『東經大全』, 「論學問」: "吾亦悚然, 只有恨生晩之際, 身多戰寒, 外有接靈之氣, 內有降話之敎. 視之不見, 聽之不聞, 心尙怪訝, 修心正氣而問曰, 何爲若然也. 曰吾心卽汝心也…. 知天地而無知鬼神, 鬼神者吾也. 及汝無窮無窮之道, 修而煉之, 制其文敎人, 正其法布德則, 令汝長生, 昭然于天下矣."

37 『東經大全』, 「論學文」: "吾心卽汝心也."

동일성을 전제로 한다는 것일까? 이 문제는 단순히 '마음의 동일성' 여부에 국한되는 것이 아니라 '마음 씀'의 문제와도 결부되어 있다.

마음의 동일성을 전제로 한다면, 굳이 '나의 마음'과 '너의 마음'을 논의할 필요는 없다. '하늘의 마음이 곧 사람의 마음이라면 어째서 선악이 있는가?'라는 물음이 제기될 수밖에 없고, 따라서 사람마다 그 개체적 특수성과 덕의 차이로 인하여 마음은 동일하지 않다는 결론에 도달하게 된다.

이런 점에서 오심즉여심은 '마음의 동일성'에 대한 전제가 아니라 마음의 공감적 조건에 대한 근본적인 선언으로 이해하는 것이 타당하다. '오심'과 '여심'의 불이성은 서로 다른 몸들의 연대와 결합이 가능한 이유를 설명해준다. 그것이 공감이라는 감성을 촉발하는 것이다. 나의 마음吾心과 너의 마음汝心이 둘이면서 둘이 아니라고 하는 역설에서, 동학은 근대적인 타자 이해의 공감적 조건을 전제하고 있음을 확인하게 된다.

그러면 '하늘님'의 말씀이 '내 몸'에서 울린다는 것, 그러한 하늘님이 '강령하는 법'을 체득했다는 것은 어떻게 수용 가능할까? 이것은 말로 형용할 수 없는 종교적인 체험의 영역이다. 내 안에서, 나의 몸으로 '하늘님'이라는 신이한 존재를 '모신다'는 시천주侍天主는 영적 체험이자 감성적 체험이다.

「논학문」에서는 이 '모심侍'에 대해 언급하면서, "안으로 신령함이 있고內有神靈 밖으로 기화가 있으면外有氣化 온 세상 사람들이 각각 자기 본성으로부터 옮기지 못할 것임을 안다各知不移는 뜻"이라 한다.[38] 모든 것이 다 전변해도 변할 수 없는 것이 있다는 것,

각지불이各知不移라고 하는 모심의 항구성이 동학을 지탱하는 근본이다.[39]

'모심'을 근본으로 하는 동학에서 모심의 대상은 '하늘님'이다. 하늘님을 나의 몸에 모시고, 너의 몸에 모시는 것이다. 그래서 우리는 모심의 존재이고, 모심의 몸이다. 모심의 몸으로부터 이전에 없었던 새로운 사유가 창발한다. 내 몸에 존귀한 하늘님을 모시고, 너의 몸도 신령한 하늘님을 모시고 있으니, 나의 몸과 너의 몸은 모두 귀한 몸이고, 그 몸에는 귀천이 있을 수 없다. 몸의 귀천이 없다는 것은 사회적 신분을 전제하지 않는다. 위계적 신분은 타파되고 평등한 몸성이 제기된다.

관행적인 유교적 규범과 제도에 의해 구분되고 평가되었던 몸들이 평등하게 재인식되었다는 것은 주체로서 자기에 대한 발견을 추동한다는 점에서 시천주의 각성은 해방적이고 근대적이다. 그러나 최제우가 기화氣化를 통한 조화를 말하고, 그러한 조화의 중심이 바로 나의 몸, 신체라는 경이로운 각성에 대해 성찰할 필요가 있다. 그가 이체異體인 타자와 내가 일체가 될 수 있다는 오심즉여심을 말

38 『東經大全』, 「論學文」: "侍者, 內有神靈, 外有氣化, 一世之人, 各知不移者也."

39 동학의 모심, 시侍는 '내유신령', '외유기화', '각지불이'의 세 원리로 구성되어 있는데, 나는 이 글에서 '각지불이'의 관점을 특히 중요하게 수용한다. 동학에서 시侍에 관한 논의는 다양한 방면에서 제기되고 있는데, 다음의 두 논문은 참고할만하다. 최훈·조극훈, 「시천주 사상의 환경윤리적 발전 가능성」, 『동학학보』 제32호, 동학학회, 2014. 13-40쪽; 최민자, 「켄 윌버의 홀라키적 전일주의와 수운의 시에 나타난 통합적 비전」, 『동학학보』 제23호, 동학학회, 2011. 22-30쪽.

하는 근본적인 이유가 무엇이냐 하는 것이다. 시천주를 논의하는 궁극적 지향은 무엇일까?

나는 최제우의 사유와 가르침에 시대의 모순에 직면한 분노와 한탄, 울분과 슬픔, 연민과 공감의 감성철학적 기조가 '도덕'에 침윤되어 있음을 발견한다. 『동경대전』과 『용담유사』의 많은 내용들이 감성적인 언어로 씌어져 있다. 이러한 이유는 최제우의 사유와 감성이 기존의 사변적인 유가철학이나 서학의 과학과 논리로 해결할 수 없는 근본적인 지점을 염두에 두고 있기 때문이다. 그 중핵이 시천주와 직접적으로 연결되는 '도덕'의 문제이다.

최제우는 "근래에 오면서 온 세상 사람들이 제멋대로 하면서各自爲心 천리를 따르지 않고 천명을 돌아보지 않으므로 마음이 항상 두렵고 불안하여 어디로 갈지를 알지 못했다"[40]고 토로한다. 도덕의 근원이 되는 천리나 천명, 곧 하늘님의 말씀을 따르지 않고 사람들이 제각기 자기 마음대로 하는 것이 가장 큰 문제라는 인식이다.[41] 기성의 관념적인 이론이나 제도적인 규율로도 세울 수 없었

40 『東經大全』, 「布德門」: "此挽近以來, 一世之人, 各自爲心, 不順天理, 不顧天命, 心常悚然, 莫知所向矣."

41 윤석산의 논의는 나와 유사한 관점을 보인다. 그는 "수운 선생은 당시 사회의 제도나 체제의 문란이 조선조 사회를 부패와 질곡으로 몰아간 것으로 보기보다는, 좀 더 근원적으로 인간의 내적 문제인 윤리적인 타락이 부패와 혼란을 초래하였다고 보고 있다…. 수운 선생은 제도나 체제의 변혁을 위해서만이 아니라, 보다 인간 내면의 문제인 타락한 윤리, 타락한 심성을 한울님의 도와 덕을 통해 회복하여 새로운 삶의 질서를 이룩하고자 동학을 창도한 것으로 생각된다."라고 기술하고 있다. 윤석산, 『동학교조 수운 최제우』(서울: 모시는사람들, 2004), 10쪽.

던 '도덕의 해체'를 최제우는 당대 사회의 파국적 국면에서 보는 것이다.

그러나 최제우가 제기하는 동학은 해체된 기성의 도덕을 복원하는 것에 있지 않다. 그것은 선천 영역의 일이다. 후천개벽의 세상에서 그는 동학을 통해 새로운 도덕의 건립을 목적으로 한다. 새로운 감성도덕의 주체는 온전히 평등한 몸성에서 발견된다고 하는 자각이 시천주의 깨달음이고, 그러한 하늘님을 모신 사람들의 세계가 후천개벽이다. 결국 시천주의 '온-경험'을 통한 평등한 몸과 새로운 도덕적 주체로서의 자각과 재발견은 기성과는 다른 존재의 변형을 가져온다. 이 '온-경험'은 해방과 열락의 세계로 존재를 전이한다.

최제우는 후천개벽을 가능하게 하는 역량을 감성적 희열의 측면에서도 제기한다. 나는 어리석은 사람으로부터 지극한 성인(지성)에 이르는 자기 혁신의 과정에서 발견되는 흠탄을[42] 자각적 즐거움의 상태로 파악한다. 흠탄은 우리의 몸이 기화지신과 불이不二가 아닌 까닭에 가능하다. 존재의 변화는 주변부에서 중심으로 이행하는 것이며 그 중심이 곧 바로 자기 자신임을 자각하고 느끼는 것이다.

존재의 전이를 추동하는 흠탄欽歎은 심미적 아름다움에의 몰입과 다르지 않다. 흠탄은 전일한 내적 평형의 상태이자 새로운 단

42 『東經大全』, 「布德門」: "是敬天命而順天理者也…. 故乃成君子, 至於至聖, 豈不欽歎哉."

계로의 도약과 비상을 예비한 전향적인 역량으로 해석가능하다. 이 흠탄으로부터 역동적 힘이 발휘되는 상태를 낙樂이자 도道의 즐거움이 지속되는 경지, 동학의 낙도樂道라 해도 좋을 것이다.

다시-열림의 지평

「포덕문」에서는 동학이 제기하는 배움의 내용이 도와 덕, 곧 천도天道와 천덕天德임을 밝히고 있다.[43] 이 도덕은 '천주天主' 또는 '상제上帝'라는 지존한 존재의 홀연한 말씀仙語으로 전해지는 것으로[44] 천명天命 혹은 천리天理와 다르지 않다. 그러나 악질이 가득한 세상에서[45] 도덕은 존립할 수 없다. 최제우는 이것을 치유하고자 한다. 그래서 동학은 당대 조선민중의 상층에서부터 하층에 이르기까지 폭넓은 삶-문화를 포괄하여 치유책을 모색한다.

여기에는 유교적인 주류 사상문화에서부터 도교류의 신선사상과 주문·부적 등의 술수의 방식, 불국토나 일심·인즉천人卽天과 같은 불교적 사유 방식[46], 감록監錄과 같은 비기祕記의 사유[47], 산악과

43 『東經大全』, 「布德門」: "人成君子, 學成道德, 道則天道, 德則天德. 明其道而修其德."

44 『東經大典』, 「布德文」: "不意四月, 心寒身戰, 疾不得執症, 言不得難狀之際, 有何仙語, 忽入耳中."

45 『東經大典』, 「布德文」: "我國惡疾滿世, 民無四時之安."

46 '인즉천'은 보우가 제기하는 삼교회통적 사유방식인데, 동학과 불교의 관계에 대해서는 다음을 참조하라. 정혜정, 「동학과 불교사상」, 『동학학보』 제5호, 동학학회, 2003. 109-134쪽.

47 『정감록』과 같은 비기류의 사유는 19세기 전반에 일어나는 민중봉기에 큰 영향을 미친다. 이 흐름은 기성의 닫힌 체제를 변혁하려는 민중적 열망을

풍수에 관한 풍수지리학적 사유 방식과 같은 비주류의 사학邪學, 선교仙教와 같은 고유사상[48]도 포함된다. 또한 17세기 이후, 서학이란 이름으로 유입된 '중역된 서구사상'과 천주교의 내용도 포함된다. 이런 점에서 동학의 구성은 혼종적이다.

동학의 혼종성hybridity은 '시천주'에 집약되어 있다. 문해인민literate people을 대상으로 한 두 종류의 동학 경전에는 '하늘님' '천주天主' '신선神仙' '상제上帝' '천령天靈' '신령神靈' '지기至氣' 등 신적인 존재에 관한 다양한 사유를 망라하고 있다.

내 안에 모셔진 신령스런 존재'[49]가 하늘님이고 천주이며, 상제이고 천령이며, '지극한 기운'이다. 이런 동학의 하늘님은 선악을 변별하지 않고, 지극히 공정하며 사사로움이 없기 때문에 차별적이지 않다. 그래서 모든 사람이 모실 수 있는 신령한 존재가 동학의 하늘님이다.[50]

동학에서 하늘님의 중요성과 비례하여 '하늘님을 모시고 있는侍天主 사람' 또한 중요하다. 물리적으로 다른 몸들이 공감적 연대를 이룰 수 있는 매개는 하늘님이다. 그렇기에 '나의 마음吾心'이 '너의

반영한 것인데, 동학의 창도 및 동학 교조신원운동에도 이 같은 내용이 반영된다.

48 동학에 포함된 고유사상 가운데 선교仙教는 도교의 신선도神仙道와 다른 풍류도風流道 혹은 풍월교風月教를 말한다. 배문규, 「동학의 고유사상에 관한 고찰」, 『동학학보』 제27호, 동학학회, 2013. 200-207쪽.

49 『東經大全』, 「論學文」: "侍者, 內有神靈."

50 『용담유사』, 「도덕가」: "한울님은 지공무사至公無私 하신 마음 불택선악不擇善惡 하시나니 효박淆薄한 이 세상世上을 동귀일체同歸一體 하단말가."

마음汝心'이라고 하는 공감적 자각이 가능한 것이다.

'마음'의 불이성에 더하여 동학의 근대적 각성은 '몸'에 대한 새삼스런 발견에 있다. 우리의 몸은 그 자체로 '성스러운 하늘님'을 모시고 있는 '성스런 몸'이고 '평등한 몸'이라는 범상치 않은 사유는 차별받는 몸의 제도화를 거부한다.

'마음의 정화'만이 아니라 '몸의 성화聖化'[51]를 제기하는 동학은 그렇기 때문에 몸을 덧씌우고 있는 신분적 굴레와 인습적 규범에 저항한다. 영적인 존재가 머무는(시천주) 나의 '몸-마음'이 너의 '몸-마음'과 다르지 않기에 그 '몸-마음'의 사람을 하늘처럼 섬겨야 하고事人如天[52], 그러한 '몸-마음'의 전일적인 인간은 하늘과 다르지 않다人乃天[53]는 깨달음이 가능한 것이다.

이와 같은 각성 혹은 깨달음은 존재체험이다. 이 각성을 통한 존재의 변형이란 쉽지 않은 일이다. 최제우가 득도 이후에도 지속하는 수행 과정을 통해서도 확인된다. 일반 민중들의 일상에서 시천주의 자각적 울림보다 더 직접적인 관심은 삶의 희망이다.

그렇다면, 삶의 희망은 어떻게 올까? 동학은 그것을 후천 개벽 혹은 다시 개벽으로 제시한다. 낙이 없는 세상에서 힘겨워하던 사람

51 김경호, 「영적인 몸: 체험을 통한 세속적 삶의 성화」, 『감성의 유학』(광주: 전남대학교출판부, 2014), 267쪽.

52 『海月神師法說』, 「對人接物」: "人是天, 事人如天."

53 동학의 '인내천'이 공식적으로 언급된 것은 1905년 12월 5일, 손병희가 동학을 천도교로 선포하면서 부터다. 이 때 신문의 광고란에 '인내천'을 천도교의 종지라고 공식 발표한다.

들에게 동학의 '다시 개벽'은 마치 먹장구름을 뚫고 하늘 길을 만드는 번개의 섬광과 같다.[54] 도탄에 빠진 인민들은 '지금과 같지 않은 변화된 세상'에 살 수 있다는 희망을 '다시 개벽'에서 찾는다.

최제우는 『용담유사』에서 "십이제국 괴질운수 다시 개벽 아닐런가. 태평성세 다시 정해 국태민안 할 것이니, 개탄지심 두지 말고 차차차차 지냈어라. 하원갑 지내거든 상원갑 호시절에, 만고 없는 무극대도 이 세상에 날 것이니."라고 말한다.[55]

괴질과 같은 전염병은 전통사회에서 집단적 치사율이 아주 높은 질병이다. 그래서 비기祕記의 예언서들은 집단적 돌림병의 세계를 설정하고, 그와 대비되는 살아남는 자의 세계를 또 다른 한 축으로 구획한다.

괴질과 같은 사회적 모순과 장애로 가득한 세상에서 '다시 개벽'은 태평성대와 국태민안의 평화를 가져다 줄 낙세이다. 이 낙세의 꿈을 현실화 시켜주는 것이 만고에 없는 '무극대도', 동학의 가르침이다. '무극대도'가 다가온다는 희망은 닫혀있는 세계의 고통과 힘겨움을 벗어나게 하는 힘이다. 그렇기 때문에 「권학가」에서도 시운時運을 돌릴 '무극대도'[56]는 희망의 메시지로 지속적으로 언급

54 조극훈은 동학의 핵심사상을 '개벽사상'으로 파악하면서 "시천주라는 손쉬운 주문공부를 통해서 누구나 한울님이 될 수 있고 각자위심의 마음에서 벗어나 오심즉여심의 보편적인 마음을 통해 동귀일체되는 평등한 사회의 비전을 보여준 것"이라 평가한다. 조극훈, 「동학 개벽사상의 역사철학적 의미」, 『동학학보』 제27호, 동학학회, 2013. 66-67쪽.

55 『용담유사』, 「몽중노소문답가」.

56 『용담유사』, 「권학가」. "시운이 둘렀던가 만고 없는 무극대도 이 세상에 창

된다.

동학의 후천개벽은 이전 세상(선천)과 이후의 세상(후천)을 구분한다는 점에서 종말론적 세계관을 반영하고 있다.[57] 그러나 종말은 세계의 단멸이 아니라는 점에서 동학을 따르는 사람들은 이전 세계의 억압과 착취의 구조로부터 해방되길 갈망한다.[58]

그러한 갈망은 과거에서 현재에 이르는 '지금-여기'의 세상이 끝을 맺고 괴질로 은유된 기성의 권력과 힘, 그들의 공포에서 벗어나길 발원한다. 그 발원은 다시 개벽의 세상에서 복락福樂을 누리는 '호시절'이다. 호시절은 '낙의 세계'와 다르지 않다.

후천개벽의 현실성은 동학이 창도되면서 제기되었던 '보국안민輔國安民'의 사유에 담겨있다.[59] 안민을 위해 세상의 분주함을 감당해 내겠다고 하는 실천적 의지가 보국이다. 다시 개벽이 보국안민과 연결되고, 막연히 시운에 맡겨진 것만은 아니라는 점에서 동학의 실천적 역동성을 엿볼 수 있다.

건하니 이도 역시 시운이라."

57 동학의 종말론적 세계관에 대한 선행연구는 임태홍의 논문에서 잘 정리하고 있다. 임태홍, 「최제우의 종말론적 세계관: 동아시아적 시각에서 본 득도 이전의 천하 인식」, 『동학학보』 제6호, 동학학회, 2003. 223-226쪽 및 각주1) 참조.

58 이정희는 선천시대를 '각자위심의 질병'을 안고 있는 시기로 파악하고, 질병을 치유하는 방법은 "경천명·순천리함으로써 동귀일체의 새 인간"이 되는 것에 달려 있다고 본다. 이정희, 「동학의 선후천관 연구」, 『동학학보』 제23호, 동학학회, 2011. 68-74쪽.

59 『東經大全』, 「布德文」: "我國惡疾滿世, 民無四時之安, 是亦傷害之數也. 西洋戰勝功取, 無事不成, 而天下盡滅, 亦不無脣亡之歎, 輔國安民計將安出."

후천개벽의 역동성과 희열을 검결劍訣로 표현한 불온함은 동학을 탄압했던 빌미가 되기도 한다.[60] 하지만 다시-열림의 후천개벽은 시천주의 영성과 연결되어 있다는 점에서 '현재적 열림'이고 지속 가능한 열림이기도 하다.

이처럼 시천주에서 비롯하여 후천개벽으로 이어지는 동학의 혁명적 사유는 '나의 몸'이 '영적인 몸'이라는 자각을 통해 자타의 구분이 없는 하늘님의 편재성을 수용하는 것이다. 이러한 각성과 믿음은 세계와 나를 이분하지 않는 불이적인 감성적 사유에서 비롯한다.

공감적 연대를 위하여

그렇다면, 우리는 19세기 중후반 조선에서 전개되었던 새로운 사상문화운동이자 민중종교운동이었던 동학을 통해 무엇을 성찰할 수 있을까? 이 시기에는 비주류의 몰락한 양반이나 중인 출신의 새로운 지성들이 분기한다. 또한 민중적 삶의 가치와 의미를 자각한 근대적 인민들에 의해 새로운 세계에 대한 열망이 광범위하게 산포했음도 확인할 수 있다.

---

60 『용담유사』, 「검결」. "시호시호 이내시호 부재래지 시호로다. 만세일지 장부로서 오만년지 시호로다. 용천검 드는 칼을 아니 쓰고 무엇하리". 검결은 '검무라는 춤동작과 직결된 동학의 의식에 사용되었던 노래'로, 윤석산은 "칼이 지니고 있는 상징적인 의미와 함께 동학이 지향하는 후천 개벽의 새로운 세상을 위해 보다 구체적이고 직접적으로 나서겠다는 의지"가 담겨 있다고 평가한다. 윤석산, 「동학 가사 검결 연구」, 『한양어문』 Vol.113, 한국언어문화학회, 1995. 854쪽.

실학자로 불리는 일군의 유교적 지식인들은 자신의 시대에 대해 회의하고 자성하면서 새로운 대안을 모색하였다. 이들은 '규범의 문제'와 규범 이외의 것이 갖는 유용성에 관하여 고민하지만 결국 실패하고 만다.

그러나 동학은 일견 모순적으로 보이는 이 두 층위—규범의 문제와 유용성의 문제—를 종교적 믿음과 실천의 차원에서 통합하려 한다. 이 과정에서 우리는 묵수적인 유교적 관행을 내파하고 새로운 도덕규범을 정립하려는 동학의 근대적 사유를 만나게 된다.

최제우가 유불도의 삼교[61]만이 아니라 선도나 무속과 같은 고유 사상을 혼성하여 보국안민과 수심정기, 시천주 등과 같은 깨달음의 말씀으로 제기하고, 후천개벽의 '도래할 낙세'가 '지금-여기'에 있음을 설파한 것은 결국 이전과는 다른 새로운 도덕규범과 가치의 건립을 위한 열정에서 비롯한 것이다. 동학이 제기하는 새로운 감성도덕의 실현을 위한 열정인 셈이다.[62]

미완의 세계 속에서 완전함을 추구하는 것은 현세의 삶에 대한

61 동학의 혼종성은 최시형의 전언에서도 확인된다. 『東經大典』, 「祭需式」: "先生顧予傳道之日, 此道兼儒佛僊三道之敎."

62 박정순은 도덕적 열정과 감정과의 관계에 대해서 다음과 같이 기록하고 있다: "도덕에 관한 하나의 중대한 사실이 망각되어서는 안 된다. 도덕에 열정이 결여되어 있다면, 그리고 도덕에 정신적 온기가 결부되어 있지 않다면, 그것은 단지 경직되고 형식적인 정직성에 불과하다. 진정한 도덕은, 아름다움처럼, 지성 이상의 것을 필요로 한다. 도덕은 안으로부터 타오르는 따스한 불길로서 고양된 타인에 대한 선의의 감정을 포함하지 않으면 안 된다." 박정순, 「감정의 윤리적 사활」, 『감성의 철학』(서울: 민음사, 1996), 124쪽 재인용.

결여나 갈망에서 비롯한다. 민중들의 염원과 바람은 도달할 수 없는 세계를 유보하기 보다는 지금-여기에서 복락을 누리려는 간절함으로 표현된다. 미륵 하생한 미륵정토나 낙토, 낙원과 같은 세계에 대한 꿈을 현실화 하고자 한다.

꿈의 현실에 접속하기 위해서 동학은 '주문'을 제공한다.[63] 주문의 체험은 '나의 몸'을 통해서 수행된다. 이런 점에서 동학은 '몸성'을 중요시한다. 나의 몸, 나의 신체는 온전히 세계의 경계이자 세계를 경험하는 토대다. 그렇기 때문에 나의 몸은 일상적 행위를 수행하는 주체이자 하늘님이 머무는 성스러운 공소公所이다. 나의 몸은 세계체험의 성스러운 공간인 셈이다.

각각의 몸은 사회적 신분의 고하를 떠나서 몸 자체로 긍정되고, 그러한 긍정은 몸의 평등을 의미한다. 관념적 평등이 아니라 몸 그 자체가 평등하다고 하는 이 새로운 사유는 모든 개인이 그 자체로 존중되어야 하는 개체이고 동시에 성스러운 존재를 모시는 주체라는 점에서 전체이기도 하다.

이 같은 사유와 각성은 나의 그러함이 너의 그러함과 다를 수 없다고 하는 공감을 일깨운다. 이체異體로서의 서로 다른 몸이지만 하늘님을 통해 연결되어 동질성을 갖는다는 공감의 연대를 가능하게 한다. 시천주와 오심즉여심은 '인간은 누구나 공감할 수 있고 그래서 연대할 수 있는 존재'라고 하는 감성적 직관의 근거이다. 동학에

63 崔濟愚, 『東經大全』, 「布德門」: "吾有靈符, 其名仙藥, 其形太極, 又形弓弓, 受我此符, 濟人疾病, 受我呪文, 敎人爲我則汝亦長生, 布德天下矣."

서 발견되는 공감적 연대의 지점은 곧 감성의 근대성를 보여주며, 이 점에서 동학의 근대적 인간 이해를 만나게 된다.

최제우가 인간의 가치와 존엄성에 대한 신뢰를 바탕으로 '모든 인간은 시천주의 영적인 존재'라고 하는 경이로운 각성을 제기한 것은 특별하다. 수탈당하던 농민들, 하층민들이 동학을 통해 직접적으로 연대하여 공동의 결사를 이루고 부정의에 맞설 수 있었던 동력은, 그들 자신이 존중받아야 할 존재라는 자각에서 비롯한다.

모든 인간이 존엄하고 영적인 존재임에도 현실세계에서 고통받고 핍박당하는 상황은 그래서 정의롭지 못하다. 동학에서 제안하였던 평등의 감성이 전혀 새로운 근대로의 전환적 계기를 마련하였다는 점은 주목할 필요가 있다.

이렇게 본다면, 동학은 당대적 세계가 직면한 시대의 분노와 고통을 위무하는 치유의 종교 사상이었고, 우리안의 타자를 통해 열린사회를 모색했던 새로운 도덕적 저항운동이었다고 평가할 수 있다. 그러나 동학의 실천적 사유와 공감, 연대를 가능하게 했던 감성의 결집은 폭발적이었지만, 타자에 대해 강고하게 닫혀 있던 조선사회를 변혁하기에는 그 힘은 미약했고 한계도 있었다.

동학의 강렬했던 열망이 미완으로 남아 있는 우리 시대에, 동학은 여전히 우리의 현실성에 물음을 제기한다. 우리는 어떤 세상에 살고 있는가? 학문은 주체적인가? 우리의 삶은 행복한가? 우리는 어떻게 낙세樂世를 '지금-여기서' 만들 것인가?

참고문헌

『東經大全』, 『용담유사』, 『海月神師法說』

『春秋左氏傳』, 『孟子』, 『茶山詩文集』, 『牧民心書』

『東國李相國集』. 『東國通鑑』, 『東國史略』, 『東史綱目』, 『東國輿地勝覽』

고성훈 외, 『민란의 시대: 조선시대의 민란과 변란들』, 서울: 가람기획, 2000.

김경호, 「영적인 몸: 체험을 통한 세속적 삶의 성화」, 『감성의 유학』, 광주: 전남대학교출판부, 2014.

김유동, 『아도르노사상-고통의 인식과 화해의 모색』, 서울: 문예출판사, 1993.

문강형준, 『파국의 지형학』, 서울: 자음과모음, 2011.

박정순, 「감정의 윤리적 사활」, 『감성의 철학』, 서울: 민음사, 1996.

부산예술문화대학 동학연구소 편, 『해월 최시형과 동학사상』, 서울: 예문서원, 1999.

송호근, 『인민의 탄생』, 서울: 민음사, 2012.

이규성, 『한국현대철학사론: 세계상실과 자유의 이념』, 서울: 이화여자대학교출판부, 2012.

이이화, 『민란의 시대: 조선의 마지막 100년』, 서울: 한겨레출판사, 2017.

윤석산, 『동학교조 수운 최제우』, 서울: 모시는사람들, 2004.

임철규, 『왜 유토피아인가』, 파주: 한길사, 2009.

전호근, 『한국철학사』, 서울: 메멘토, 2015.

최석우, 『한국교회사의 탐구』, 서울: 한국천주교사연구소, 1982.

최제우, 박맹수 옮김, 『동경대전』, 서울: 지식을만드는지식, 2012.

최종성, 『동학의 테오프락시: 초기동학 및 후기동학의 사상과 의례』, 서울: 민속원, 2009.
황태연, 『감정과 공감의 해석학』 1, 성남: 청계, 2014.
량치차오, 최형욱 엮고 옮김, 『량치차오, 조선의 망국을 기록하다』, 파주: 글항아리, 2014.

김경호, 「매천 황현 - 구한말 유교지식인으로 산다는 것」, 『공자학』 제28호, 한국공자학회, 2015.
김상준, 「대중 유교로서의 동학-유교적 근대성의 관점에서」, 『사회와 역사』 제68권, 한국사회사학회, 2005.
김영철, 「인간 유한성 극복의 단초로서의 동학사상」, 『동학학보』 Vol.36, 동학학회, 2015.
김용휘, 「수운 최제우의 아국의식과 동학의 어원적 의미」, 『한민족문화연구』 제20집, 한민족문화연구, 2007.
김용휘, 「시천주 사상의 변천을 통해 본 동학 연구」, 고려대학교대학원 박사학위논문, 2005.
박경환, 「동학의 민주주의의 토대, 동학의 인간관」, 『인문학연구』 제66집, 조선대학교 인문학연구소, 2013.
배문규, 「동학의 고유사상에 관한 고찰」, 『동학학보』 제27호, 동학학회, 2013.
안성찬, 「아직 존재하지 않는 것의 존재론, 에른스트 블로흐와 유토피아의 희망」, 『문화과학』 제68호, 문화과학사, 2011.
윤석산, 「동학 가사 검결 연구」, 『한양어문』 제113호, 한국언어문화학회, 1995.
이규성, 「한국 근대 생철학의 조류와 구조」, 『시대와 철학』 제19-4호, 한국철학사상연구회, 2008.
이정희, 「동학의 선후천관 연구」, 『동학학보』 제23호, 동학학회, 2011.

임태홍, 「최제우의 종말론적 세계관: 동아시아적 시각에서 본 득도 이전의 천하 인식」, 『동학학보』 제6호, 동학학회, 2003.
임형진, 「은적암과 초기 남원지역의 동학전파」, 『동학학보』 제33호, 동학학회, 2014.
전석환, 「동학,천도교의 개벽사상에 대한 철학적 의미 고찰 -"다시 개벽"을 서양적 유토피아의 구조로 이해하는 관점을 넘어서」, 『동학학보』 제33호, 동학학회, 2014.
정혜정, 「동학과 불교사상」, 『동학학보』 제5호, 동학학회, 2003.
조광, 「19세기 후반 서학과 동학의 상호관계에 관한 연구」, 『동학학보』 제6호, 동학학회, 2003.
조극훈, 「동학 개벽사상의 역사철학적 의미」, 『동학학보』 제27호, 동학학회, 2013.
피에르 엠마뉘엘 후, 「조선 가교의 재발견: 16-19세기 천주교 선교사의 조선 진출 전략에 대한 기초연구」, 『연민학지』 제16, 연민학회, 2011.
최민자, 「켄 윌버의 홀라키적 전일주의와 수운의 시에 나타난 통합적 비전」, 『동학학보』 제23호, 동학학회, 2011.
최훈·조극훈, 「시천주 사상의 환경윤리적 발전 가능성」, 『동학학보』 제32호, 동학학회, 2014.

마주한 파국: 구한말 유교 지식인의 경계적 감성

"가을 등불 아래서 책 덮고 회고해 보니
인간 세상 지식인 노릇 참으로 어렵구나."
- 매천 황현

파국의 감성

이 글은 19세기 중후반에서 20세기 초까지 망국에 직면한 전환기적 상황에서 황현黃玹(梅泉, 1855-1910, 본관 長水)을 통해 구한말의 유교 지식인이 전통 혹은 근대를 바라보는 감성적 측면을 탐구하려는 목적으로 기획되었다. 여기서 유교 지식인은 유교에서 제안하고 있는 규범과 가치체계를 내면화하여 일상적인 생활세계를 구축하고 있던 사람을 말한다. 이들은 한마디로 '유교적 무의식'에 침윤되어 있었던 사람들이다.[1]

황현의 경우, 구한말의 혼란한 시기에 국가의 미래를 걱정하던

1 유교의 이념과 가치를 구성하는 학술과 정치의식은 일상화된 삶속에 반복적으로 학습됨으로써 내면화되고, 동시에 광범위한 유교적 삶의 세계와 문화를 구축하는 무의식적 기제로 작동한다. 이러한 점에서 나는 '유교적 무의식'이라는 개념을 사용한다. 김상준은 선행연구를 통해 유교가 오랜 역사 속에서 자신의 무의식을 형성하고 있다는 점에서 '유교의 정치적 무의식'이라는 개념을 제안한 바 있다. 김상준, 『유교의 정치적 무의식』, 파주: 글항아리, 2014.

일반적인 유교 지식인의 전형성을 보여준다. 그러나 그는 급변하는 전환기적 상황에서 '지식인으로 사는 의미'에 대해 치열하게 고뇌하였고, '지식인의 책무'를 다하기 위해 스스로 죽음을 결단했다는 점에서 특별했던 인물이었다. 따라서 이 글은 황현의 삶과 죽음, 그리고 그의 사상적 지향을 통해 망국의 시점에서 제기된 한국적 감성의 한 단면을 '카타스트로프catastrophe'[2], 곧 '파국破局의 감성感性'이라는 관점에서 탐구한다.

구한말의 정치·사상·문화·제도의 변화 양상에 대해서는 이미 많은 선행 연구가 축적되어 있다.[3] 최근에는 구한말의 문명전환과 개혁론을 '근대' 혹은 '근대성'이라는 관점을 통해 탐구하면서 그 핵심

2 파국은 특정한 역사적 단위를 나타내는 개념이 아니다. 파국catastrophe은 특정한 역사적 과정이 직면한, 혹은 직면했던 파괴적인 국면이자 그러한 한계를 넘어 비약할 수 있는 계기적 국면까지 함축하는 양가적 개념이다. 나는 이 글에서 몰락으로 진행하면서도 전혀 새로운 변혁의 잠재적 동력을 담고 있는 이중적인 개념으로 파국을 상정한다. 파국에 대한 나의 착상은 고통의 철학자로 불리는 아도르노Theodor Adorno(1903-1969)의 사유에서 출발한다. 파국으로 번역되는 카타스트로프catastrophe는 그리스어 'katastrophē'에서 유래한다. 이것은 '아래로' '뒤집히는' 逆轉을 의미한다. 마치 그릇이 뒤집혀 깨어지듯이 파국은 상태를 변형시키는 물리적인 힘과 연결된다. 동시에 파국은 관계적 상황을 전화시키는 집단적 역량, 이를테면 봉기와 같은 다중의 감성동력과 연결된다. 김유동, 『아도르노사상-고통의 인식과 화해의 모색』, 문예출판사, 1993.

3 19세기 중후반 개화파를 비롯하여 이 시기 전개되었던 동학농민전쟁, 위정척사 운동에 대한 연구는 역사학과 정치학, 철학분야에서 이미 많은 연구가 수행된 바 있다. 이 분야의 연구 성과는 다음의 논문집으로 대신한다. 『한국유학사상논문선집』, 불함문화사, 1993-2000; 『한국근현대사논문선집』, 삼귀문화사, 1999-2007; 『동학사상연구자료집』, 도서출판 열린문화사, 2002-2004.

전제로 유학적 흐름을 설정하고 있지만[4], 여전히 근대에 직면한 구한말의 풍경은 모호하다. 과연 유교 지식인들에게 19세기 서구열강과 일본에 의해 이식되었던 '근대'는 어떤 모습이었을까?

이 글은 이와 같은 물음을 전제한다. 이런 물음을 통해 우리가 알고 있는, 관행적으로 규정하고 있는 '역사적 근대'를 '파국의 감성'이라는 개념을 통해 재조명하고자 한다.

'파국의 감성'은 서구적 관점에서 주도되고 규정되었던 우리의 '역사적 근대'를 새롭게 바라볼 수 있는 단초를 마련해준다. 이러한 관점은 기록된 역사적 전개 과정과는 달리 그 이면에 가려졌던, 혹은 은폐되었던 또 다른 시간의 역사를 환기할 수 있기 때문이다.

근대를 '진보'라고 선전했던 제국의 논리에서 탈피함으로써 우리는 '의미의 근대'와 접속된 새로운 경험을 구성할 수 있게 된다. 바로 상상적 사유를 통해서 '야만'으로 규정되었던 비서구세계의 고통을 만나게 되는 것이다. 진보만을 긍정하고 고통을 은폐했던 일방향의 역사를 파국의 개념을 통해 접근하는 이유도 여기에 있다. 이것은 곧 일련의 '근대 다시 읽기'인 셈이다.

이렇게 우리가 지나왔던 '역사적 근대'를 황현을 매개로 하여 재독해하려는 근본적인 이유는, 정작 '근대'라는 논의에서 배제되었던 우리의 잃어버린 자화상을 찾아보기 위해서이다. 현재까지 통용되어온 서구유럽중심의 문명사적 관점에서 동아시아의 역사

---

4 김도형, 『근대 한국의 문명전환과 개혁론』, 서울: 지식산업사, 2014. 23-46쪽.

적 근대에 대한 담론은 일본을 위주로 논의되었다. 그 나머지는 주변부의 주변국들이었고, 조선과 조선인들은 고려의 대상이 아니었다.

그래서 전통과 근대의 경계에 있었던 우리의 역사적 근대를 재독해하는 이 연구는 근대화의 폭력적 과정에 망각되었던 우리의 위치를 정위하려는 시론적 성격을 갖는다.[5] 다시 말하면, 이 연구는 채울 수 없이 공백으로 남겨 놓아야 했던 19세기 중후반 이후 이 땅에 살았던 한국인의 정체성과 위상을 주체적으로 구축하려는 시도라고 할 수 있다. 이 점에서 감성을 통해 근대를 재독해 하려는 이 연구는 인지적이면서도 정서적인 우리의 사유와 실천의 온-경험을 재탐색하는 의미도 포함한다.

내가 호남의 일개 시골 유교 지식인에 불과했던 황현에 의해 포착된 '이식된 근대'를 탐구하려는 것은 다음과 같은 이유 때문이다. 첫째, 황현은 근대 혹은 근대성이라는 이름의 폭력에 의해 강제되었던 구한말의 기억을 『매천야록梅泉野錄』과 『오하기문梧下紀聞』을 통해 비교적 객관적으로 기술하고 있다는 점이다. 우리는 이 저술들을 통해 황현의 사유와 구한말의 역사적이고 감성적인 상흔을 재

5 최근 한국의 근대 및 근대성을 유교를 전제로 하여 새롭게 조명하려는 시도가 몇몇 연구자들에 의해 제기되고 있다. 김상준(사회학)은 유교의 윤리성과 비판성을 두 축으로 하는 중층근대성론을 제기한 바 있고, 장은주(사회철학)는 서구와 다른 한국 사회의 근대 혹은 근대성에 대한 논의를 유교적 근대성 담론을 통해 제기하고 있다. 이 글은 두 선행 연구의 연장선에서 유교적 근대성의 한 단면을 탐구한다. 김상준, 『맹자의 땀 성왕의 피』, 서울: 아카넷, 2011; 장은주, 『유교적 근대성의 미래』, 파주: 한국학술정보, 2014.

탐색할 수 있다.

둘째, 황현은 망국이라고 하는 파국에 직면하여 개결介潔하게 자결이라는 비타협의 내파內破를 선택했다는 점이다. 타협과 변신을 요구하는 전환기의 탁류 속에서 유교 지식인의 자존과 인문정신을 지켜내기 위한 황현의 선택은 고독하고 우울한 경계적 감성의 일단을 엿보게 한다.

황현과 동시대를 살았던 선배학자 박문호朴文鎬(壺山, 1846-1918, 寧海)는 '살신성인殺身成仁'과 '지절志節'의 측면에서 매천을 평가한다.[6] 황현은 호남의 광양과 구례에 은거하여 가난하게 살면서도 세파에 타협하지 않았고, 망국을 목도하면서도 유가적 가치의 핵심인 인을 실현하고자 하였다.

우환의식과 강렬한 감성적 주체로서의 면모를 보여주는 황현에 대한 기존의 탐구는 주로 문학과 역사학의 두 영역에서 연구되어왔다. 문학 영역에서는 『매천집』의 시를 분석하는데 치중하였고[7], 역사학 분야에서는 『매천야록』과 『오하기문』을 중심으로 그의 역사의식을 해명하는 방식이었다.[8]

---

6 『梅泉集』 卷首, 「梅泉黃公墓表」.

7 정량완, 「매천 황현의 시에 대하여: 특히 그의 사우를 중심으로」, 『漢文古典研究 』 1, 성신한문학회, 1988; 「尺牘을 통해 본 梅泉 黃玹의 삶의 자세와 시대인식」, 『한문학보』 제10집, 우리한문학회, 2004; 허경진, 「매천의 죽음과 문학적 성과」, 『민족문화』 36, 한국고전번역원, 2011.

8 박맹수, 「매천 황현의 동학농민군과 일본군에 대한 인식」, 『한국 근현대사연구』 55, 한국근현대사학회, 2010; 김항구, 「黃玹의 新學問 受容과 壺陽學校 設立」, 『한국문화사학회 문화사학』 제21호, 한국문화사학회, 2004; 박걸순, 「매천 황현의 당대사 인식을 둘러싼 논의」, 『한국근현대사연구』 제55집, 한

그러나 이 글에서는 기존의 방식과 달리 황현의 저술을 유기적으로 결합하여 철학적인 관점에서 그의 사유와 실천을 검토한다.[9] 비록 황현의 유가철학에 대한 체계적인 이론과 저술이 없다는 한계는 있지만 다양한 시문과 편지글, 당대를 비판적으로 바라보는 기록물에는 그가 사유한 인식의 지평이 도드라지게 드러나고 있다. 그리고 여기서 나타나는 황현의 사상적 특징이 감성철학적인 면에서 어떠한 의미가 있는가를 고찰한다.

이 글은 다음과 같은 방식으로 전개된다. 첫째, 망국의 현실에 직면한 구한말 유학적 지식인들을 유형화하여 이들을 10개의 범주로 분류한다. 둘째, 은거자수형 모델에 속하는 황현의 사유와 사상적 지향을 통해 파국의 지형을 탐구한다. 셋째, 마주한 파국의 감성적 지평을 황현을 통해 확인한다.

구한말 유교 지식인 모델

그렇다면 1860년대에서 1910년대까지의 시기를 우리는 어떻게 볼 것인가? 단적으로 말한다면, 이 시기는 제국주의 열강들에 의해 조선이 침탈당하던 때이다. 청과 일본 그리고 러시아를 비롯한 구미열강들은 조선의 지배를 통해 경제적 이익을 극대화하고, 대륙과

국근현대사학회, 2010.

9 정치사상사의 측면에서는 다음을 참조하라. 안외순, 「식민지적 근대문명에 대한 한국 유교의 분기와 이념적 지형-일제초기(1900-1910)를 중심으로」, 『東方學』 제17집, 2009; 이상익, 『서구의 충격과 근대 한국사상』, 서울: 한울, 1997.

대양을 잇는 한반도의 지정학적 이점을 점유하기 위해 치열하게 각축하였다. 그 결과 다중의 국제적 세력이 집결하여 각축을 벌이던 조선은 일본에 의해 망국이 되어 역사상 유례가 없었던 식민지로 전락한다.[10]

1860년대에서 1910년까지 약 50여년의 시간은 소위 서구적 근대의 시선에서 볼 때, 주체적인 근대화를 경험하지 못한 조선이 근대의 산물들에 포획되어 생존을 박탈당하던 시기였음은 부정할 수 없다. 그러나 한편, 이 시기는 강제로 이식된 근대와 근대화의 폭력에 맞서 국가의 생존전략을 모색하면서 국민국가를 형성하던 때이기도 하였다. 따라서 이 시기는 근대의 도전으로부터 새로운 시대를 기획하고 자주적인 삶의 세계를 모색하였던 변혁의 시대이기도 하였다.

기존의 체제와 가치규범의 탈각을 강제하는 근대의 새로움은 폭력적이었지만, 그러한 폭력이 주는 공포와 두려움에 대한 응답은 단일하지 않았다. 그렇기 때문에 후행적인 결과에 의탁하여 '조선망국론'의 관점에서 이 시기를 조망하는 것은 제한적일 수밖에 없다. 같은 맥락에서 '내재적 발전론'의 진부한 주장으로 그 시대를 조망하기에는 한계가 있다. 따라서 위기와 도전이 상존했던 구한말의 '이식된 근대'를 종합적으로 고찰하기 위해서는 변증법적인 운동의

10 한반도가 주변 강대국들에 의한 침탈의 대상이 되기는 하였지만 19세기말-20세기초에 진행되었던 조선침략과 식민조선은 유례없는 사건이었다. 그러나 이러한 현상은 21세기 현재에도 '경제전쟁'의 형태로 지속되고 있다는 점에서 도래할 파국은 여전히 현재 진행형이다.

차원에서 접근할 필요가 있다.

이 시기에는 체제의 모순과 비효율적인 정국운영으로 야기된 절망과 좌절의 국면이 '망국'을 예견하게 하지만, 그 국면 속에는 상황을 타개할 수 있는 분노와 저항의 동력이 동시에 분출하고 있었다. 문명을 앞세운 서구와 일본의 파상적 공세에 무방비상태였다는 수동적 태세 안에서도 자각과 각성, 성찰과 반성을 통해 근대적 사유와 인식이 형성되고 있었던 것이다. 동학농민전쟁과 자생적 개화론자들이 그러한 사례들이다.

사본과 결합된 제국주의의 야욕이 서구적 문명과 근대라는 이름으로 문식되어 '야만으로 규정한 조선'을 침탈한 것은 역사적 사실이다. 그러한 시점에서 조선의 내부적 역량은 제국주의의 폭력을 넘어서기 위한 적극적 대응책을 마련하고 있었다는 점도 새롭게 해석될 필요가 있다. 이러한 시선은 전지구적으로 확산되고 있던 근대의 여명기를 맞이한 조선의 응전을 기존과는 다르게 볼 수 있는 관점을 제기한다.

이 점을 명확히 하기 위해 개항기를 전후하여 '강요된 근대' 혹은 '이식된 근대'에 대한 유교 지식인들의 반응 양식을 모델화 할 수 있다면, 그로부터 유효한 의미의 지평을 발견할 수도 있을 것이다. 나는 이 글에서 1860년대를 전후하여 1910년의 시기까지 유교 지식인들이 동시대에 응전했던 사유와 실천을 유형화하고, 이들의 특징을 범주화하는 작업을 제안한다. 이러한 모델은 동아시아의 근대이행기를 의미론적으로 재해석할 수 있는 가능적 근거를 만드는 기초작업이다.

유교 지식인의 유형에는 기존의 가치체계를 고수하려는 보수적이면서 수구적인 집단과 세력이 포함되고, 이들과는 다른 방식으로 세계를 이해하려했던 온건하거나 혁신적인 개화를 지향하던 인물도 포함된다. 또 이들과는 전혀 다른 방식으로 자신의 삶의 세계를 가치 있게 지켜나가려던 은일과 자정의 방식을 추구했던 인물들도 있었다. 뿐만 아니라 새로운 정체를 만들기 위해 독립협회와 만민공동의 새로운 시대정신을 추구했던 인물도 있었고, 애국계몽을 통해 망국의 현실을 타개하려 했던 인물도 있었다.

유교 지식인들을 유형화하는 작업은 그들에게 유교는 무엇이었고, 강제되고 이식된 근대는 어떠했는가를 확인하는 일이다.[11] 나는 개항 전후로부터 망국에 이르는 시기까지 우리의 근대사에서 유의미한 사유와 실천을 보여주었던 인물군을 은일자수형(黃玹), 산림자정형(田愚, 郭鍾錫), 출사수구형(崔益鉉*, 李建昌, 宋秉璿), 개량타협형(朴珪壽, 金弘集, 魚允中, 申箕善*), 급진개화형(金玉均, 朴泳孝, 徐載弼, 徐光範, 兪吉濬, 尹致昊), 묵수투쟁형(閔宗植*, 金福漢*, 華西學派-柳麟錫*, 崔益鉉, 蘆沙學派-奇宇萬, 奇參衍), 망명투쟁형(李承熙*, 柳麟錫, 安重根*,

11 에드워드 W. 사이드에 따르면, 지식인이란 '표상하는 인물로서의 지식인' 즉 'representation' 개념으로 포착되는 유형을 말한다. 사이드가 정의하는 지식인은 "어떤 종류의 입장을 분명하게 밝히는 사람, 그리고 온갖 종류의 장벽을 극복하고 청중들에게 명확하게 표현하는 사람"이다. 또한 지식인은 "사회에 의해 포위당하고 회유당하고 몰아세워지고 이런 저런 존재가 되라고 위협받을 때" '도덕적인 문제'를 제기할 수 있는 사람이며, 이 때 "가장 지식인다운 존재가 된다"고 주장한다. 에드워드 W. 사이드 지음, 최유준 옮김, 『지식인의 표상』, 서울: 마티, 2012. 91-97쪽.

근대 수용기(1860-1910) 유교 지식인 모델, 김경호, 2015

유형	주요내용	비고
隱逸自守型	유교전통 변형 근대에 대한 비판적 수용 현실정치와 거리두기	재야 유학 강학과 신학문연구 후진 교육
山林自靖型	유교전통 고수 근대에 대한 비판 현실정치와 거리두기	재야 상징적인 국가적 예우 강학과 유학연구 후진 교육
出仕守舊型	유교전통 고수 근대에 대한 비판 현실정치 참여	관료 유교 문명론 화이론적 세계관 절의
改良安協型	유교전통 개량 근대 수용 현실정치 참여	관료 유교 개량 점진적 서구 수용
急進開化型	유교전통 거부 근대 수용 현실정치 참여	변법개화 입헌군주제 양반제 폐지 국민국가 근대적 교육
墨守鬪爭型	유교전통 고수 근대 수용 거부 의병투쟁	을미의병(1895) 을사의병(1905) 정미의병(1907)
愛國啓蒙型	유교전통 학습 근대 신학문 수용 언론교육문화 계몽	국채보상운동 신문화·신문학운동 민족종교운동
亡命鬪爭型	유교전통 변형 해외망명 항일투쟁	중국과 러시아로 망명 항일무장투쟁
革新宗敎型	유교전통 수용 근대에 대한 비판 민족종교창도	동학과 동학농민전쟁 유교의 종교화(大同教, 1909) 민족종교(大倧教, 1909)
同化附日型	유교전통 고수 친일유림회 동화정책 지지	친일 유교 단체(大東學會, 崇宗會) 유교의 종교화(孔子教會)

申采浩*), 애국계몽형(張志淵, 朴殷植*, 金昌淑, 申采浩), 혁신종교형(崔濟愚, 崔時亨, 朴殷植, 羅喆*), 동화부일형(申箕善, 李容稙)[12] 등 10개의 범주로 유형화하였다.[13] 이 범주는 전환기적 상황에서 크게 유교의 전통을 고수하려는 입장과 변혁하려는 두 입장으로 구분되지만, 묵수와 혁신의 방식은 현실적 조건에 따라 타협과 개량, 동화와 저항의 방식으로 나뉘게 된다.

위난의 시기에 유교 지식인들은 자신의 시대가 '망국'으로 향하고 있음을 예감하면서 삶과 시대를 걱정한다. 유교적 '우환의식'에 기반한 내밀하고 치열한 문제의식들은 역동적인 사회 변혁의 집단 감성으로 표출되기도 하였고, 내면적 자아를 향한 강렬한 자극으로 나타나기도 하였다. 이와 다른 방향에서 난세를 겪어가는 다중의 결집된 힘들은 역으로 시대의 정신을 형성하여 유교 지식인들의 사유를 변형시키기도 하였다.

서구와 일본에 의한 근대에 가장 격렬하게 저항했던 방식은 아무래도 의병투쟁을 위주로 한 묵수투쟁형墨守鬪爭型이다. 이들은 어째서 죽음을 예견하면서도 구식 총칼을 들고 대포와 같은 근대적 무

12 *崔益鉉-을사늑약 이후 묵수투쟁형; *申箕善-을사늑약 이후 동화부일형; *閔宗植·金福漢-홍주의병; *柳麟錫-1908년 러시아 망명 이후, 망명투쟁형; *李承熙-1908년 러시아 망명, 1913년 孔教會; *安重根-1907년 러시아 망명; *申采浩-1910년 4월 중국 망명; *朴殷植-1909년 大同教, 1911년 4월 중국 망명; *羅喆-1909년 大倧教.

13 〈유교 지식인 모델〉은 완결된 것은 아니며 추가적인 보완과 수정 작업이 필요하다. 이 모델은 서구적 근대를 마주해야 했던 유교 지식인들의 당대적 현실인식과 실천의 단면을 범주화한 것인데, 이 모델은 감성적 근대를 탐구하기 위한 기본틀로 활용될 것이다.

기 앞에 설 수 있었을까? 그러나 다른 한편에서는 근대의 파장을 당연하게 수용하면서 망국적 상황에 눈감고 개인적 영달을 추구했던 지식인들도 공존했던 시기가 개항을 전후한 근대기의 모습이기도 하였다. 이 시기 유교 지식인들이 보여주었던 삶의 태도는 개별적이었지만 그들의 사유와 실천의 파장은 오래도록 지속되고 있다. 우리는 지금 총체적인 과거의 현재 속에 미래의 오늘을 살아가고 있는 것이다.

학술 경향과 사유의 진폭

서구의 침탈이 극렬하던 19세기 후반에서 20세기 초에 이르는 시기는 흥미롭게도 황현이 생존했던 시기와 겹친다. 이러한 점에서 조선의 19세기 중후반을 어떻게 규정할 것인가의 문제는 황현의 시대를 어떻게 볼 것인가 하는 문제와 다르지 않다

연보에 따르면, 호남의 광양 서석촌西石村에서 출생(1855년 12월 11일)한 황현은 어려서부터 기억력이 비상하고[14] 결단력이 강하였다. 11세에 이미 시에 능하였으며, 20세 이후에는 京城에 올라가 당대의 명사들과 교유하면서 인맥을 형성한다. 이 시기에 황현은 강위姜瑋(古懽, 1820-1884, 본관 晉陽), 이건창李建昌(寧齋, 1852-1898, 본관 全州), 김택영金澤榮(滄江, 1850-1927, 본관 花開)과 사우師友의 친교

14 총명함이 뛰어나서 1만여 권의 책을 열람하고도 모두 다 기억했는데, 『資治通鑑綱目』 및 『明史』에 더욱 익숙하였다. 『梅泉集』 卷首, 「先兄梅泉公事行零錄」.

를 맺게 되는데, 이건창과 김택영은 황현과 평생 교유한다.

황현은 총명하고 결단력이 강한 만큼 성격이 궁색하지 않고 호탕하였으며 주체적이었다. 거리낄 것이 없는 호탕한 성격은 유교적 학습과 자기에 대한 충실성에서 비롯된 것이었다. 황현은 그러한 자부심으로 과거를 통한 출사의 기회를 잡고자 하였다.

1883년의 보거급제시保擧及第試는 황현의 역량을 펼쳐 보일 좋은 기회였다. 이 시험에서 황현은 대책對策을 지어 올려 제일第一로 발탁된다. 하지만 '시골출신'이라는 이유로 등위가 제이第二로 바뀌는 일이 벌어진다.[15] 황현은 재력뿐만 아니라 연줄(문벌)도 없는 시골사람이어서 공식적인 시험 성적이 뒤바뀌는 부조리한 현실을 목도한다.

공정하고 합리적인 절차는 사라지고 도깨비들이 출몰하는 세상사에 낙담하지만 시골출신의 멸시를 벗어나려는 강렬한 열망은 황현으로 하여금 과거를 포기하지 못하게 한다. 그는 2년 뒤 성균회시成均會試에 응시하여 생원시生員試에 합격한다.

그러나 당대의 시사時事는 점점 잘못되어가고 세상사의 인심은 더욱 혼탁해져가는 것을 보고 황현은 출사할 뜻을 접고 낙향한다. 과거를 통한 입신을 포기한 황현은 30대 이후 고향에 은거하여 오직 글 읽는 것으로 스스로를 위안하게 된다.[16]

15 『梅泉集』, 「本傳」.

16 『梅泉集』 卷首, 「梅泉黃公墓表」. 황현이 과거를 포기하고 낙향하게 된 것은 부조리한 당대의 세태에 대한 저항의 일면이지만, '시골출신'이라는 자신의 한계에 대한 절망감을 자존감으로 지켜내려는 '감성적인 태도'라고도 볼 수

황현이 출사하지는 않고도 책을 읽을 수 있었던 것은 그의 조부가 모아놓은 재산이 있었기 때문이다. 그는 재산의 대부분을 서책을 구입하는데 사용하였다.

황현의 아우인 황원黃瑗(石田, 1870-1944, 본관 長水)의 기록에 따르면, "서책에 대해서는 치우치게 좋아하는 습관이 있어 심지어는 전답을 팔아서 구입하기까지 했고, 항상 모든 책을 다 읽지 못한 것을 한스럽게 여겼다. 그래서 좋은 책이 있다는 말만 들으면 수백 리 길이라도 반드시 가서 빌려 왔으며, 책이 혹 해진 데가 있으면 보수해서 돌려주곤 하였다."고 한다.[17]

황현의 독서 범위는 대단히 광범위 하였다. 그는 갑오경장甲午更張 이후로는 세상의 변화를 자각하고 서양西洋의 서적을 구입하여 열람하기 시작하였고, 원나라 때 마단림馬端臨(竹洲, 1254-1323, 樂平)이 지은 『문헌통고文獻通考』 총 348권, 당나라의 두우杜佑(735-812, 長安)가 지은 책 『통전通典』 총 200권 등의 서적까지 두루 구입할 정도였다. 또한 청나라의 신간 서적도 구입하여 실시간으로 독서하였는데, 황현의 독서목록에는 강유위康有爲(南海, 1858-1927, 廣州 南海縣)와 엄복嚴復(幾道, 1851-1921, 福建), 양계초梁啓超(1873-1929, 廣州 新會縣)가 포함되어 있었고, 무술정변을 기록한 『무술정변기戊戌政變記』도 구입하여 읽었다.

황현은 김택영에게 1910년 보내는 편지에서 "엄기도嚴幾道[18]는 나

있다.

17 『梅泉集』 卷首, 「先兄梅泉公事行零錄」.

이가 지금 몇이고, 양임공梁任公[19]은 어디에 살고 있습니까?"[20]라고 묻고 있다. 엄복은 당시 근대 서구를 지지하는 이론축의 하나인 사회진화론을 동양사회에 최초로 전파한 인물이다.[21]

양계초는 근대를 맞는 중국의 전환기적 상황에서 탁월한 안목과 날카로운 필체로 다양한 저술을 내놓는다. 그의 저술은 새로운 사유를 갈망하던 구한말 조선의 유교 지식인들에게 지대한 영향을 준다.[22] 황현이 망명객 김택영에게 보내는 편지를 통해 엄복과 양계초의 근황을 문의하는 것으로 미루어 본다면, 그는 중국 신유가들의 이론에 꽤 흥미를 갖고 있던 것으로 보인다.

실제로 『매천야록』에는 무술정변과 의화단에 대한 기사도 발견되고 양계초에 대한 평가도 간단하게 언급되어 있다. 황현은 양계초에 대해, "일본에 망명해 있으면서 청의보를 내어 당세當世를 풍

18 엄기도는 嚴復(1853-1921)이다. 엄복의 자가 幾道이다. 엄복은 영국에 유학한 후 귀국하여 토마스 헉슬리의 『진화와 윤리』를 『天然論』으로 최초로 번역한 인물이다.

19 梁任公은 梁啓超(1873-1929)를 말한다. 임공은 그의 호이다. 양계초의 또 다른 호는 飮氷室主人이고, 자는 卓如이다. 그의 대표적인 저서로 『飮氷室全集』, 『清代學術概論』 등이 있다.

20 『梅泉續集』 卷1, 「與金滄江」.

21 구한말 엄복에 의해 번역되어 유입된 사회진화론과 관련해서는 다음을 참조하라. 박찬승, 「한말·일제시기 사회진화론의 성격과 영향」, 『역사비평』, 역사문제연구소, 1996; 전복희, 『사회진화론과 국가사상: 구한말을 중심으로』, 한울아카데미, 1996; 엄복, 양일모 외 역주, 『天演論』, 서울: 소명출판, 2008.

22 양계초와 관련해서는 다음을 참조하라. 이혜경, 『천하관과 근대화론: 양계초를 중심으로』, 문학과 지성사, 2002; 조성환, 「진화론과 근대 중국의 민족주의 : 양계초와 장병린의 민족사상을 중심으로」, 『정치사상연구』 제16집 1호, 한국정치사상학회, 2010.

자 공격하였으며, 음빙실집 수만 자를 저술하였는데, 자유자재로 펼치는 의론이 굉장했으며 번득이는 솜씨로 훌륭한 책을 이루매 오대주에 바람처럼 읽혀져 독자들이 혀를 내둘렀다."[23]고 기록하고 있다.

황현이 양계초에 대해서 긍정적으로 평가하고 있지만, 사실 우리는 양계초의 사유에 대해서 엄밀하게 검토해볼 필요가 있다. 양계초의 저술이 근대초기 조선의 유교 지식인들에게 많은 영감을 주었으나 그의 조선과 조선인에 대한 인식은 기본적으로 '열등한 조선(인)'이란 시각이 지배적이다.[24] 양계초는 철저하게 중국과 중국인의 입장에서 '망국 조선'을 바라보고 있다.

이러한 관점은 「조선망국사략朝鮮亡國史略」, 「조선멸망지원인朝鮮滅亡之原因」 등과 같은 논문에 잘 나타나 있다. 양계초는 일본에 앞서 그들이 지배하였던 조선이란 정체에 대해 감상적으로 인식하면서 조선의 멸망을 통해 중국의 현실을 재고하고자 한다. 이것은 지극히 중국적인 계몽적 시선이다.[25]

한편 황현은 전통적인 유학을 학습하였지만, 이미 시대의 흐름 속에서 서양의 서적과 청나라의 서적을 구입하여 읽을 정도로 사유

23 『梅泉野錄』 卷3, 61-64쪽.

24 기본적으로 양계초는 우월한 중국의 지식인으로서 조선의 망국을 동정하면서 자신들의 자주독립도 지켜내지 못한 국민과 국왕으로 구성된 '저열한 조선'을 보고 있는 것이다.

25 양계초의 조선망국에 관한 논거는 다음을 참조하라. 최형욱, 『량치차오, 조선의 망국을 기록하다』, 파주: 글항아리, 2014.

의 유연함을 갖추고 있다. 그러한 유연성이 있기 때문에 황현은 신식교육을 담당하는 사립 호양학교의 건립과 유지를 위해 성금 모금을 호소하는 글도 작성한다.[26] 또한 정주성리학 일변도의 조선유학의 풍토에서 이단으로 지목되었던 양명학에 관심을 보이던 이건창[27]과 긴밀하게 교유하면서 사상적 연대감을 갖는 것도 그러한 사례이다.[28]

황현의 실천적 사고는 아마도 그의 실용적인 학문관에서 비롯된 듯하다. 전주에 설립된 양영학교의 기문에서 황현은 이렇게 말한다.

> 나라는 그대로 망하게 둘 수 없고 백성은 이대로 죽게 할 수 없다. 오직 분발하고 전력을 다하여 힘껏 그들과 대적하여 약육강식은 면하게 해야 한다. 그래야 비로소 천하를 향해 "우리도 사람이다."라고 외칠 수 있으리라. 그렇게 되려면 방법은 무엇일까? 저들의 부강함을 본받아야 한다. 그리고 부강해지려면 저들의 학문을 배워야 한다. 이것이 근래에 신학교가 세워진다는 소리가 곳곳에서 들리는 이유이다.…저 서양 제국들이 비록 국경을 닫고 자기 것을 지키면서 우리에게 주지 않으려 해도, 우리는 당연히 저들의 기술

26 『梅泉集』 卷7, 「私立壺陽學校募捐疏」

27 정제두의 양명학을 계승하는 소론계인 이건창은 李建昇-李建芳으로 이어지는 강화학맥을 형성한다. 정약용을 존숭했던 이건창은 憫時憂國의 감성적 층위에서 緣情의 미학을 창안했다고 평가된다. 이규성, 『한국현대철학사론』, 서울: 이화여자대학교출판부, 2012. 341-346쪽.

28 황현은 '이건창이 별세했다는 소식을 듣고는 경악하여 눈물을 흘렸다'는 시에서 그의 인물됨을 '紅玉'으로 비유한다. 『梅泉集』 卷3, 「道中聞寧齋捐館已在六月十八日愕然下涕」.

과 기물을 본받고 받아들여 우리의 어설픈 기술에서 크게 한번 벗어남으로써, 옛날 성인들의 이용후생의 본의에 부합되도록 노력해야 할 것이다.[29]

황현은 존왕양이尊王攘夷를 신봉하는 보수적인 유교 지식인이지만, 그의 시대인식과 그에 대한 응전의 태도는 대단히 실용적이다. 여기서 실용은 생존을 위한 선택이라는 점에서 절실하다. 황현은 당시의 세태에 대해, "오늘날의 천하 형세로 보면, 옛날 중국 사람들이 오랑캐로 취급하여 끼워 주지 않던 나라들이 도리어 방자하게 대항해 오고 있다. 그들은 대항해 올 뿐만 아니라 강포하고 기만하며 속박하고 강제하면서 점점 중국을 압도하여 그보다 앞서고 있다."[30]라고 진단한다.

이러한 변화된 세상에서 황현은 옛 것만을 고집하지 않는다. 새로운 시대의 변화에 맞추어 신식 학교 교육의 당위를 황현은 생존을 위한 실용의 추구에서 찾고 있다. 과거의 제도(학교)와 개념(이용후생)을 오늘의 시점에서 새롭게 일신하여 혁신을 추구하는 이러한 인식은 황현의 근대적인 감성적 사유의 일면을 보여준다.

유고 문집을 정리했던 김택영도 황현이 보여주는 사유의 엇갈림을 유교적 실용성에서 찾고 있다. 김택영에 따르면 황현의 경우, "학문은 정통함을 위주로 하여 시속의 진부한 학자들과는 종유하기를 좋아하지 않았고, 역대의 사적에 기재된 치란성쇠治亂盛衰의 자

29 『梅泉集』 卷7, 「養英學校記」.

30 『梅泉集』 卷7, 「養英學校記」.

취로부터 병형전곡兵刑錢穀의 제도에 이르기까지 연구하고 관찰하기를 좋아하였다. 일찍이 서양의 이용후생利用厚生의 학술에도 마음을 두어 당세의 어려움을 구제하려는 생각을 가졌다."[31]고 한다.

이러한 평가는 박문호와 유사하다. 박문호는 황현이 "실지實地의 일과 유용有用한 학문"에 관심이 있었다고 한다.[32] 이렇듯 이용후생의 실질을 도모할 수 있는 학문에 관심을 갖고 있었기 때문에 황현은 유학을 긍정하지만 비판적 거리두기를 한다.

황현은 유학의 고식적이고 진부한 체면치레와 형식적인 면에 대해서 비판적이다.

> 근세의 선비들을 보자. 하나같이 생전에는 선비입네 치장하고, 죽은 뒤에는 반드시 몇 권의 문집을 남기며, 리와 기를 분석하여 장황하게 늘어놓거나 소위 그 입언들을 추숭하여 묘지와 행장을 만든다. 그렇게 보면 모두 의젓한 도학선생 아닌 사람이 없다.[33]

이와 같은 유학에 대한 인식을 통해서 우리는 황현이 어째서 성리철학에 대한 논의를 하지 않고 있는가를 유추해 볼 수 있다. 성리학의 핵심 개념인 리와 기는 사실 유학자라 해서 모두 논의할 수 있는 것이 아니다. 성리에 대해 철저한 탐구가 있을 때 가능한 것이 리기심성을 위주로 하는 성리학의 담론이다. 황현은 그러한 성리학

31 『梅泉集』, 「本傳」.

32 『梅泉集』 卷首, 「梅泉黃公墓表」.

33 『梅泉集』 卷6, 「東溪草堂記」.

의 개념들이 이미 종언을 고했다고 보는 것이다.

그럼에도 19세기 후반, 주요한 유학자들과 그들의 학맥은 리기와 심성, 사단과 칠정, 미발심체, 혹은 명덕주리주기의 문제로 치열하게 논쟁을 벌인다. 황현은 이러한 토론은 규범적으로 의미가 있지만 지리한 논쟁이 갖는 학술적 대립은 역사적 실효성이 다했다고 보는 것이다.

그래서 황현은 오히려 현실의 정세와 시사를 논의할 수 있고, 서구의 사상과 문물제도에 대응할 수 있는 학술을 선호한다. 호남의 궁벽한 백운산 자락의 광양과 지리산 자락의 구례에 살면서도 황현은 양명학에 관심을 보인 이건창과 교유하고, 신문을 구독하여 읽었다는 것은 그의 관심이 어디에 있었는가를 잘 대변해 준다.

임박한 파국의 징후들

황현이 당대를 바라보는 현실인식과 시대의식은 『매천야록梅泉野錄』에 충실하게 담겨 있다. 이 책은 1864년부터 1910년까지 구한말에 발생한 여러 가지 다양한 사건사고를 유학자의 안목으로 기록하고 있다. 그리고 또 하나의 저서인 『오하기문梧下紀聞』은 동학농민전쟁에 대한 기록을 담고 있다.[34] 이 글에서는 을미사변과 이를 전

34 『오하기문』은 동학농민전쟁에 관한 생생한 면모를 전해주고 있지만, 이 기록은 적어도 황현이 신분적 관점에서 동학교도와 동학농민군을 東匪로 기록하고 있다. 황현이 쓰고 있는 '동비' 개념은 기존의 신분적 질서가 해체되어 가는 시기에도 '양반의식'을 여전히 정당하게 받아들이고 있는 그의 인식을 극명하게 보여준다. 황현의 『오하기문』은 동비와 동비들에 의한 '亂'에 대한 보고서인 셈이다.

후한 단발령, 을미의병, 을사조약에 대한 황현의 관점을 통해 임박한 파국의 상황을 살펴보겠다.[35]

1895년(을미년) 8월에 을미왜변乙未倭變이 발생한다. 일본에 적대적이었던 왕후 일가를 폭력적으로 제압하기 위해 벌인 참혹한 이 사건의 여파는 조선사회를 또 다른 파국의 지형으로 몰아간다. 황현은 을미왜변에 대해 논평하면서 "왕후는 기민하고 권모술수가 많았는데 정치에 관여한 20년 동안 점차 망국에 이르게 하더니 마침내는 천고에 없던 변을 당하게 된 것이다."라고 기술한다.[36]

황현은 망국의 단초를 지속적으로 산출하고 있는 것이 당시의 체제라는 판단이다. 그런데 흥미로운 것은 을미왜변이 일본에 의해 주도된 것임에도 국왕은 사건의 전말을 조사하라는 지시 대신에 '민비 폐서 조서'를 내리고 있다는 사실이다.[37]

고종은 자신의 부인이면서 왕후이고, 세자의 어머니인 민씨가 살해당했음에도 사건의 전모를 밝히지 못한다. 오히려 민씨의 과거 행적을 문제 삼는다. 그러면서 왕후인 민씨를 폐서인廢庶人이 되었노라 선언한다. 이러하자 무기력한 조정의 조치에 대해서 조야에서 들고 있어난다. 이건창, 홍승헌洪承憲(1854-1914, 본관 豊山) 등은

35 갑오년(1894) 동학농민전쟁과 갑오개혁은 구한말의 이전과는 다른 양상의 새로운 파국의 지형도를 형성하는데, 이 문제는 별도의 개별 논문을 통해 다루도록 하겠다.

36 『梅泉野錄』 卷2.

37 『梅泉野錄』 卷2, 462쪽; 이민원, 『명성황후 시해와 아관파천』, 국학자료원, 2002.

연명 상소를 올리면서[38] 라고 강경하게 자신들의 심정을 토로한다.

당시의 민심은 왕후인 민씨를 폐서인으로 강등한다는 조치가 고종의 생각에서 나왔을 리 없음을 지적한다. 그러면서 그러한 조치는 유교적 인륜에 어긋난 것이며, 따라서 사건의 전모를 명백히 밝혀줄 것을 요구한다. 이건창 등 관료들은 이 사건이 일본에 의해 주도되었음을 알고 있는 것이다.

비등한 여론에 의해 음력 1895년 10월 10일에는 왕후 민씨의 지위와 칭호를 회복하고 범인들을 체포하도록 명령이 내려진다. 이때 칙명도 반포된다.[39] 을미사변 이후, 을미개혁의 조치가 단행되는데, 그 중의 하나가 '단발령'이었다.

음력 1895년 11월 15일(신해)에 고종은 자신이 먼저 두발을 깎고 중앙과 지방에 단발을 명령한다. 고종이 단발령의 조치를 내리게 된 것은 일본의 위압적인 영향력 때문이었다. 유길준兪吉濬(矩堂, 1856-1914, 본관 杞溪)과 조희연趙羲淵(杞園, 1856-1915, 본관 平壤)이 일본인들을 인도하여 궁성 주위에 대포를 설치하고 단발을 하지 않는 사람은 모두 죽이겠다고 위협한다. 이러한 상태에서 정병하鄭秉夏(南皐, 1849-1896, 본관 溫陽)는 고종의 두발을 깎고 유길준은 태자의 머리를 깎는다. 전국적인 단발령이 내려지자 곡성이 진동하고 사람마다 분노가 치밀어 억장이 무너졌으며 형세가 금방 변란이라

38 『梅泉野錄』 卷2, 465-466쪽.

39 『梅泉野錄』 卷2, 469-470쪽. 칙명은 이러했다. "지난번 변란이 일어났을 때 왕후의 소재를 몰랐는데 시일이 흐르고 보니 그날 승하한 증거가 명백하다. 8월 20일 묘시(오전 5-7시)에 坤寧閤에서 승하하였음을 중외에 알린다."

도 일어날 것 같았다. 일본인들은 군대를 엄히 단속하며 대기하고 있었다.[40]

단발령은 조선인들의 습속을 일신하기 위한 조치의 하나로 개화파 지식인들을 중심으로 하여 정치적인 기획에서 비롯된 것이었다. 이 명령은 기존의 유교적 가치질서에 익숙한 유교 지식인들의 전통과 삶의 방식을 깨뜨려 버리려는 의도를 담고 있다. 칼을 찬 순검들이 지나는 사람을 단속하면서 단발을 실시하고, 심지어는 집집마다 들어가 빠짐없이 색출해 낼 정도였다. 서울에 올라와 있던 사람들이 영문도 모르고 외출하였다가 상투를 잘리게 되면, 떨어진 상투를 주워서 통곡을 하며 도성을 나갔다고 『매천야록』에서는 기록하고 있다.[41]

단발령이 내려지자 이 조치에 반대하는 상소가 이어지는데, 『매천야록』에는 학부대신 이도재李道宰(心齋, 1848-1909, 본관 延安)의 상소문을 싣고 있다.[42] 상소문의 내용은 을미개혁의 두 가지 핵심 사항인 독자적인 연호 사용문제와 단발령에 관한 것이었다. 갑오년에 동학농민전쟁의 진압을 빌미로 시작된 청일전쟁(1894.7-1895.4)에서 일본이 승리하면서 조선에 대한 지배권은 청나라로부터 일본으로 넘어간다.

일본은 조선에 대한 자신들의 지배권을 공고히 하기 위해 조선을

40 『梅泉野錄』 卷2, 474쪽.
41 『梅泉野錄』 卷2, 474쪽.
42 『梅泉野錄』 卷2, 475쪽.

형식적이나마 독립적 지위를 갖는 나라임을 선포하고자 한다. 그것이 조선의 독자적인 연호 사용이고, 또 하나는 전래의 두발과 복식을 혁신하는 조치를 취한다. 그것이 단발령이었다. 두 가지 조치는 모두 조선과 청나라와의 관계를 이격시키고, 근대화된 일본을 추수하려는 정치적 기획에서 비롯된 것이었다.

을미개혁을 추진하던 개혁파 관료들의 예상과 달리 단발령에 대한 저항은 전국적인 규모로 봉기한다. 단발령을 추진하기 위해 체두관剃頭官이라는 관리를 각부처에 파견하여 날짜를 정해서 머리를 깎도록 하였지만 실적은 그리 좋은 편이 아니었다. 아전과 백성들은 저항하여 단발령을 따르지 않았고, 누차 기한을 늦추어 혹시라도 변화가 있기를 기대하였다.

온 나라가 물 끓듯 하고, 의병이 각 지역에서 봉기하기 시작한다. 서상렬徐相烈(敬庵, 1854-1896, 본관 達城)은 강원도에서 일어나고, 유인석柳麟錫(毅庵, 1842-1915, 본관 高興)은 경기도에서 일어나고, 홍주에서도 김복한金福漢(志山, 1860-1924, 본관 安東)이 거병을 한다. 전국적인 거병에 직면하자 내각에서는 유길준을 중심으로 경군을 파견하여 의병을 격퇴시키려는 논의를 진행한다.[43]

홍주의 의병 모의에 참가하였다는 죄목으로 체포되었던 안병찬安炳瓚(1854-1929)의 경우, 단발령에 대한 유교 지식인의 극명한 인식을 보여준다. 그는 칼을 물고 쓰러지며 흘린 피로 도포자락에, "지사志士는 구렁텅이에 빠지더라도 뜻을 잊지 않고, 용사勇士는 목

43 『梅泉野錄』 卷2, 476-477쪽.

숨을 잃더라도 뜻을 잊지 않는다고 하였으니, 차라리 머리 없는 귀신이 될지언정 상투 잘린 사람은 되지 않겠다"는 글을 쓸 정도였다.[44]

각지에서 거병한 의병들의 저항에 직면하자 고종은 이들을 회유하기 위해 신기선申箕善(陽園, 1851-1909, 본관 平山) 등 관료들을 파견한다. 고종은 조서에서 단발령은 더 이상 제기하지 않을 것을 약속하면서 각 고을의 의병들은 해산하여 각자 집으로 돌아갈 것을 명령한다.[45]

황현은 단발령이 상투를 강제로 자르도록 한 것이었기 때문에 온 나라가 분노하여 의병이 봉기하였음은 인정하나, "참으로 충의에 뜻을 품은 자"는 몇 명이나 될까 회의한다. 명예를 탐하는 자, 변란을 좋아하는 자, 심지어 '동비東匪의 잔당들'이 의병이란 이름으로 잔학하게 굴고 함부로 약탈하는 일이 벌어졌는데, 황현은 이들을 "미친 도적떼"와 다름없다고 비판한다.[46]

청일전쟁의 승리로 일본은 조선에서의 중화적 사대주의를 일소하는 정책을 추진하게 되지만, 이 과정에서 왕후를 시해하고 무력에 의한 단발령을 시행함으로써 조선인들의 분노를 야기하게 된다. 게다가 아관파천으로 고종과 왕세자가 러시아 공관으로 이주(1896년, 2월 11일, 건양1년)하는 사건이 발생하면서 일본의 조선에 대한

44 『梅泉野錄』 卷2, 479쪽.

45 『梅泉野錄』 卷2, 488-490쪽.

46 『梅泉野錄』 卷2, 491쪽.

지배권은 상대적으로 약화된다. 대신 새롭게 부상한 러시아는 대한제국을 비롯한 동아시아 지역의 패권을 염두에 둔 전략을 구사하게 되는데, 이 과정에서 일본과 충돌한다.

한반도와 만주의 지배권을 두고 일본과 러시아가 격돌한 러일전쟁(1904.2-1905.5)에서 미국과 영국의 지원을 받은 일본이 승리하게 된다. 이러한 국제정세의 흐름에서 일본은 한반도에 대한 침략을 노골화한다. 한반도를 일본에 귀속시킨다는 열강들의 암묵적 합의하에 일본은 대한제국의 외교권을 박탈하는 을사늑약을 체결한다.

을사늑약의 체결 소식을 전해들은 황현은 식음을 전폐하면서 몇 날을 통곡한다. 망국의 예감이 드디어 현실로 드러났기 때문이다. 나라가 망하는 지경에 이른 상황은 직면한 파국이자 임박한 파국이다. 이러한 상황에서 을사늑약을 지지하는 일진회의 윤병시, 송병준 등은 "우리나라는 멸망할 징조가 이미 나타나고 있으므로 공사간의 대소인이 모두 일본의 명을 따라야 한다."[47]는 선언서를 발표한다.

황현은 이 파국을 어떻게 받아들이고 있을까? 그가 취한 대책은 무엇이었을까? 황현은 을사조약이 체결된 경위를 『매천야록』에 자세하게 기록해 놓는다. 그리고 황현은 을사조약에 항거하여 죽어간 사람들을 애도하는 시를 짓는데 그것이 '오애시五哀詩'다. 당시 유교 지식인으로서 황현이 할 수 있는 최선은 비분강개하여 스스로 목숨을 끊은 영령을 애도하는 것이었다. 황현은 〈오애시〉를 짓는 동기

47 『梅泉野錄』 卷4, 239쪽.

를 적은 글에서 이렇게 밝히고 있다.

> 을사년 10월의 변고 때에 조 정승 이하 3인이 자결하였으므로, 내가 그 소식을 듣고 감동하여 사모한 나머지, 고인의 〈팔애시〉를 모방하여 애도의 시를 지으면서 여기에 최면암을 언급한 것은 그에게도 바라는 뜻이 있어서이고, 이영재를 언급한 것은 지금 인물들이 너무 보잘 것 없어 그를 추모한 것이다.

을사늑약이 체결되자 관료였던 보국 민영환閔泳煥(桂庭, 1861-1905, 본관 驪興)[48], 판서 홍만식洪萬植(湖雲, 1842-1905, 본관 南陽)[49], 정승 조병세趙秉世(山齋, 1827-1905, 본관 楊州)[50]가 자결한다.[51] '오애시'는 이들 세 명과 1898년에 죽은 절친한 벗이었던 이건창과 황현이 스승으로 모시려했던 최익현崔益鉉(勉菴, 1833-1906, 본관 慶州)을 애도한 글이다.[52] 황현은 또한 역대의 은사隱士와 충신忠臣 10인 행적을 적

48 민영환은 스스로 목을 찔러 자결하면서 국민에게 고하는 글과 각국 공사에게 고하는 글 등 두 개의 유서를 남기고 있다.

49 洪萬植(1842-1905)은 洪英植(1855-1884)과 종형제로, 홍영식의 역모를 수치스럽게 생각하고 있었는데 강제조약의 변란을 듣고 자결한다. 『梅泉野錄』 卷4, 258쪽.

50 을사늑약의 부당성에 대해 이등박문뿐만 아니라 각국 공사에 편지를 보내며 저항했던 조병세는 민영환의 자결 소식을 듣고는 탄식하며 유서를 작성하여 남기고 음독자살한다. 『梅泉野錄』 卷4, 259-270쪽.

51 이들 외에도 하급병사인 김봉학이 순사하고, 학부주사 이상철이 순절하였으며, 인력거꾼도 자살한다. 송병선도 음독자살한다. 최익현은 송병선의 죽음을 듣고, "죽는 것은 참으로 좋다. 그러나 사람들이 모두 죽으면 나라를 위할 자 누구인가?"하고는 스스로 기운을 북돋았다고 한다. 『梅泉野錄』 卷4, 298쪽.

은 절구 1수와 그림을 그려 넣은 10폭을 만들어 교교병嘐嘐屛이라 이름하여[53] 자신의 주위에 놓고 마음을 다진다.

회한과 울화의 응어리

55세의 노인이 자신의 초상화小影[54]를 보고서 스스로에게 묻는다.

> 일찍이 세상과도 어울리지 못하고, 비분강개 토하는 지사도 못 되었네. 책 읽기 즐겼으나 문단에도 못 끼고, 먼 유람 좋아해도 발해를 못 건넌 채, 그저 옛사람들만 들먹이고 있나니, 묻노라, 한평생 무슨 회한 지녔는가.[55]

1909년(융희3) 황현은 절명하기 1년 전에 「오십오세소영자찬五十五歲小影自贊」이라는 글을 통해 자신의 삶을 회고한다. 자신은 세상과 어울릴만한 성격도 아니고, 그렇다고 불의를 보고는 비분강개할

52 『梅泉集』 卷4, 「五哀詩」. 전북 태인에서 봉기하였던 최익현은 왕이 보낸 군대와 싸울 수 없다하여 의병을 해산하고 체포되어 대마도에서 1906년 11월 17일(음력) 순국한다. 황현에게 최익현은 스승과 같은 정신적 지주였는데, 그의 죽음에 곡하는 글을 짓기도 한다. 『梅泉集』 卷4, 「哭勉菴先生」.

53 『梅泉集』 卷首, 「梅泉黃公墓表」(寧海 朴文鎬).

54 小影은 작은 초상화를 뜻하는데, 이것이 그려진 것인지 사진인지는 확실하지 않다. 김영봉은 소영을 황현의 사진으로 본다. 김영봉, 『(역주) 황매천 시집』, 서울: 보고사, 2010.

55 『梅泉集』 卷7, 「五十五歲小影自贊」. "曾不和光混塵, 亦非悲歌慷慨. 嗜讀書而不能齒文苑, 嗜遠游而不能涉渤海. 但嘐嘐然古之人古之人, 問汝一生胸中有何壘塊." 번역문은 고전번역원의 『(국역)『梅泉集』』을 따랐음.

정도의 지사도 못되고, 다만 책 읽기를 좋아하는 일개 서생에 불과할 뿐이라는 것이다. 그렇지만 책을 좋아하면서도 시문으로 이름을 날린 것도 아니고, 역사를 좋아하면서도 용기있게 세상을 주유하지도 못하고 서책에 기록된 옛 사람들의 고사만 열람하는 그런 인사라고 한다.[56]

그래서 황현은 스스로에게 묻는다. 그렇다면 가슴속에는 어떤 회한이 있는가? 이 짧은 글의 마지막 문장은 "문여일생흉중유하누괴問汝一生胸中有何壘塊"라고 되어 있다. 이 문장은 통상 '묻노라, 한평생 무슨 회한 지녔는가'라고 번역할 수 있지만 원문의 거친 투박성을 그대로 살려서, "묻노니, 한평생 가슴속에는 어떤 응어리가 쌓여 있는가?"라고 읽을 수도 있다.

마지막 문장은 의미심장하다. 가슴에 켜켜이 어떤 덩어리가 쌓여 있다고 하는 이 표현은 은유적인 사유를 보여준다. 제한된 공간인 가슴에 덩어리가 쌓여있다고 하는 은유를 통해서 우리는 황현의 사유에 산포되어 있는 회한의 흔적을 발견할 수 있다. 황현이 기술하고 있는 것처럼, '일생'이라는 시간과 '가슴속'이라는 공간의 요소는 황현의 몸을 통해 매개되어 있다.

황현이 겪어온 비가시적인 시간은 물리적인 대상적 공간인 몸(가슴)에 '덩어리'로 존재한다. 몸 안의 내부적 공간에 '덩어리'의 형성

56 김소영은 이 글에 대해, 황현이 시대를 잘못 만나 세상과 영합하지 않고 재야인의 삶을 고수하면 살았던 모습을 상상할 수 있다고 설명한다. 김소영, 「척독을 통해 본 매천 황현의 삶의 자세와 시대인식」, 『漢文學報』 제10집, 우리한문학회, 2004. 226쪽.

이 가능하려면 몸 밖의 외부에 이것과 연관되는 것이 동시적으로 존재하면서 관계를 유지해야 한다. 문제는 여기서 발생한다. 가슴 속 몸 안 내부 공간에는 '덩어리'가 있는데, 몸 밖의 외부에는 '덩어리'와 연관되는 것들이 보이지 않는다는 점이다.

내부의 덩어리와 관련된 것이 외부에 상존한다면, 외부의 것들을 제거함으로써 내부의 덩어리를 없앨 수 있는 가능성이라도 있는데, 이 경우에는 전혀 방법이 없다. 내부에 '덩어리'를 형성하게 한 몸 밖의 외부적 조건을 찾을 수 없기 때문이다. 이미 황현의 갑갑증이 해소될 수 있는 방법은 없는 셈이다. 여기에 암울함의 비극성이 놓여있다.

이렇게 본다면, 황현의 가슴속에 쌓여서 누적되어 있는 덩어리는 세월(시간)의 단층과 다르지 않다. 그 세월의 단층이 황현의 가슴속에 '덩어리'로 남아있다는 것 자체가 마음의 울결鬱結을 보여준다. 괴塊는 일반적으로 흙덩이를 말하지만, 하나로 된 커다란 덩어리를 지칭할 때 주로 사용된다.

우리가 한 덩어리로 된 큰 산을 말할 때, 괴塊라는 표현을 쓰는데, 대표적으로 지리산이나 무등산을 괴, 덩어리라고 표현한다. 이 괴가 황현의 가슴을 있다는 것은 산과 같은 큰 덩어리를 품고 있는 웅혼한 세계를 말하는 것은 아니다. 초라한 55세의 촌로의 가슴을 짓누르고 있는 덩어리가 쌓여서 있다고 하는 이 상태는 갑갑甲甲, 그 자체이다. 괴라는 한 단어가 흉중에 있다는 것으로부터 우리는 황현의 삶에 대해 암묵적으로 공감할 수 있는 여지가 생긴다.

우리는 경험적으로 그것이 한량없이 갑갑할 것이라는 것을 안다.

그래서 우리는 우憂와 울鬱에 대해 공감하게 된다. 어쩌면, 황현이 마음속에 괴塊를 담고 있었기에, 그 덩어리를 해체할 수 있는 유일한 방법은 울鬱을 잊는 방식밖에는 없었을지도 모른다.

주체의 의지로도 감당할 수 없는 울결鬱結을 잊기 위해서 약물인 아편이 필요했을지도 모를 일이다. 황현은 자결하면서 아편을 복용한다.[57] 황현이 자신의 삶을 정리하는데 아편을 사용했다는 것은 그래서 충분히 납득할 수 있다.[58]

시골 유학자의 죽음

1910년(경술년, 융희4) 8월 29일(양력), 대한제국은 이날로 망하고 일본의 식민지가 된다. 역사상 없었던 새로운 식민지를 통치하기 위해 조선총독부가 설치되고 조선총독은 통감부령을 공포함으로써 대한제국은 더 이상 존속하지 못하고 '조선'이라는 새 국호의 식민 조선이 공식적으로 만들어진다.

---

57 『梅泉集』 卷首, 「先兄梅泉公事行零錄」(黃瑗). "鴉煙 1錢 2, 3푼(分)만 가지면 내 일을 마칠 수 있지 않겠느냐. 만일 일을 마치지 못한다면 또 어찌해야겠느냐…. 마침내 아연을 가져다가 자리 한쪽에 있던 沙蔘燒酒 한 병에 타서 마셨다. 이 술은 바로 평소에 疝症을 치료하던 것이었다."

58 개항기(1876-1910)의 조선에서의 아편 소비에 대해서 연구한 박광에 따르면, 조선 정부는 1894년 아편연의 유통을 금지하는 조례를 지정하여 위반자를 단속하였음에도 흡연자는 지속적으로 증가한다고 보고한다. 황성신문에서도 아편중독 치료약 광고를 낼 정도였다. 황현뿐만 아니라 지식인들 가운데는 고통 없이 생을 마감하는데 아편을 음독약으로 사용하였다. 박광, 「개항기(1876-1910) 조선의 아편 소비와 확산」, 『한국민족운동사연구』 76, 한국민족운동사학회, 2013.

한일병탄조약은 1910년 8월 22일(양력)에 대한제국의 마지막 황제 순종純宗이 양국조서讓國詔書에 조인함으로써 체결되었고, 8월 29일을 기해 강제 병합을 알리는 순종의 칙유勅諭와 일왕의 조서詔書가 공포된다. '병합조약'에 관한 양해조서가 구례에 도착한 것은 일주일 늦은 1910년 9월 6일(음력 8월 3일)이었다.

시골 유학자 황현은 조서를 읽다가 기가 막혀 절반도 읽지 못하고 중단한다. 차마 읽지 못하고 조서가 적힌 종이를 기둥 위에 묶어 매달아 놓았는데 동생인 황원이 밖에서 돌아와 그 조서를 읽는다. 황현은 차마 들을 수 없다면서 다른데 가서 읽으라고 한다. 황원이 황현에게 묻는다.

> 황원: "오늘날에 인망이 있어 순절해야 할 사람이 누구입니까? 이무 공은 오늘날 죽지 않고 있으니, 평소 기대했던 바와 사뭇 어긋납니다."
>
> 황현: 공이 빙그레 웃으며 말하였다. "자신은 죽지 못하면서 남이 죽지 않는 것을 책망해서야 되겠느냐. 종사가 망한 날에는 사람마다 죽어야 하는 것이지, 유독 인망이 있는 사람뿐이겠느냐."[59]

황현은 국가가 망한 날, 누군가 죽어야 한다면 그것은 자신의 몫일뿐이지 세상 사람들의 평가 때문에 죽을 수는 없는 것이라고 한다. 그렇기 때문에 자기는 죽지도 못하면서 타인의 죽지 않음에 대해서는 비난할 바가 아니라고 한다. 이러한 대화가 있은 후 이틀 후

59 『梅泉集』 卷首, 「先兄梅泉公事行零錄」.

인 음력 8월 5일(양력 9월 8일) 오후 삼경三更(23시-01시)까지 황현은 이웃의 노인과 바둑을 두고 황성신문皇城新聞을 읽고는 절명시를 짓고 유서를 작성한다.[60]

절구 4수로 되어 있는 절명시의 1수에서 황현은, 난리 속에서 몇 번이고 죽어야 했지만 그러지 못하고 백발의 나이가 되었음을 한탄한다. 황현이 죽을 결심을 했던 것은 을사늑약이 체결된 이후이다. 당시 망국적 상황을 직감했던 유교 지식인들뿐만 아니라 하급 군인에 이르기까지 죽음을 통해 조약의 부당성을 알리려는 자결이 이어진다.

그때 황현 또한 자결할 마음을 먹었지만 차마 결행하지는 못하고, 대신에 자결한 이들을 애도하고[61] 그것을 오애시五哀詩를 남긴 바 있었다.[62] 실상 을사늑약 때 작성되었을 법한 유예되었던 황현의 절명시는 한일병탄 조약 후, 자결을 결행하면서 완성된다.

절명시의 2수에서는 종이 한 장의 조칙詔勅조차 내릴 수 없는 망국의 슬픔에 주체할 수 없는 눈물을 쏟고, 3수는 타협할 수 없는 지식인의 개결한 기절을 드러낸다.

> 금수도 슬피 울고 산하도 찡그리니,
> 무궁화 세상은 이미 망해 버렸다네.

60 허경진은 황현의 절명시를 '죽음의 선언'이라고 평가한다. 허경진, 「매천의 죽음과 문학적 성과」, 『민족문화』 36, 한국고전번역원, 2011.

61 輔國 閔泳煥, 判書 洪萬植, 政丞 趙秉世와 그 때까지 순국하지 않았던 崔益顯, 그리고 앞서 죽은 李建昌이 애도의 대상이다.

62 『梅泉集』 卷4, 「五哀詩」.

가을 등불 아래서 책 덮고 회고해 보니,
인간 세상 지식인 노릇 참으로 어렵구나.[63]

무궁화 세상槿花世界 혹은 근역槿域으로 상징되는 대한제국은 이제 망국이 되어 돌이킬 수 없는 슬픔이 산하를 덮는데, 계절의 가을밤은 깊어만 간다. 끓어오르는 분노와 울분을 감내하며 책을 읽다가 덮고는 오랜 세월동안 역경을 넘어서며 굳건하게 다져온 인간의 숭고한 역사를 되돌아본다.

그 오랜 인간의 역사적 과정에서 인간이 이루어 놓은 인문세계의 정수를 탐구하는 지식인으로 산다는 것이 참으로 쉽지 않음을 자각한다. 나라는 망하여도 인간의 역사가 지속될 수 있었던 것은 지식인이 시대의 등불이 되고 양심이 되었기 때문이다. 황현은 그 점을 자각하고 있기에 깊어가는 가을밤, 책을 덮고서 지식인의 사명을 다시금 확인하는 것이다. 그래서 '식자인'이 참으로 어렵다는 탄식이 자연스럽게 나온다.

마지막 4수에서 황현은 자신의 죽음을 애써 정리한다. 자신은 벼슬 한번 한 적이 없는 처사로서의 삶을 살았기 때문에 충정으로 죽는 것이 아니라고 한다. 다만 자신은 선비로서, 유학을 공부한 글자깨나 아는 유교 지식인의 한 사람으로서 유교적 삶의 최고의 가치인 인仁을 이루기 위해 죽음을 택했다는 담담하지만 근본에 대한 말을 남긴다. 그래서 "살신성인 그뿐이지 충성은 아니라네只是成仁

63 『梅泉集』 卷5, 「絶命詩」 三. "鳥獸哀鳴海岳嚬, 槿花世界已沉淪. 秋燈掩卷懷千古, 難作人間識字人."

不是忠"라고 한다.[64]

황현은 절명시에 이어 자식들에게 주는 유서도 작성한다.[65] 황현이 음독하기 전에 작성한 최후의 글에서 그는 자제들에게 자신의 죽음에 대해서 슬퍼하지 말 것을 당부한다. 자신은 국가로부터 녹봉을 받은 적이 없기 때문에 국가가 망했다고 죽어야 할 의리는 없지만, 자기가 죽을 수 있는 것은 자신의 신념에 근거한 것이므로 특별한 사건도 아니라고 한다.

자신은 학인으로서, 유교적 소양을 익힌 지식인으로서, 나라가 망했다면 응당 망한 나라를 위한 애도의 행위로 자신의 목숨을 담보할 수도 있다는 것이다. 그것이 유교적 교양인의 양심임을 황현은 선언한다. 황현의 담담한 죽음의 수용은 그래서 더욱더 처연하다.

황현은 1910년(隆熙4) 음력 8월 6일 새벽에 등불 아래서 마지막 글을 쓴 후 소주에 아편을 타서 마신다. 아침에 황현의 큰아들이 음독한 아버지를 발견하고 작은아버지인 황원에게 알리고, 황원은 응급

---

64 조태성은 황현의 이 절명시에 대해 "다른 이의 행위를 촉발하거나 촉발시키려는 점이 있다"는 呼名의 관점에서 파악하고, 이러한 절명시들이 선비정신이나 의리정신의 발로라고 분석한다. 조태성, 「義와 仁의 감성적 경계, 절명시의 비극적 숭고미」, 『한국고시가문화연구』 32권, 한국고시가문학회, 2013.

65 『梅泉集』, 「本傳」. "나는 죽어야 할 의리는 없다. 다만 국가에서 선비를 길러온 지 500년이 되었는데, 나라가 망한 날을 당해 한 사람도 국난에 죽는 자가 없다면 어찌 통탄스러운 일이 아니겠느냐. 내가 위로는 하늘로부터 타고난 양심을 저버리지 않고, 아래로는 평소에 읽은 글을 저버리지 않고 영원히 잠들어 버린다면 참으로 통쾌함을 깨달을 것이니, 너희들은 너무 슬퍼하지 말거라."

조치를 취하려 하나 황현은 거부한다.[66] 소주에 타서 마신 아편의 양이 적었을까, 황현은 음독 후 바로 절명하지 못하고 고통의 시간을 겪는다.

아버지이고 형인 황현의 죽음을 바라보는 가족들로서는 어떤 조치를 취해도 만족스럽지 못할 터인데 정작 당사자는 거부한다. 황현은 동생인 황원에게 한평생 자신을 지키며 고고하게 살아왔던 이유가 다른 데 있지 않음을 말한다.

황현은 유교적 통치질서에 의해 운영되는 현실에서 비록 자신은 출사하지 못하였지만, 유교 지식인으로 살아 올 수 있었던 것은 그나마 국가가 있었기 때문이라고 본다. 그러한 점에서 유교 지식인인 선비가 망국의 부당성을 알리고 죽을 수 있는 것은 당연하다는 것이다.

더더욱 중요한 것은 선비라는 인격은 자신의 양심에 근거하여 행동한다는 점이다. 타인의 시선에 구애되지 않고 진실무망한 윤리적 정당성을 생활 속에서 실현하고자 하는 황현의 입장에서 일본에 의한 강제적인 한일병탄은 부당하고 옳지 않다. 그것은 의리와 인정에 맞지 않다.

맹자는 사생취의捨生取義를 유교적 소양의 긴요한 축으로 세우고

66 『梅泉集』 卷首, 「先兄梅泉公事行零錄」. "네 나이도 40을 넘어서 조금은 깨달아 아는 것이 있을 터인데, 어찌하여 이토록 나를 가엾게 여기느냐. 세상일이 이렇게 되면 선비는 의당 죽어야 하는 것이다. 만일 오늘 죽지 않으면 앞으로 반드시 날마다 듣고 보는 것들이 모두 마음에 거슬림을 견디지 못해 바싹 말라서 극도로 쇠약해질 것이니, 그렇게 말라 쇠약해져서 죽는 것이 어찌 빨리 죽어 편안함만 하겠느냐."

있는데 황현은 그것을 따른다. 황현도 생의 소중함을 알지만, 무도한 세력에 대한 죽음으로 응대함으로써 의를 취하고자 한다. 그렇기 때문에 생은 문제가 될 수 없다.[67] 그래서 죽음을 택할 수 있는 것이다. 황현은 음독 후 하루가 지난 음력 8월 7일 새벽, 절명한다.

황현의 죽음 풍경을 통해 살펴보았지만, 타인의 생존을 도모하면서 자신의 삶을 함께 도모하는 것이 유교 지식인의 태도이다. 그래서 『논어』에서는 '살신성인殺身成仁' 앞에 '무구생이해인無求生以害仁'을 두고 있다. 유교 지식인은 적어도 자신의 생존을 위해 사람다움의 덕성을 버리지 않는다는 개결介潔한 윤리적 자각을 갖는다.

그래서 황현은 자신이 죽을지언정 자신이 살겠다고 타인의 죽음을 요청하지 않는다. 은둔자수하는 학자學者답게 스스로를 보존하는 방식을 택하는 것이다. 황현에게 그러한 방식은 곧 자기 죽음을 통한 최후의 최대의 저항이다. 그렇기 때문에 황현은 자신의 죽음 앞에서 결연하게 죽음을 맞이할 수 있는 것이다.

자기죽음은 죽음을 수용하는 방식이 아니라 죽음을 오히려 유예시키면서 새로운 변형적 공간을 만드는 파국의 한 지형이다. 유교가 지속될 수 있는 가능성은 바로 이와 같은 죽음을 넘어서 삶을

67 朴文鎬(1846-1918)는 황현의 자결에 대해서 이렇게 평가한다. "아, 선비의 신분으로 불행하여 社屋의 세상을 만났을 경우, 비록 얻은 땅은 없을지라도 타고난 양심은 있는 것이다. 이 때문에 사람이 꼭 죽어야 할 책임은 없지만 몸은 의당 죽어야 할 의리가 있는 것이니, 이것은 유독 선비만이 아니라 下賤한 사람으로부터 하늘로 머리 쳐들고 땅을 밟고 다니는 모든 인간에 이르기까지 다 같은 입장인 것이다. 그러나 그 의리를 매천과 같이 능히 실천할 사람이 몇이나 되겠는가."『梅泉集』, 「梅泉黃公墓表」.

가능하게 하는 윤리적 각성을 끊임없이 요청한다는 점에 있다. 이것이 유교의 낙관적인 역사미래주의의 일면이다.

인문정신과 내면의 보물

황현에게 인간의 삶은 무엇이었을까? 그가 기록한 사유와 시간의 역사는 어떤 의미였을까? 황현은 철학적 이론을 전개한 글을 작성하지 않았지만, 그렇다고 해서 그의 철학적 사유와 실천적인 면모를 확인할 수 없는 것은 아니다.

황현은 그가 살았던 전시기의 사건사고를 자신의 사유공간에 발췌하여 기록함으로써 하나의 점들을 생성해 놓는다. 문자로 기록된 각각의 사건기록은 '1894년 1월 12일'과 같은 시간라벨을 붙이면서 하나의 좌표를 형성한다. 그래서 각각의 개별적인 점들은 특정한 시공간의 시간기억과 감정기억을 확인할 수 있는 독립적인 위상을 갖는다.

그렇지만, 개별적인 좌표는 그 좌표와는 별개로 보이는 또 다른 좌표들과 긴밀하게 혹은 은밀하게 연결되어 있다. 황현의 기록에 의해 구축된 구한말의 시공간의 위상의 경계를 통해서 우리는 근대와 접속하고, 기억의 시공간이 갖는 질성에 대한 환기를 통해서 우리는 정형화되지 않는 근대를 만나게 된다. 이 과정에서 우리가 새롭게 만나는 혹은 독해하는 기록의 과거는 어쩌면 이전에 없었던 새로운 위상의 근대일지도 모른다. 그 새로운 생성과 발견의 지점을 우리는 '감성적 근대'라고 해도 좋을 것이다.

황현은 기록을 통해서, 글쓰기를 통해서 '불후不朽'를 기약한다. 불후를 기약하는 황현의 지향은 역사미래주의자의 태도이다. 황현의 글쓰기를 통한 사유의 경향은 일종의 '비관적 낙관주의'이다. 비관적 낙관주의를 띠고 있는 황현의 태도는 단순히 '현재를 반성할 수 있는 지표로서의 과거'를 전제로 하여 낙관적 미래를 전망하는 것은 아니다.

미래에 대한 비전은 고단한 현실의 철저한 반성에서부터 시작되어야 한다. 황현은 냉철하게 현재를 자기서사와 역사적 기록 속에 포착함으로써 자신의 '지금' '여기'를 성찰한다. 성찰을 통해 통렬하게 현재를 비판하고 불후의 미래를 기약하는 이가 바로 황현이다. 우리는 황현의 불후를 통해서 역사미래주의라는 유가철학의 오래된 사유를 만나게 된다.

황현의 사유에서 또 하나의 특징점은 그가 포착한 시간의 기억이다. 시간의 기억은 기록된 과거의 지속만이 아니다. 시간의 지속만이 아니라 그 시간 속에 살아가는 사람의 기억이 문제가 되어야 한다. 또한 시간속의 사람들이 세계에 대해서 열려있어야 하며, 가능한 자기를 실현할 수 있는 자유가 있어야 한다.[68] 역사는 그러한 가능성에 열려있을 때, 지속된 시간도 의미가 있게 된다.

그러나 분명한 것은 자유는 그냥 주어지는 것이 아니라는 점이

---

68 그러나 황현에게도 한계는 있다. 그는 유교 지식인이라는 자신의 존재 상황에 대해 고민하지만 당대의 신분제와 차별적 질서체계에 대해서는 완고하다. 그가 동학농민군을 '東匪'라 하고 그들을 적대적으로 파악하는 것은 신분에서 해방된 자유로운 인간 존재에 대한 인식의 한계를 보여준다.

다. 억압과 폭력에 저항하고 투쟁을 통해 쟁취하는 것이 자유이다. 울분과 치욕, 분노와 좌절의 고통이 골수에 맺히는 인간적 한계 속에서 자유를 위한 숭고한 투쟁의 감정기억을 황현이 전하는 이유도 여기에 있다.

숭고한 투쟁의 감성적 기저에서 사람들은 삶에 대한 근본적인 통찰을 하게 된다. 이를 통해 사람들은 인간이 구성해야 할 지향적 세계에서 사람人에 대한 무늬文를 직조한다. 하늘에 그려진 무늬가 천문天文이고 땅의 무늬가 지문地文이듯이, 인간에 의해 구성되어진 무늬, 곧 인문人文이 탄생한다. 마치 '흰 바탕에 그려진 그림과 같은 것', 그것이 인문이다.[69]

그래서 우리는 명예나 이욕과는 다른 인간적인 품격을 보여주는 고양된 가치를 인문정신人文精神이라 부른다. 인문정신은 인간의 근본적 가치에 대한 '오래된 감성의 그림'이자 '인문화성人文化成'[70]의 정신이다.[71]

---

69 『論語』, 「八佾」. "繪事後素."; 정철은 기대승의 挽章에서 "인문이 어두워짐 슬퍼하였고, 명예 이욕에 치달음 개탄하였네."라고 한다. 『高峯集』別集 卷2, 「挽章」 門人鄭澈. "人文悼湮晦, 聲利慨奔騰."

70 이승환은 지성사의 전환은 '인간자신을 옥죄는 반인문적인 상태'에 대한 반성, 곧 반성적 재구성reflective reformation에 의해 새롭게 구성되고, 그 과정은 '인간의 존재를 긍정하고 인간을 한 단계 높은 곳으로 향상시키려는 인문화성의 정신'이 그 기저에 깔려 있다고 주장한다. 이승환, 「동양의 학문과 인문정신」, 『지식의 지평2-인문정신과 인문학』 2, 서울: 한국학술협의회, 2007. 40-41쪽.

71 『周易』, 「賁卦」〈彖辭)〉. "觀乎天文, 以察時變, 觀乎人文, 以化成天下." 『주역』의 「비괘」는 '山火賁'라 하여 결혼을 하는 신랑 신부가 꾸미고 장식하는 것의 길흉을 나타내는데, 〈단사〉에서는 "천문을 관찰함으로써 사시의 변화를 살피

우리는 이러한 인문정신을 구한말의 유교 지식인들에게서, 특히 황현에게서 만난다. 황현이 파국적 상황에서 부정의한 세계를 향해 던지는 자기 죽음이라는 극단적 저항형식은 처절하고 비통하지만, 당사자인 황현은 오히려 초연하게 죽음을 대면한다. 망국에 봉착하여 더 이상 삶을 지탱할 수 없다는 한 시골 유교 지식인의 자기죽음은 그래서 훼철할 수 없는 존귀한 의지의 기둥을 표상representation한다.

우리는 황현의 죽음을 통해서 영원한 삶을 가능하게 하는 생명정신, 곧 인문정신의 한 양상을 발견하게 되는 것이다. 황현에게서 우리는 구차苟且하지 않게 인간의 존엄한 가치를 굳건하게 지켜나가려는 지사志士와 같은 태도를 만난다.

우리는 또한 황현이 기성의 유교와 유교적 가치질서체계에 의해 구축된 정치세계의 왜곡과 무기력을 비판하면서 새로운 대안을 모색하는 비판철학의 일단을 확인하게 된다. 황현은 주자학만이 아닌 당대의 다양한 학문적 조류에 대해서도 관심을 보인다. 이 점에서 황현의 사유가 엇갈리는 지점이 발견되지만, 그 핵심은 시대정신을 일신할 수 있는 학문의 실용성에 있다.

황현은 신식교육과 학문에 대해 옹호하면서도 정주성리학자인 최익현을 선생님으로 모실만큼 존숭한다는 점, 그리고 정약용을 높이 평가하는 이건창과도 특별한 관계를 맺고 있다는 것이 그러한

고, 인문을 관찰함으로써 천하를 교화시킨다."고 한다. 인문의 출전은 여기에서 시작된다.

사례이다. 한마디로 기성의 관성화된 유교적 틀을 거부하던 황현이었다.

그러나 기성의 유교를 버릴 수 없지만, 누적한 폐단 또한 잘 알고 있던 황현이었기에 자기비판은 내면적 성찰로 이어진다. 황현은 불현 듯, 자신이 놓치고 있었던 오래된 유교의 '빛나는 도덕감성'을 환기한다. 황현은 20년 지기인 유인수의 편지를 통해서 유교의 무의식적 기저를 이루고 있는 '마음속에 있는 보물'에 대한 자각에 이르게 된다.

유인수에게 보내는 편지에서 황현은 "본래 근본 바탕이 없는 데다 중간에 또 부화浮華한 과거 공부에 골몰한 나머지" 마음의 보물을 찾는 것에 대해서는 자포자기 한지 오래되었다고 고백한다. 그리고는 "(내면의 도를 깨닫고자 하는) 형의 말씀을 듣고 나니 갑자기 등에 찬물을 뒤집어쓴 것처럼 온몸이 으스스 떨리고 소름이 돋았습니다."라고 적고 있다.[72]

황현의 '마음속의 보물'에 대한 발견은 우리로 하여금 유교적 가치의 일면에 대해 사유하게 한다. 현대를 기점으로 할 때, 낡은 전통시대의 유학이 현재에도 유효할 수 있는 요소는 그리 많지 않다. 그렇다고 우리 시대에 재발견될 수 있는 요소가 전혀 없는 것은 아니다.

물질적 재화의 획득을 최고의 가치로 삼는 우리 시대에 내면의 각성을 통해 인간의 가치와 함께 연대하며 살아갈 수 있는 윤리성

72 『梅泉集』 권6, 「答柳仁叟」.

에 대한 발견은 우리의 삶을 풍요롭게 만들어 준다. 황현의 '내면이 보물'에 대한 자각은 이 점을 시사한다.

돌이켜 보면, 동아시아의 근대 이행기의 시대적 조류에서는 합리주의로 표방된 유럽적인 것들의 내재화의 방식을 선점했던 일본이 근대를 주도하였다. 그 핵심은 근대화이자 문명화였다. 동아東亞를 문명화하겠다는 일본의 전략은 우월한 제국주의의 폭력성에 기반하여 약소국의 개방과 개화를 유도하는 방식이었다.

아이러니하게도 합리주의를 실현하기 위해 오히려 비합리적인 의지가 합리를 가장한 유사합리적인 방식을 작동시키는 것이었다. 그러한 전략의 이론적 근거는 약육강식의 사회진화론이었다.

그렇다면 황현이 직면했던 파국의 지형으로부터 1세기가 지난 오늘, 우리의 현재는 어떠한가? 약육강식의 사회진화론은 극단적인 신자유주의로 얼굴을 바꾸고, 제국주의의 물리적 폭력은 보이지 않는 거대 자본으로 교묘하게 대체되어 우리의 생활세계를 떠다닌다. 결코 1세기 전과 크게 달라지지 않은 세계 체제 속에서 우리는 '지속된 변형 근대'를 '현대'라는 이름으로 살아가고 있다.

국적을 알 수 없는 유동성 자본이 전지구적으로 작동하는 오늘의 현실에서 동아시아의 각국은 새로운 패권적 구도 속에서 자신들의 생존을 위한 전략을 모색하고 있다. 이러한 오늘의 상황은 우리의 지난 역사적 근대기와 닮아 있다. 식자인識字人으로 살아가는 버거움을 토로했던 황현을 다시 호명하지 않더라도, 천하의 흥망天下興亡은 필부인 우리들에게도 책임이 있다匹夫有責[73]는 고염무顧炎武(亭林, 1613-1673, 江南 昆山)를 굳이 언급하지 않는다 하더라도, 임박한 파국의 형세는 동시대인의 책무이다.

오늘을 사는 지식인으로서, 학문하는 학인으로서 우리는 과연 어떻게 우리 시대의 난제를 타개해 나갈 수 있을까를 고민하는 것도 이 글의 또 다른 숙제이다. 우리는 비감하지만 시간의 역사에서 언제고 식민지로 전락할 가능성을 안고 있기 때문이다.

73 이 글의 원출전은 다음과 같다. 顧炎武, 『日知錄』 卷13. "有亡國, 有亡天下. 亡國與亡天下奚辨, 曰易姓改號謂之亡國, 仁義充塞而至於率獸食人, 人將相食, 謂之亡天下. 保天下者, 匹夫之賤, 與有責焉耳矣."

참고문헌

『論語』, 『周易』, 『高峯集』, 『梅泉集』, 『梅泉野錄』, 『梧下紀聞』, 『日知錄』

김도형, 『근대 한국의 문명전환과 개혁론』, 서울: 지식산업사, 2014.
김상준, 『맹자의 땀 성왕의 피』, 서울: 아카넷, 2011.
김상준, 『유교의 정치적 무의식』, 파주: 글항아리, 2014.
김영봉, 『(역주) 황매천 시집』, 서울: 보고사, 2010.
김유동, 『아도르노사상-고통의 인식과 화해의 모색』, 문예출판사, 1993.
엄복, 양일모 외 역주, 『天演論』, 서울: 소명출판, 2008.
에드워드 W. 사이드 지음, 최유준 옮김, 『지식인의 표상』, 서울: 마티, 2012.
이규성, 『한국현대철학사론』, 서울: 이화여자대학교출판부, 2012.
이상익, 『서구의 충격과 근대 한국사상』, 서울: 한울, 1997.
이혜경, 『천하관과 근대화론: 양계초를 중심으로』, 문학과 지성사, 2002.
장은주, 『유교적 근대성의 미래』, 파주: 한국학술정보, 2014.
최형욱, 『량치차오, 조선의 망국을 기록하다.』, 파주: 글항아리, 2014.

김소영, 「척독을 통해 본 매천 황현의 삶의 자세와 시대인식」, 『漢文學報』 제10집, 우리한문학회, 2004.
김항구, 「黃玹의 新學問 受容과 壺陽學校 設立」, 『한국문화사학회 문화사학』 제21호, 한국문화사학회, 2004.
박걸순, 「매천 황현의 당대사 인식을 둘러싼 논의」, 『한국근현대사연구』 제55집, 한국근현대사학회, 2010.
박광, 「개항기(1876~1910) 조선의 아편 소비와 확산」, 『한국민족운동사연구』 76, 한국민족운동사학회, 2013.
박맹수, 「매천 황현의 동학농민군과 일본군에 대한 인식」, 『한국 근현대사 연구』 55, 한국근현대사학회, 2010.
박찬승, 「한말·일제시기 사회진화론의 성격과 영향」, 『역사비평』, 역사문제연구소, 1996.
안외순, 「식민지적 근대문명에 대한 한국 유교의 분기와 이념적 지형-일제초기(1900-1910)를 중심으로」 『東方學』 제17집, 2009.
이승환, 「동양의 학문과 인문정신」, 『지식의 지평2-인문정신과 인문학』 2, 한국학술협의회, 2007.
전복희, 『사회진화론과 국가사상: 구한말을 중심으로』, 한울아카데미, 1996.
정량완, 「매천 황현의 시에 대하여: 특히 그의 사우를 중심으로」, 『한문고전연구』 1, 성신한문학회, 1988.
정량완, 「尺牘을 통해 본 梅泉 黃玹의 삶의 자세와 시대인식」, 『한문학보』 제10집, 우리한문학회, 2004.
조성환, 「진화론과 근대 중국의 민족주의 : 양계초와 장병린의 민족사상을 중심으로」, 『정치사상연구』 제16집 1호, 한국정치사상학회, 2010.
조태성, 「義와 仁의 감성적 경계, 절명시의 비극적 숭고미」, 『한국고시가문화연구』 32권, 한국고시가문학회, 2013.
허경진, 「매천의 죽음과 문학적 성과」, 『민족문화』 36, 한국고전번역원, 2011.

감/성/유/학/의/지/평

제3부
감성적 근대성

한국유교: 탈식민과 성찰

착종된 근대성

이 글은 '감성적 근대'라는 개념을 통해 동아시아의 근대성을 탐색하면서 한국유학의 근대성을 성찰하기 위해 기획되었다. 비동시성의 동시성the contemporaneity of the uncontemporary이 혼재하고 전근대적 생활양식과 근대적 가치가 착종된 현 단계 한국사회에서 한국유교는 여전히 한국인의 정체성 형성에 주요한 요인으로 작동하고 있다. 이 글에서는 저항과 순응의 이중성이 교착되어 나타났던 식민지 한국유교에 주목하면서 그 위상과 역할을 탈식민주의의 관점에서 조망한다. 월터 미뇰로Walter D. Mignolo가 제기하듯이 식민성 없는 근대성이란 존재하지 않으며, 유교적 식민성은 한국적 근대성을 구성하는 요소이기 때문이다.

이 글에서는 식민지 유교를 중심으로 다루면서 논의의 외연은 당대 한국유학의 현재성까지 닿아 있다. 이 시기는 식민체제[1]와 분단

1 에메 세제르, 이석호 역, 『식민주의에 관한 담론』, 동인, 2004. 에메 세제르는 식민주의의가 초래하는 비극성은 문명화된 인간조차도 비인간화한다고 지적한다.

체제를 경험한 우리들의 할아버지, 할머니들, 혹은 아버지, 어머니 세대의 학술사상뿐만 아니라 정치적 태도와 긴밀하게 연결되어 있다. 특히 식민체제와 해방 공간에서 생산된 다양한 이론과 담론들은 냉전 이후 한국의 국가주도 근대화 과정과 매우 복잡 미묘하게 연결되어 후학의 입장에서는 더더욱 연구를 주저하게 된다.

근년에 사상사 분야(한국사와 일본사)를 중심으로 식민시대 인물의 행적과 학술사상에 대한 연구가 진척되면서 식민지 조선유교에 대한 성과가 축적되고 있다.[2] 그러나 아직까지 이 시기의 한국유교를 탈식민의 관점과 연결하여 철학적으로 분석한 연구 성과가 없다는 점에서, 이 글은 시론적인 성격을 띤다.

한국유교와 더불어 이 글에서 다루는 핵심 개념은 식민지 근대성이다. 탈식민성은 식민지 근대성으로부터 출발한다.[3] 식민지 근대

2 사상사 분야에서 식민지유교에 대한 연구 동향: 강해수, 「황도유학과 도의 담론, 그리고 식민지조선」, 인하대한국학연구소, 『한국학연구』 Vol.28, 2012; 류미나, 「전시체제기 조선총독부의 유림정책」, 한국역사연구회, 『역사와 현실』 Vol.63, 2007; 이명화, 「조선총독부의 유교정책(1910-1920」, 한국독립운동사연구소, 『한국독립운동사연구』 Vol.7, 1993; 정욱재, 「20세기 초 일제 협력유림의 경학원 활동-이대영을 중심으로」, 고려사학회, 『한국사학보』 Vol.56, 2014.

철학분야에서 식민지유교에 대한 연구 동향: 박정심, 「박은식, 양명학을 통한 근대유학문명론의 재건」, 남명학회, 『선비문화』 Vol.18, 2010; 이동희, 「장지연의 조선유교연원의 특징에 대하여-다카하시의 조선유학대관과의 비교」, 계명대한국학연구원, 『한국학논집』 Vol.35, 2007; 이종란, 「박은식의 儒教求新論과 공자관」, 한국공자학회, 『공자학』 Vol.3, 1998; 최재목·이효진, 「張志淵과 高橋亨의 '紙上論爭'에 대하여」, 동아시아일본학회, 『일본문화연구』 Vol.32, 2009; 홍원식, 「장지연과 다카하시 도루의 '유자·유학자 불이·불일' 논쟁」, 『오늘의 동양사상』 Vol.13, 예문서원, 2005.

에 대한 주요한 논의는 '내재적 발전론'이나 '식민지 근대화론'의 두 축에서 '탈식민론'으로 이어지고 있다.[4] 식민지 근대 혹은 식민적 근대성에 대한 이론적 타당성을 논의할 경우에는, 적어도 식민적 근대성이 담고 있는 양가성의 측면뿐만 아니라 식민지배에 따른 문화적 혼종성의 측면[5]도 고려되어야 한다.

또한 식민주의자와 식민지인의 심리적 차원에서 형성되는 상호적인 의식도 배제할 수 없다.[6] 식민지 근대성의 문제는 정치적 의식만이 아니라 심리적이고 정서적인 요인과도 결부되며, 게다가 관계의 역학에서 비롯한 사회적 감성과도 연결된다. 식민지 근대성은 식민지 근대의 식민과 피식민의 권력관계에서 파생된다는 점에서 사회적 관계망에서 상호작용하는 힘動力學을 염두에 둘 필요가 있다.

---

3 이 글에서 탈식민성에 대한 나의 인식은 에드워드 사이드나 호비 바바 혹은 스피박의 관점보다는 프란츠 파농의 탈식민에 대한 근본적 문제의식에 바탕을 두고 있다.

4 한국사회에서 식민지 근대(성)에 대한 논란은 아직도 현재진행형이다. 동일한 역사적 사실에 대한 이해는 연구자의 입장에 따라 다를 수 있다. 우리는 관점이 다르다고 비판할 수 있지만 비난할 수는 없다. 문제는 그렇게 바라보는 연구자의 관점이 정확히 무엇이냐는 것이다. 이 글은 '탈식민론'의 관점을 견지한다.

5 제국의 주체를 모방하는 동시에 저항성을 함축한 바바의 양가성 개념과 혼종성 개념에 대해서는 다음을 참조하라. 박상기, 「탈식민주의의 양가성과 혼종성」, 한국비평이론학회, 『비평과이론』 Vol.6-1, 2001; 고부응 편, 『탈식민주의 이론과 쟁점』, 서울: 문학과지성사, 2003; 바트 무어-길버트, 이경원 역, 『탈식민주의 저항에서 유희로』, 서울: 한길사, 2001.

6 아시스 난디, 이옥순·이정진 옮김, 『친밀한 적-식민주의하의 자아 상실과 회복』, 서울: 창비, 2015. 40쪽.

이런 점에서 근대성에 대한 네그리Antonio Negri와 마이클 하트Michael Hardt의 논의는 고려해 볼만하다. 그들은 "근대성이 이성, 계몽주의, 전통과의 단절, 세속주의 등의 관점에서 묘사되기 이전에 하나의 권력관계로, 다시 말해 지배와 저항, 주권과 해방을 위한 투쟁"[7]으로 이해되어야 한다고 제안한다. 윤해동은 "근대는 본질적으로 식민주의"라고 규정한다. 그는 근대성modernity과 식민성coloniality이 상호규정적이라든지 어느 한쪽을 강조할 수 있는 문제가 아니라고 보면서, 모든 근대는 '식민지 근대'라고 규정한다.[8]

이 글은 다음과 같은 가설을 전제한다 : "한국유교에 대한 부정적 인식은 근대적 기원을 갖고 있으며, 식민지 근대성과 관련된다." 한국유교는 갑오경장 이전과 이후의 반식민시기를 거쳐 식민시대에 이른 동일하면서도 다른 조선유교에 연원을 두고 있다. 19세기 말 이전과 이후의 한국유교는 연속성을 갖고 있으면서도 단절의 양상이 나타나고, 식민지 근대성과 이에 저항하는 반근대성의 두 조류가 한국유학의 내부에서 경쟁하고 있다는 것이 나의 문제의식이다. 식민지 근대성의 구조는 근대와 전통이 충돌하는 한국의 식민지 근대에서 수용과 반발, 변절과 침묵, 협력과 투쟁의 양상을 보인다.

근대라는 기호 속에 이질적 동일성을 띠는 한국유교의 중층성은

7 안토니오 네그리·마이클 하트, 정남영·윤영광 옮김, 『공통체』, 사월의책, 2014. 113쪽.

8 윤해동 외, 『근대를 다시 읽는다1』, 「서문」, 역사비평, 2006.

명쾌하게 분절하기가 쉽지 않다. 동체의 이질성이 갖는 긴장감은 한국유교를 기반으로 전개된 한국근대사의 가면이기도 하다.[9] 한국유교의 착종된 근대성을 탐구하는 이 연구는 한국인의 정체성 재발견을 위한 일련의 탐색 과정이다.[10]

식민지 조선인 만들기 프레임

일제 식민통치자들은 유교적 가치를 표방했던 근대적인 대한제국, 곧 '한국'의 모든 권능을 '병탄'이라는 폭압적 방법을 통해 몰수하는데 그치지 않았다. 그들은 주권 국가인 '한국'을 식민화 하면서 지배지의 명칭까지도 전근대적인 '조선'으로 바꾸면서 식민통치의 정당성을 확보하려 하였다. 서구의 근대를 이식하면서 구성하였던 '일본식 근대성'을 조선의 '전근대성'에 투영하여 식민지 조선의 지배가 곧 조선의 계몽과 근대화를 위한 것이라는 논리를 만들고자 하였다. 이러한 과정에서 새로운 '조선인 만들기' 담론이 구성된다.

일제 식민지배자들에 의해 조장된 '조선인 민족성' 담론은 조선인의 굴욕과 치욕스런 감정을 자극하면서 조선과 조선인상에 대한 영구적인 부정적인 이미지를 구축하기 위한 시도이다. 조선인 민족성

9 백낙청의 용어를 빌리면, 가면을 벗기는 과정이 '적응과 극복의 이중과제'인 셈이다. 이남주 엮음, 『이중과제론: 근대적응과 근대극복의 이중과제』, 창비, 2009.

10 김경호, 「매천 황현 - 구한말 유교 지식인으로 산다는 것」, 한국공자학회, 『공자학』 Vol.28, 2015.

만들기는 일제 식민지 총독부의 기획에 의해서 만들어진 일종의 '인식론적 프레임'의 성격을 갖는다. 실제적인 조선인의 민족성은 조선인들이 살았던 사회적 관계 속에서 형성된 것이고 그러한 사회적 관계를 구성했던 지반이 유교였다는 점에서, 조선인에 대한 부정적 인식은 곧 조선유교에 대한 부정성을 공고화하는 것과 다르지 않다.

식민제국에 의한 '조선인 민족성 만들기'는 28세의 조선총독부 촉탁 무라야마 지준村山智順(1891-1968)이 주도한다. 그가 만든 일종의 보고서가 『조선인의 사상과 성격朝鮮人の思想と性格』이다. 식민지배자 일본인들의 조선인을 바라보는 관점에 부합하는 내용으로 구성된 '조선인의 성정과 민족성'[11]은 다음과 같이 정리된다.

> 1. 조선인의 대부분이 갖고 있는 성벽: '방종, 사치, 낭비, 사행'을 좋아해서 근검 노력하는 자세가 결여되어 있다.
>
> 2. 조선인의 일반적 성격기질: 1)표면적·형식적인 것을 즐김 2)부화뇌동 3)모방성 4)무기력 5)비겁, 회색, 보신술 6)이기적 판단

11 이영진은 식민지 무속연구 과정에서 제기되었던 '식민지 조선의 문화란 무엇인가?'와 같은 인류학적 질문은 그 과정 자체가 '일본인'이라는 정체성을 만들어나가는 작업과정이기도 하였다고 주장한다.(이영진, 「상처 입은 제국주의: 식민지 조선에서의 무속 담론과 신도 정책에 관한 연구」, 서울대석사학위논문, 2004. 57쪽) 연구의 '전도적 성격'을 고려한다면, 식민화된 조선인 민족성 연구 과정을 통해 일본인들도 '조사된 조선인 민족성'을 무의식적으로 고정화 했을 가능성도 배제할 수 없다. 연구가 조작적이라면 편견의 강도는 더 심할 수도 있다.

7)진지함의 결여 8)감격성의 결여 9)청탁과 의뢰심이 강하고, 은의恩義 관념의 박약 10)독립심의 결여 11)감각의 둔감성 12)통감성[12]

『조선인의 사상과 성격』에서는 조선인의 긍정적인 면모보다는 부정인 사례를 구체적으로 언급하고 있다. 조선인의 일반적인 성벽은 근검 노력하지 않아 생산력이 부족하기 때문에 조선은 낙후성을 면하지 못하고, 조선인의 성격기질은 합리성이 결여되어 감정에 휘둘리고 게다가 몰염치하며 독립심이 결여되어 있다는 것이다.

특히 독립심 관련 내용은 다른 항목에 비해 자세히 언급되어 있는데, "조선의 독립은 국민성에 합치하지 않는다. 조선 3000년 역사를 펼치면, 어느 시대에나 대국에 따른 것이 일관된 사실임을 알린다. 이것이 조선인의 고착된 사상이 되어온 까닭에 순전한 독립을 유지하는 능력을 상실해버렸다. 결국 이것은 일본으로 하여금 당초의 취지에 의해 병합을 실행하게 했다. 그들의 자고이래의 역사를 보면 조선이 순전한 독립을 유지하는 것은 국가의 위치나 민족성에서 생각하더라도 불가능하다"[13]고 기술한다.

독립심이 결여되어 있다는 점을 들어서 조선인의 사대성을 부각하고, 사대성은 자주성의 결핍이기 때문에 조선에 대한 타자(일본)의 지배는 당연하고 정당하다는 논리다. 이외에도 조선의 습속 가

12 조선총독부 편저, 김문학 옮김, 『조선인의 사상과 성격』, 북타임, 2010. 112-123쪽.

13 같은 책, 121-122쪽.

운데 위생관념이 결핍과 공중도덕심이 결여, 타인(일본인)에 대한 무례함, 허례의식, 조혼의 제도는 불량한 습관으로 조선인의 부정적인 인식을 심화하는 요소로 지적된다.[14]

조선인의 민족성을 규정한 중요한 저작 가운데 하나가 1921년 조선총독부에 의해 발간된 다카하시 도루高橋亨(1877-1967)의 『조선인朝鮮人』이다. 이 책은 일본의 무단통치가 문화정책으로 바뀐 시점에 출간된 것이어서 식민지배 권력의 의도를 파악하기 좋은 자료이다. 이 시기에는 조선의 지식인들에 의한 개조론도 다수 출판된다.[15] 다카하시는 자신의 저술이 식민지 지배세력의 의도적 목적에 의해 작성된 '비학술적'이고 '주관적인 인상평가서'가 아니라는 점을 강변한다.[16]

다카하시는 자신의 연구방법론이 과학적, 곧 근대적이라고 천명한다. 하지만 그의 방법론은 비학술적인 지리적이고 지질적인 결정

---

14 앞의 책, 『조선인의 사상과 성격』, 402-406쪽.

15 汕耘 張道斌(1888-1963)의 「우리 개조의 일반」(『서울』 3, 1920), 夜雷 李敦化(1884-1950)의 『개벽』지 창간(1920)과 개조사상의 주장, 自山 安廓(1886-1946)의 「자각론」·「개조론」(회동서관, 1920), 春園 李光洙(1892-1950)의 「민족개조론」(『개벽』, 1922) 등이 그 계보를 잇는다. 이와 관련된 연구는 다음을 참조하라. 서은경, 「잡지 서울연구 : 1920년대 개조론의 대세 속 서울 창간의 배경과 그 성격」, 우리어문학회, 『우리어문연구』 Vol.46, 2013; 허수, 「1920년대 전반 이돈화의 改造思想 수용과 '사람性주의'」, 연세대 국학연구원, 『동방학지』 Vol.125, 2004; 정승교 윤문, 『자각론·개조론』, 한국국학진흥원, 2003; 류시현, 「1910년~1920년대 전반기 안확의 '개조론'과 조선 문화 연구」, 역사문제연구소, 『역사문제연구』 Vol.21, 2009.

16 다카하시 도루, 구인모 번역, 『식민지 지식인을 논하다』, 동국대출판부, 2010. 9-24쪽.

론에 의거하고 있음을 보여준다. 조선이 오랜 동안 중국의 속국상태였던 것은 중국과 일본 사이에 위치해 있는 '지리적 여건으로 인한 필연적인 결과'라고 보는 것이 그러한 사례 가운데 하나이다. 조선인의 기질이 정적靜的인 이유를 조선의 지질학적 구조가 지각의 변동이 끝난 안정된 상태에 있기 때문이라고 보는 것이 또 다른 사례이다. 다카하시는 이와 같은 자신의 방법론을 통해서 도출한 조선인 특성을 10개 항목으로 정리한다.

> 1)사상의 고착성, 2)사상의 종속성, 3)형식주의, 4)당파심, 5)문약, 6)심미관념의 결핍, 7)공사의 혼동, 8)관용과 위엄, 9)순종, 10) 낙천성[17]

한학자 다카하시의 조선인 특성에 대한 규정은 그가 총독부 촉탁으로 부임하여 조선의 고문서를 분류하고 조선의 속담과 설화 등 민족학지적 자료수집 과정에서 얻어진 결과물이라 해도 좋을 듯하다. 그러나 다카하시가 조선인 민족성으로 열거한 열 가지 특성은 이미 유포된 중국인 특성과도 유사하다는 점에서 특별히 의미를 부여하기는 어렵다. 그가 객관적인 지표에 의해 타당하게 설정되었다고 하지만 이것은 식민주의자의 식민화에 대한 정당화 논리 그 이상도 그 이하도 아니다. 그렇지만 다카하시가 조선인 민족성을 기술하면서 공을 들인 부분이 있다. 『조선인』의 「보론」에서 "이상 서

17 앞의 책, 『식민지 지식인을 논하다』, 25-88쪽.

술한 열 가지 가운데 '사상의 고착'과 '사상의 종속' 즉 사대주의란 아마도 조선인의 가장 근본적인 두 가지 큰 특성이라 하겠다."고 기술하듯이, 조선사상(유학)의 고착성과 종속성 규정은 식민주의자로서 다카하시의 면모를 극명하게 보여준다.

우리는 다카하시의 '조선인' 규정에서 공공의 대의를 위한 조선인들의 비판적인 정치적 열정이나 윤리적 정당성 확보를 위한 저항성에 대해서는 어떠한 기술도 없다는 점을 주목할 필요가 있다. 조선인의 정치적 결사나 저항적인 태도를 배제한 다카하시의 인식에 공명하는 인물이 반유교주의자이면서 식민화된 근대주의자 이광수李光秀(春園, 1892-1950, 본관 全州)이다. 그의 『민족개조론』은 안창호安昌浩(島山, 1878-1938, 본관 순흥順興)의 '무실역행사상'을 변조했다는 의혹이 있지만, 철저하게 정신개조로 일관한다.[18] 정치를 배제한 도덕의 제일의성을 주장함으로써 이광수의 민족개조론은 '민족정신개조론'의 성격을 보인다. 이광수는 후일 스스로를 황국신민으로 '개조'하면서 창씨개명의 동기를 일간지에 공개적으로 밝히는데,

18 이광수, 『민족개조론』, 우신사, 1981. 이광수의 『민족개조론』은 그가 2.8독립선언문을 기초하였고 중국 상해에로 건너가 안창호와 항일독립운동을 벌이던 주요 인사들과 교류하였다는 이력에 비추어 '민족'의 현실을 위한 '일갈'의 성격을 보여준다. 그러나 그가 상해에서의 조선으로의 귀국 이후 '개조'라는 개량적인 방식을 제안하고 있다는 것은 현실지배 세력인 '일제의 식민통치 권력에 대한 긍정'하는 전제 위에 성립한다는 점에서 향후 그가 취한 행보와 연관된다. '황국신민'으로 살면서 조선의 청년들에게 천황을 위해 목숨을 바칠 것을 강요한 그는 반민특위에 체포되어 재판을 받으면서 자신의 친일적 행위를 끝끝내 '민족을 위한 길'이었다고 변설한다. 이광수의 절친한 벗이자 유사한 길을 걸었던 인물이 최남선이다.

"나는 감히 내 자손과 조선민족의 장래를 고려한 끝에 이리하는 것이 당연하다는 굳은 신념에 도달한 까닭이다. 나는 천황의 신민이다. 내 자손도 천황의 신민으로 살 것이다."[19]라고 천명한다. 저항성과 정치성이 탈각된 식민지배 세력의 문화정책을 가장 충실하게 수행하는 식민적 근대성의 전형성을 여기에서 본다.

조선인 민족성에 대한 식민 지배자의 반복적이고 강제적인 학습효과는 지배자인 일제 식민지 권력이나 피지배 조선인에게 '부정의 프레임'으로 구조화된다. '조선인 민족성' 담론은 담론의 생산자뿐만 아니라 피교육자의 의식세계를 동시에 변형시킨다.[20] 기획에 의해 만들어진 '부정적인 조선 민족성 프레임'이 내면화 되어 고착되는 이후에는 오히려 식민지 조선인이 느꼈던 상실감과 열패감을 잊게 만든다. 타자화된 자신은 망각을 통해 허위적인 정당성을 확보하려 하기 때문이다. 자신을 타자화 하여 바라보게 될 때, 타자화된 자기인식은 자신의 내면을 성찰하지 못하게 방해한다. 그래서 부정성은 나의 것이 아니라 나 이외의 '너희들'의 것으로 전가된다.

---

19 『매일신보』, 〈창씨와 나〉, 1940년 2월 20일 기사.

20 조선인 '민족성에 대한 부정의 프레임'은 일제에 의한 식민통치가 끝났다고 해서 해소되지 않는다. 그러한 '프레임'은 식민지 지배 권력이 생산해낸 인적 자원과 법률제도, 사회와 문화에 광범위하게 전파되어 무의식적으로 전승되기 때문이다. 식민지배의 극단적 폭력성은 이 같은 왜곡된 지배의 무의식적 지속성에 있다. 식민시기를 경험했던 한국인이나 일본인들의 현재적인 '한국인 민족성' 이해는 '부정적인 조선인 민족성' 수준에서 그리 멀리 있지 않다. 우리가 일제의 식민지배기가 지났음에도 한국인의 민족성에 대한 자기비하와 열패감의 기원을 식민통치와 해결되지 못한 그 잔재들의 유습에서 성찰할 수밖에 없는 이유가 여기에 있다.

자신은 외부적인 힘에 의해 상처 입은 피해자이며 그런 점에서 자기연민의 수동적 존재로 전락한다. 저항을 잃은 식민지 주체에게 억압은 감당해야 할 당위가 되는 것이다. 일제 식민지주의자들은 제국주의의 산물인 근대학문과 광범위한 민속지적 연구를 통해 지배와 피지재의 속성에 대해 이미 잘 알고 있었다.

그러나 우리가 정작 지식생산의 학술적 관점에서 주목해야 할 것은 다카하시의 조선인 규정이 과연 근대적인 조선유교 담론 형성에 어떠한 영향을 미쳤을까 하는 점에 있다. 다카하시는 제국주의 일본의 근대적 학술의 영향을 받은 식민주의자의 한 사람이었다.

'어느' 식민주의자의 조선유교 비판

식민주의자들은 조선사회의 주류 문화가 유교에 기반을 둔다고 보았다. 따라서 효과적인 식민통치를 위해서는 사상문화의 인프라를 갖고 있는 유교의 권능과 역할을 축소하거나 제약할 필요성을 제기한다. 이를 위한 시도 중 하나가 주류적 위치를 뒤바꾸는 수법을 통해 식민지내의 지적, 문화적 헤게모니를 재편하는 것이다. 이 방법은 다카하시의 조선유교의 해체를 위한 분석과 비판에 잘 드러난다. 다카하시의 조선유교 비판은 세 가지로 압축된다. 사상의 고착성과 사상의 종속성, 그리고 가족주의가 그것이다.

첫째는 사상의 고착성이다. 다카하시의 주장은 단순 명쾌하다. 조선은 "주자학을 받든 이래 다른 학파나 학문은 일고의 가치도 없는 것으로 보거나, 심지어 이단시하고 배척"[21]했기 때문에 조선유학은 유동성을 상실하고 고착되었다고 본다. 이러한 상황을 다카하시는 조선인의 성격적 특성에서 찾고 있다. 즉 조선인은 "한번 어떤 사상을 수용해서 이를 자신의 사상으로 삼으면 끝까지 그것을 붙들고 즐기며 그 권위 아래에 있는 것"[22]을 좋아한다고 평가한다. 이 같은 다카하시의 인식은 조선유교가 주자학 일존주의로 고착화되어 있다는 것이고, 그렇기 때문에 유동성을 지니지 못해 폐쇄적이라는 비판이다. 다카하시의 조선유교에 대한 철학적 탐구로서 주자학성리학에 대한 이해가 이러한 입장이기 때문에 "조선의 철학은 진보도 발전도 없이 처음부터 화석화"되었고 주장한다.[23]

둘째는 사상의 종속성이다. 사상의 종속성이란 조선적인 독창성의 결핍과 다르지 않고, 중국에 종속된 사대주의적 성향이라는 의미를 함축한다.[24] 조선은 중국의 속국이었고, 속국인 조선은 중국을 끊임없이 모방하였기 때문에 조선적인 것이나 고유한 것을 창안할 수 없었다는 주장이다. 유학도 예외가 아니기 때문에 "조선유학사는 저급한 주자학사"라고 다카하시는 단정한다.[25]

셋째는 조선사회의 가족주의이다. 다카하시는 조선사회를 구성하는 기본적 단위가 '개인'이 아니라 '가문'이라 본다. 그리고 '가문'

21 앞의 책, 『식민지 지식인을 논하다』, 21쪽.
22 같은 책, 25쪽.
23 같은 책, 21쪽.
24 같은 책, 36쪽.
25 같은 책, 41쪽.

이 존립할 수 있는 철학적 근거가 유교의 효孝 관념에 있다고 이해한다. 다카하지는, "조선사회의 단위로서 순수하게 변하지 않은 것은 종가와 말가를 한데 합친 가문이다. 이러한 사정으로 군주와 국가에 대한 도덕적인 충과 부모와 조상에 대한 도덕인 효가 서로 분리되어서 사회 조직의 가치로 보자면 효를 충보다 우위에 두지 않을 수 없게 되었다.… 충을 효제보다 우위에 둔다는 것은 조선의 사회 조직에서 허용될 수 없었다."[26]고 평가한다. 조선사회가 국가주의로 결집하지 못하고 분열상을 보이는 것은 유교사회의 전통 때문이라는 것이다. 조선유교사회는 '가家'를 중심으로 하는 조직문화를 형성하였고 이 때문에 '국國'이라는 관념의 약화를 초래하였다는 것이 다카하시의 주장이다.[27]

그렇다면 이 같은 식민지주의자들이 비판하는 한국사상의 정체

---

26 같은 책, 71쪽.

27 다카하시의 조선유교의 사상적 종속성과 무독창성에 대한 반론은 그가 『조선인』을 출간하기 6년 전, 장지연張志淵(韋菴, 1864-1921, 仁同)에 의해서 제기된 적이 있다. 1915년 '매일신보' 5월 18일자 신문에는 장지연이 다카하시에게 보내는 조선유학의 성격에 대한 질의서가 실린다. 두 사람의 토론은 유교를 파악하는 주요한 시각차를 보여준다. 유교를 단절과 분별의 방식으로 볼 것인가, 아니면 연속으로 볼 것인가 하는 것인데, 전통을 바라보는 근대의 마주침이 여기서도 드러난다. 장지연은 다카하시와의 토론 이후, 1917년 『조선유교연원』을 출간하여 자신의 조선유교에 대한 관점을 통사적으로 기술함으로써 식민주의자의 근대성과 다른 대항 근대성을 만들고자 하였다. 두 사람의 논쟁에 관해서는 다음을 참조하라. 홍원식, 「장지연과 다카하시 도오루의 유자·유학자 불이·불일 논쟁」, 2005; 이동희, 「장지연의 조선유교연원의 특징에 대하여」, 2007; 최재목·이효진, 「張志淵과 高橋亨의 '지상논쟁'에 대하여」, 2009.

성이나 종속성에 대한 논거를 달리 해석할 여지는 없을까? 전후 일본의 대표적인 사상가인 마루야마 마사오丸山眞男(1914-1996)는 일본의 전통사상을 '기축基軸 없음' 혹은 '무구조의 구조'라는 측면에서 파악한다. 일본 전통사상의 특질은 좀처럼 파악할 수 없는 잡거성雜居性을 띠고 기축이 없다는 것이다.[28] 이 관점을 차용하여 한국사상사의 정체성이나 종속성에 대한 역비판의 근거로 삼는다면, 한국사상은 기축을 이루는 사상이 있고, 이 기축사상에 의해 유입되는 다른 사상을 평가적으로 재단하였다는 의미가 된다. 그 기준이 되는 기축사상이 유교이고 특히 유교의 정주성리학이었던 셈이다. 정주성리학을 기축사상으로 하여 진행되었던 조선시대 사상사는 유교사회의 역사적 전개 과정에서 유입된 타사상의 도전에 직면한 응전의 사상투쟁사라고 할 수 있다.

다카하시의 조선유교 비판은 다른 의미로 볼 때, 조선유교사회에 대한 비판이다. 조선의 유교지식인들은 조선사회의 유교와 삶의 양식을 일신하기 위한 방안으로 사회개조론을 포함한 문명개조론을 제창한다. 왕학(양명학)을 통한 조선유교의 일신을 주장한 박은식朴殷植(白巖, 1859-1925, 본관 密陽)의 「유교구신론」(1909)[29]이 망국 전에 있었고, 1920년대에 안확安廓(自山, 1886-1946)·이광수 등의 '개조론'류가 그 계보를 잇는다. 대체로 개조론은 조선인들의 민족적 정체

28 마루야마 마사오, 김석근 옮김, 『일본의 사상』, 한길사, 1998(2012). 61쪽.
29 이종란, 「박은식의 儒敎求新論과 공자관」, 1998; 박정심, 「박은식, 양명학을 통한 근대유학문명론의 재건」, 2010.

성을 부정성으로부터 긍정성으로 전환시킬 목적을 보여준다는 점에서 다카하시의 민족적 열등감을 조장하는 방식과는 구별되지만 그 한계도 명확하다.

그러나 한편 문화정치에 편승하여 독립을 위한 정치투쟁과 무력투쟁을 희석하려는 식민지 지식인들도 출현하지만, 식민지배의 기도에도 불구하고 문화정책의 허위성을 폭로하면서 민족의 자각과 역량강화라는 저항적 반식민성을 식민지 조선에서 발견하게 된다. 우리는 저항적 근대성 너머에, 새로운 인간해방을 위한 인간을 기획했던 신채호의 무장투쟁도 만나게 된다.[30] 조선의 유교사회를 주자학이 아닌 양명학을 통해 재조정하려는 시도는 박은식 사후 정인보鄭寅普(爲堂, 1893-?, 본관 東萊)에 의해서 1930년대에 '국학' 연구로 이어진다.

정인보는 식민지 지배권력에 의해 생산된 편향된 학술을 배격하고 조선유교에서 정제두鄭齊斗(霞谷, 1649-1736, 본관 迎日)를 중심으로 한 강화 양명학파가 있었으며, 이익李瀷(星湖, 1681-1763, 본관 驪州)이나 정약용丁若鏞(茶山, 1762-1836, 본관 羅州)의 주자성리학과 다른 경향의 실학연구가 진행되었음을 실증한다. 그가 주도했던 '국학연구'가 일면 일제에 의해 주도되었던 식민적 근대성에 저항하여 만들어진 또 다른 제국의 산물이라는 시대적 한계성은 어쩔 수 없다 하더라도 그의 실학연구와 『양명학연론』과 같은 양명학 연구는

30 신채호, 「조선혁명선언」, 『단재신채호전집』 하, 형설출판사, 1972(1995). 35-46쪽.

주목할 만한 한국유학의 근대적 성취를 보여준다.[31] 해방 공간에서 현상윤玄相允(幾堂, 1893-?)은 『조선유학사』 저술을 통해 유교의 공과를 공식적으로 다루고 있는데, 이것은 조선유학의 식민화를 넘어서려는 시도이기도 하였다.[32]

황도유학과 경학원

한학자로서 일본의 조선학 초기 세대인 다카하시는 조선유교를 '해체'하기 위해 조선성리학의 '재구성'을 시도하였다. 그 사유 프레임이 '주리/주기' 구도이다. 다카하시의 조선유학에 대한 연구는 근대를 통한 전통의 마주침이었고, 근대를 통해 전통을 해체하는 방식이었다. 그 과정에서 우리가 염두에 두어야 할 것은 그가 주리/주기 프레임을 적용하기 이전에 조선유교의 특성에 대해서 '고착성'과 '종속성', 그리고 '가족주의'와 '당파심'으로 정리한 바 있다는 사실이다.[33]

다카하시의 조선유학의 주리/주기 분석의 핵심 축은 이황李滉(退

31 정인보, 『陽明學緘論』, 동아일보, 1933; 정인보·안재홍 교열, 『與猶堂全書』, 신조선사, 1936; 정인보, 「유일한 정법가 정다산 선생」, 동아일보, 1934; 최익한, 「여유당전서를 독함」, 동아일보, 1938-1939.

32 현상윤의 조선유교에 대한 인식은 다카하시를 비판하면서 동시에 수용적인 면모도 보인다는 점에서 논란의 여지가 있다. 현상윤의 조선유교의 공과에 대한 문제는 이상은에 의해서 재분석되고 있는데, 이 논의는 다음을 참조하라. 이상은, 「한국에 있어서의 유교의 공죄론–현상윤 선생의 유교공죄론에 대한 재평가」, 『이상은선생전집』(한국철학1), 예문서원, 1998. 17-40쪽; 현상윤, 이형성 옮김, 『조선유학사』, 심산, 2010.

33 앞의 책, 『식민지 지식인을 논하다』, 25-49쪽.

溪, 1501-1570, 본관 眞城)과 이이李珥(栗谷, 1536-1584, 본관 德水)다.[34] 유교철학적인 면에서 볼 때, 이황의 논점은 모든 사람의 선한 마음이 자발적이고 능동적으로 발생한다는 것이고, 이이의 관점은 인간의 선한 마음을 인정하지만 그것은 아주 미약하기 때문에 제약하는 현실적 조건을 교정하는 것을 우선으로 한다. 그래서 이황의 공부는 마치 '진리가 너희를 자유케 하리라'와 같이 내면화된 종교적 차원의 자기엄숙성이 요구된다. 천리(진리)에 도달하기 위한 경건함과 자기규율, 각성된 상태로써의 경敬의 태도를 중시하는 것이 이황의 공부방법이다.

이이는 선의 가능성이 현실화되기 위해서는 많은 난제들을 극복해야 한다는 점을 잘 알고 있다. 어려움의 핵심은 인간적 조건, 즉 인간이 음식남녀와 같은 인간의 생리적 조건에 의해 만들어졌다는 사실이다. 이 기질적 요인을 어떻게 조절할 것인가에 주목한다. 현실이 선의 실현 조건으로 변화하고 현실이 선과 일치되는 순간이 그가 지향하는 진리의 세계성이 구현된다.

이황의 학술은 끊임없는 자기규제와 엄숙성의 유지가 필수적이지만 도달할 목적지가 요원하다는 점에서 주관적이고 신비화될 여지가 있다. 이에 비하여 이이의 학술은 경敬을 통해 도달해야 할 목적지誠가 분명하다는 점에서 합리적이고 객관적인 방식이라고 할 수 있다. 하지만 변화하는 객관적 조건을 끊임없이 관찰해야 한다

34 다카하시의 조선유학에 대한 논의에 대해서는 기존에 많은 선행연구가 수행되었다. 이 글에서는 연구 성과를 모두 소개하지 않고, 필요한 경우에만 선행 연구를 인용하도록 하겠다.

는 피로감을 예상해야 한다.

위와 같은 복잡한 사유와 실천체계를 주리/주기로 단순화하는 다카하시의 분석틀이 한계를 노정하고 있음에도[35] 그가 조선유학사를 주리/주기 두 개념의 프레임으로 선점하였다는 사실은 중요하다. 그에 의해서 조선유학은 주리의 이황과 주기의 이이, 혹은 '주리-퇴계학파-영남학맥'과 '주기-율곡학파-기호학맥'으로 명확하게 구분되어 이원화되었기 때문이다. 다카하시가 설혹 주리/주기라는 짝개념의 성리학적 의미를 알았고 이를 통해 학술적으로 조선유학을 이분화 했다고 하더라도, 주리/주기 개념에는 또 다른 정치적 의도가 은폐되어 있다. 이미 영남의 유림들은 1650년에 이이와 성혼의 문묘종사를 반대하면서 올리는 상소문에서 주기 개념을 사용한다.[36] 학술적으로 주리와 주기가 명백하게 가려질 수 있는 개념이 아님에도 영남 유림은 이이를 주기로 규정함으로써 상대적으로 이황을 주리로 좌정하는 것이다.

---

35 한자경, 「다카하시 도루의 조선유학 이해의 공과 과 – 주리·주기 분류를 중심으로」, 서울대철학사상연구소, 『철학사상』 Vol.49, 2013; 한자경은 다카하시의 논의가 철학적으로 의미 있다고 보지만 그의 주장과 달리 다카하시의 논거는 전통 성리학의 흐름을 단순 조합한 것에 불과 하다는 평가도 있다. 리기용, 「타카하시 토오루 조선유학 이해의 허와 실」, 대동철학회, 『대동철학회지』 Vol.55, 2011.

36 『活齋集』 卷1, 「嶺南儒生論牛溪栗谷不合從祀疏」. "이이의 학문은 오로지 기자를 위주로 하고 기를 리로 여겼습니다. 그러므로 리와 기를 하나의 존재로 보아 다시 분별하지 않고 마음이 기라고 여기는 데까지 이르렀습니다. 사단과 칠정이 모두 기의 발동이라는 것이 그 병폐의 근원으로서 육구연의 道와 器를 분별하지 않는 견해에서 나왔으니, 그 폐해는 다 같이 불교의 '작용이 성이다'라는 설과 마찬가지입니다."

그런데 문제는 이이를 주기론자로 단정할 경우, 그의 학술사상은 정주성리학의 정통에서 멀어지게 된다는 점이다. 반면 이황은 주리론자로 규정되어 정주성리학의 적전이 되고, 영남 유림은 퇴계학의 후예들이란 점에서 자신들이야말로 정주학의 정통 계보를 잇고 있다는 의미가 된다. 유학의 정통을 잇고 있는 이황과 비정통인 이이를 구분하려는 집단적 논리가 학술적으로 표출된 것이 '주기 프레임'이었던 셈이다. 이 구도를 통해 당색이 구분된다는 점에서 주리/주기는 학술 개념에서 정치적 개념으로 전환된다. 그리고 이 구도는 식민시기 다카하시의 주리/주기 프레임으로 재호출 된다는 점이다. 다카하시가 조선유학사를 정리하면서 찾았던 곳도 대구[37] 경북과 안동이었다는 점은 시사적이다.[38] 1930년대 후반에 황도유학이 주창될 무렵 조선유교의 '도의道義의 기원'을 이황으로 설정하는 것도 이런 연장에 있다.

황도유학 담론을 형성하는데는 다카하시 도루가 개입되어 있지

37 『경학원잡지』 15호(1917.10)에는 다카하시 도루가 대구고등보통학교에서 강연했던 「유교의 서민적발전」이란 글을 게재하고 있다.

38 다카하시는 1903년 대한제국 관립중학교 교사로 초빙되어 1910년 조선총독부 종교조사촉탁, 1911년에는 조선총독부 조선도서조사촉탁이 되어 삼남지방을 중심으로 조선의 한적 조사, 1916년 대구고등보통학교(현 경북고) 교장, 1919년 도쿄제국대에서 '조선의 교화와 교정'으로 박사학위 취득, 1921년 조선 총독부 시학관, 1923년 경성제국대 창립위원회 간사, 1926년 경성제국대 법문학부 교수, 조선어문학 1강좌(조선유학사) 담당하고, 1939년 경성제국대를 정년퇴임한다. 그의 저술로는 『조선도서해제』(1911)가 있고, 『朝鮮及滿洲』(朝鮮雜誌社)에 연재했던 「조선유학대관」(1912; 1925), 『조선인』(1921), 「이조유학사에 있어서 주리파·주기파의 발달」(1929), 「이조불교」(1929) 등이 있다.

만, 황도유교나 황도유학 혹은 황도유도라는 용어를 그가 처음 사용한 것은 아니다.[39] 황도유학에 대한 논의는 1934년 제국일본에서 제기되었다.[40] 1930년대 중반, 일본 군국주의자들에 의해 전쟁이 확대되면서 동아시아 인민의 해방과 서구의 근대에 대항하는 동양적인 것, 일본적인 것을 새롭게 구성하려는 전통 담론이 발명된다.[41] 이것은 일종의 '근대성 가치의 전도'이다.[42] 이 과정에서 서구적 근대성에 대항하여 동아시아를 '공동의 장'으로 호출할 수 있는 교집합인 유교적 전통에 주목하게 되고, 이를 천황제와 연결하는 새로운 유학, 황도유학이 출현한다.[43]

황도유교는 유교적 왕도를 이전에 없었던 신군일체神君一體의 관념체로 설정한 것이다. 일본의 군국주의자들은 일본유교를 '황도에

39 황도유학 혹은 황도유도라는 명칭은 혼재되어 사용되었는데, 조선총독부는 1941년 3월, 황도유학으로 단일화 할 것을 지시한다. 류미나, 「전시체제기 조선총독부의 유림정책」, 2007.

40 강해수에 따르면 황도유학은 "1930년대 중반 이후의 일본에서 일본유교 담론이 오히려 유교가 사회적 교설로서 제도화된 식민지조선 사회에 적용된 제국주의적 담론"이며, "아울러 이 황도유학은 근대(식민지)사회로의 이행 이후, 사회적 중심 세력으로서의 지위를 위협받고 있던 유림지식인들에 대한 조선총독부 측의 지도와 그들로부터의 동의하에서 기능해간 식민주의적 담론"이었다. 강해수, 「황도유학과 도의 담론, 그리고 식민지조선」, 2012. 3-16쪽.

41 일본에서 제기되었던 일본적이고 동양적인 전통 담론은 식민지 조선으로 유입되어 식민화된 조선적인 것에 대한 전통 찾기 담론으로 전환된다.

42 차승기, 『반근대적 상상력의 임계들-식민지 조선 담론장에서의 전통·세계·주체』, 푸른역사, 2009. 83쪽.

43 정욱재, 「조선유도연합회의 결성과 황도유학」, 한국독립운동연구소, 『한국독립운동사연구』 Vol.33, 2010.

순화된 유교'로 재정리하고, 조선총독부는 이 개념을 식민지 조선유교에 이식한다. 이런 연장선상에서 다카하시는 1939년 조선총독부를 통해 「왕도에서 황도유도로」라는 글을 발표하고, "유교가 어떻게 우리나라에서는 왕도이상으로부터 황도이상으로 나아갔는지"에 관해 기술하고 있다.[44] 유교에서 제기하는 선왕지도先王之道로서의 왕도이상을 일본유학의 새로운 이념형인 황도유도皇道儒道로의 전환[45]을 시도하는 것이다.

그렇다면 총력전 체제에 돌입한 일본제국주의의 전쟁 수행을 위한 '동원'의 한 방식으로 추진된 황도유학은 어떤 논리를 기초로 하여 만들어졌을까? 황도유학에서 핵심 논점은 유교와는 연결 고리를 찾을 수 없는 '황도-천황'을 '유교의 도'와 어떻게 연결할 수 있는가에 있다. 유교의 도는 유교 경전에서 논의된다. 『주역』 「계사전」에서는 "형이상자를 도라 하고, 형이하자를 기라고 한다."고 하여 '형이상'으로서의 도道와 '형이하'로서의 기器를 구분한다. 도는 인간이 거주하는 세계의 생성과 변화를 추동하는 근거를 나타내는 것이다. 이와 동시에 현상세계의 구체적 사물을 구성하는 질료적인 것이면서 비가시적인 기운을 나타내는 것이 도이기도 하다. 이질성의 것들이 하나에 중첩된 것을 도라고 형용한 것이다.[46]

---

44 다카하시 도루(高橋亨), 「王道儒道より皇道儒道へ」, 朝鮮總督府, 『朝鮮』 295, 1939.

45 우경섭, 「1920~30년대 朝鮮과 滿洲國의 王道儒學」, 인하대한국학연구소, 『한국학연구』 Vol.22, 2010.

46 김경호, 『동양적 사유는 어떻게 탄생했는가』, 글항아리, 2012.

공자는 도에 대하여, "아침에 도를 들으면 죽어도 여한이 없다."[47] 고 한다. 공자는 인간의 감성적 태도를 근본적인 덕성인 인仁과 연결하고 이 인은 '천天' 관념과 연결된다. 『중용』에서는 '천명지위성'이라 하여 '하늘로부터 부여 받은 명령'이 인간의 본성이라 제안한다. 천명[48]의 존재인 인간은 그 스스로가 도를 넓혀가는 존재이지人能弘道, 도가 사람을 넓히는 것은 아니라는非道弘人 각성은 그래서 중요하다.[49] 천명사상은 공자가 제기한 도道 개념과 함께 맹자에게 전승되어 왕도정치라는 개념을 형성한다. 힘과 법제에 의한 통치가 아니라 민民의 도덕적 자발성에 따라 눈치 보지 않고 스스로를 규율할 수 있는 정치를 펴는 것이 왕도론의 핵심이다. 온 세상 사람들이 형제자매가 되고 동포가 되어四海同胞 대동세계를 이룰 수 있는 다스림이 왕도정치이다.

이 같은 유교의 이상을 '동아협동체' 혹은 '대동아공영권'의 이름으로 실현하고자 하였던 일제 군국주의 파시스트들은 새로운 땅 '만주滿洲'에서 찾으려 했다. 그래서 만주의 다른 이름은 '왕도낙토王道樂土'다. 서구의 근대와 다른 일본식 근대의 이상적 문명이 작동하는, 선왕지도에 따라 통치되는 유토피아가 만주라고 식민주의자

---

47 『論語』, 「里仁」. "朝聞道, 夕死可矣."

48 박종홍은 인간과 자연을 포괄하는 새로운 세계관을 천명사상에서 모색하고 있으며, 그것은 그가 제시하는 '창조의 논리'와 연결된다. 이 천명사상은 유교뿐만 아니라 동양철학과 서양철학의 개념을 통해 탐구되며 天命之性 개념과 연결되어 박종홍 철학의 핵심을 점유한다. 이병수, 『열암 박종홍의 철학사상: 천명사상을 중심으로』, 한국학술정보, 2005.

49 『論語』, 「衛靈公」. "人能弘道 非道弘人."

들은 선전한다. 이 왕도낙토에서 더 나아가 일본의 군국주의자들은 유교적 통치의 이상적 인물인 성왕聖王을 일본의 '천황'에 접목시킬 논리를 무리하지만, 만들고자 한다. 일본의 정통성을 상징하는 존재인 천황을 유교의 도儒道를 담보하는 성왕의 지위로 연결할 이론적 사다리가 현실적으로 없음에도 이데올로기로 그 공백을 억지로 채우고 있다.

마루야마 마사오는 근대일본의 천황제에 대해 논의하면서, "그러나 제도는 서구화되었지만 정신적인 측면에서는 일본적인 혹은 '전통적'인 요소가 남아있다는 식으로 말해버릴 수 있을까. 오히려 문제는 어디까지나 제도에 있어서의 정신, 제도를 만드는 정신이 제도의 구체적인 작용방식과 어떻게 내면적으로 결부되고, 그것이 제도 자체와 제도에 대한 사람들의 사고방식을 어떻게 규정하고 있는가 하는, 이른바 일본국가의 인식론적 구조에 있다."라고 언급한 바 있다.[50] 마루야마의 이 말을 천황과 유도의 불연속성에 옮겨 보면, 둘 사이에 연결되지 않는 사다리를 상상적으로 만들어가는 이데올로기가 어떻게 성립할 수 있는가를 추론하게 된다.

일본을 상징하는 황도皇道와 일본의 정통성을 담보하는 천황天皇을 유교의 유도儒道로 연결시켜 '황도유학'을 만드는 것은 애초부터 논리적으로 가능하지 않은 것이었다. 하지만 그 공백을 '인식론적'으로 강요하는 또 다른 폭력은, 일본보다 상대적으로 유교적인 식민조선에서 이루어진다. 식민화된 유교지식인들은 일본적인 황도

50 마루야마 마사오, 김석근 옮김, 『일본의 사상』, 한길사, 1998(2012). 92-93쪽.

유학이 유교적 전통과 충돌하는 저항의 지점을 예상하였을 것이다. 세상이 아무리 변했다 하더라도 천왕과 성왕과 공맹의 도를 일치시킨다는 것은 무리이기 때문이다. 그럼에도 경학원을 중심으로 한 유교지식인들[51]은 그들이 누렸던 특권적 지위가 해체된 상황에서[52] 이식된 황도유학 담론을 통해 조선유교와 자신들의 위상을 재정립할 수 있는 기회로 인식한다. 유교지식인들은 그들에게 가장 익숙한 존재, 아무도 저항할 수 없는 조선유교의 권위를 황도유학에 다시 덧입힌다. 이 과정에서 이황은 조선유학의 도의를 지탱하는 근원으로 호출된다.

식민지 조선유교에서 황도유학을 정당화하기 위해 이황을 호출하는 것은 식민지 통치자들 입장에서는 거부할 이유가 없었다. 왜냐하면 이황의 호출은 내선일체內鮮一體의 또 다른 양상으로 이용 가능하기 때문이다. 일본에서 이황에 대한 추존은 메이지 이전에 형성되어 있었으며, 그러한 흐름의 연장은 중국과의 대결의식에 중국 주자학보다는 조선유학의 이황을 존숭하는 형태로 나타난다.[53] 다카하시도 이 같은 일본유학사적 맥락에서 퇴계학에 접근하고 있

51 정욱재에 따르면, 경학원에 참여한 유교지식인들은 합병 전에 일제가 유림계를 친일화하려는 공작에서 지원하였던 大東學會의 회원들이었다. 정욱재, 「일제 협력 유림의 유교인식-1910-1920년대 경학원 관계자를 중심으로」, 고려사학회, 『한국사학사학보』 Vol.16, 2007.

52 대표적인 사례는 신분제의 해체와 공자묘의 일반인 참관을 허용한 일이다. 그리고 1931년에 발생한 공자명예 훼손에 대한 필화사건은 식민조선의 유교지식인 집단의 의식세계를 단적으로 보여준다.

53 하우봉, 『조선후기실학자의 일본관연구』, 일지사, 1992.

다. 다카하시의 퇴임 후 경성제국대에 부임하는 퇴계학자인 아베 요시오阿部吉雄는 '반도에 있어서 도학의 교조 도의철학의 창시자'로 이황을 평가하면서, "이제야 반도는 황국일본의 일환으로서, 국체의 본의에 투철하고 도의를 확립하는 것을 기본적인 명제로써 씩씩한 약진을 이루고 있다"고 본다.[54]

조선총독부는 혼용되던 용어를 '황도유학'으로 정리하고, 유교의 보편적 가치였던 왕도 이상을 천황 중심의 국가유교로 전환하는 시도를 통해서 자신들이 수행하는 침략 전쟁의 정당성을 확보하고자 하였다. 일제의 식민통치 권력은 유교지식인들의 기생적 사유를 간파하고 있었기 때문에 전시동원체제에 복무하는 식민지 조선인을 동원하는 수단으로 '황도유교'를 활용하였다. 유교지식인들은 거리에서, 전국의 향교에서, 천황에 충성하는 황국신민화의 길과 국가동원체제에 적극 협력하는 강연자로 떠돈다. 그러나 해방후, 황도유학은 자취를 감추고 누구도 언급하지 않는, 누구도 모르는 일이 되어 버렸다.

한국유교의 식민지 근대성을 상징하는 다카하시가 유교의 전근대성을 비판하면서 주리/주기의 도식을 정립한 이유는 단순하지만 뿌리 깊은 지성사적 배경을 갖고 있다. 다카하시는 주리/주기 프레임으로 조선유학의 탈구축을 시도하면서 퇴계학을 호출하고, 이를

54 阿部吉雄, 『李退溪』, 文教書院, 1943. 강해수, 「근대 일본의 이퇴계연구」, 퇴계학연구원, 『퇴계학논집』 2, 2008. 23-24쪽 재인용. 아베 요시오의 저술은 다음과 같다. 『李退溪 :その行動と思想』, 評論社, 昭和52(1977); 아베 요시오, 김석근 역, 『退溪와 日本儒學』, 전통과 현대, 1998.

통해 파시즘적 성격의 황도유학을 정당화하고자 하였다. 그 기원의 신화에는 내선일체를 위한 황도유학과 동종의 황도불교가 은폐되어 있다.

자괴와 몰염치

대한제국이 종언을 고하고 식민지 조선이 새로 만들어졌을 때, 회유와 겁박에도 불구하고 비타협적 태도를 견지한 유교지식인들도 있었다.[55] 하지만 대다수의 유림은 새로운 질서에 편승한다. 이 과정에서 한일병합에 기여한 공로에 따라 은사금이 내려지고, 이것을 수령하느냐 거부하느냐는 또 하나의 이슈로 등장한다.[56] 일제 식민통치자들은 유교지식인들에게 강압적으로 은사금을 수령하게 함으로써 이들에게 치욕을 내면화 하게 만든다. 일종의 공범의식을 만드는 것이다. 유교지식인 사회에 식민권력이 행사된 후속조치는 조선유교의 구심점인 성균관의 해체와 경학원經學院의 설립(1911년 6월 15일, 조선총독부 관보)이었다.[57]

경학원에 참여한 유교지식인들은 나름 문명개화의 입장을 표방

55 김경호, 「매천 황현 - 구한말 유교 지식인으로 산다는 것」, 한국공자학회, 『공자학』 Vol.28, 2015.

56 전지영, 「일제강점기 臨時恩賜金의 분배와 성격에 관한 연구」, 강원대 대학원석사논문, 2008.

57 경학원에서는 기관지인 『經學院雜誌』를 발행(1913.12)하는데, 경학원에 대한 연구는 다음을 참조하라. 이명화, 「조선총독부의 유교정책(1910-1920」, 1993; 정욱재, 「20세기 초 일제협력유림의 경학원 활동-이대영을 중심으로」, 2014.

하던 인사들이었다. 이들 식민지 지배체제에 적응한 식민화된 유교 지식인들은 조선유교의 후진성이 망국의 원인이라 여기기 때문에[58] 여전히 사회진화론이 조선의 현실에서도 유효하다고 주장한다. 자신들이 망국 조선을 버리고 식민권력의 지지자로 변신하여 살아가는 이론적 근거를 사회진화론에 찾는다. 이들에게 제국 일본에 협력하는 것은 조선의 문명화를 선도하는 길이며, 그런 점에서 도를 고수하는 유교의 보존은 당연한 선택이라는 것이다. 권력에 순종하며 자신의 기득권을 어쨌든 확보하려는 매판적인 식민지 근대성의 한 초상을 이들에게 발견한다.

일제 식민지 지배 세력은 경학원을 활용하여 유교지식인들 및 그들의 관계망을 통제하면서 전국적인 네트워크를 구축한다. 특히 전시체제기(1937-1945)에 이러한 활동은 강화되어 조선유도연합회가 만들어진다.[59] 이 시기에 대동아공영권을 표방하면서 일본 제국주의의 전쟁확대를 지지하는 황국신민서사[60]와 황도유학이

58 정일균은 일제 식민지 권력에 의한 경학원 활동자료를 분석하면서 유교망국론은 일제의 식민통치를 정당화하는 핵심적 논거로 비약했다고 지적한다. 정일균, 「일제의 식민통치와 식민주의적 근대지식의 형성-다카하시 도루의 조선학의 사례를 중심으로」, 한국사회사학회, 『사회와 역사』 Vol.91, 2001. 173쪽.

59 조선유도연합회는 1941년 '성지'로 명명된 일본 시찰을 '성지순례'라 이름한다. 이 시찰 후 1943년 『조선유림 성지순배기』를 출간한다. 이 책의 성지순배단 파견 요강에는 "황도유학의 확립은 국체 관념의 앙양과 정신사상의 철저한 함양에 의해 시작되어 그 구현을 얻을 것으로 판단되어 그 방법으로 먼저 전선유림 중 지도계급에 있는 중견자를 선발해…."라고 적고 있다. 유미나, 「일본의 조선 신민화 정책과 유림 동원의 실태」, 동국대일본학연구소, 『일본학』 Vol.31, 2010. 26쪽.

제창된다. 조선인 민족성 담론에서부터 황국유학의 이데올로기화에 이르기까지 식민지 유교를 이끌었던 대표적 인물이 다카하시 도루였지만 식민제국의 이론을 전파하는 역할은 경학원의 인물들이었다.[61] 식민화된 유교지식인들이 황도유학의 선창에 나선 행위에 대해 구구한 변설이 있을 수 있겠으나, 이들의 행태는 약화된 유교적 헤게모니의 확보와 유교의 복흥이라는 몰시대의식을 보여준다.

식민지 조선유학 연구와 관련해서는 이병도李丙燾(斗溪, 1896-1989, 본관 牛峯)[62]와 박종홍朴鍾鴻(洌巖, 1903-1976)을 주목할 필요가

60 황국신민서사는 일본어로 되어 있는데, 우리말 번역은 다음과 같다. 1.우리는 황국신민皇國臣民이다. 충성으로서 군국君國에 보답하련다; 2.우리 황국신민은 신애협력信愛協力하여 단결을 굳게 하련다; 3.우리 황국신민은 인고단련忍苦鍛鍊하여 힘을 길러 황도를 선양하련다.

61 1940년대 초반 경학원을 중심으로 하는 조선유림들과 명륜전문(1942.5.1. 개교)이 황도유학의 진흥에 동원된 사례는 『경학원잡지』, 『매일신보』등의 기사에 보이며, 경학원의 사성을 지냈던 안인식의 행적도 신문기사, 잡지, 반민특위의 재판 기록을 통해 확인된다. "문: 皇道儒學이란 무엇인가? 답: 일본인들이 만든 문구로서 그 진의를 파악할 수 없습니다. 문: 그러나 피고가 황도유학 개론이라 하여 소위 3종의 神器를 해설한 책자를 쓴 일이 있지 않은가? 답: 있습니다." 『매일신보』 1941년 7월15일 기사, 安寅植, "皇道儒學精神-作興講習會"; 국사편찬위원회, 한국사 데이터베이스, 자료대한민국사 12권, 1949년 5월 25일, 〈안인식에 대한 제1회 공판 개정〉; 안인식, 「皇道儒學の本領」, 『朝鮮』 Vol.347, 1944.

62 박종홍과 각별한 사이였던 이병도는 1928년에 이황과 이이에 대한 평가적인 글을 발표하는데, 이들에 의해 조선유교철학사상이 일대 융성기를 맞이하게 되었다는 점은 높이 평가하지만 "二子의 學問及思想의 영향이 반도의 학계를 주자학으로서 통일하야 그 규범에서 일보를 탈출하지 못하게 한데 있어서는 二子의 책임"이 있다고 한다. 또한 이병도는 퇴율이후의 조선유학사를 "반도학계에 이대 분열"의 과정으로 보고, "영남일대(동인)는 퇴계로써 기호일대

있다.[63] 특히 박종홍의 퇴계학에 대한 관심과 연구는 1920년대부터 시작되고 있다는 점에서 눈길을 끈다. 그는 대구 수창보통학교 교사(1922)를 지내면서 퇴계학을 연구하여 이황의 교육사상에 관한 논문을 썼으며,[64] 다카하시가 교장을 지냈던 대구고등보통학교(1926)에서 교편을 잡았고, 이후 경성제국대를 거쳐 이화여전-서울대 교수를 역임한다. 이황을 봉향하는 안동의 도산서원 원장(1969)을 지냈던 것도 특기할 만하다.[65] 이런 그가 '국민교육헌장'을 기초하고 대통령 교육문화담당 특별보좌관(1970)으로 임명되어 유신체제하에서 '전통사상'의 고취를 주도하였다는 것도 곱씹어볼 일이다. 우리는 일본의 퇴계학 연구로부터 식민지 조선유교가 '다카하시 도루-박종홍-아베 요시오阿部吉雄'[66]로 연결되는 과정에 대

(서인)는 율곡으로써" 대립하고 있다는 관점을 제시하고 있는데, 이는 다카하시의 주리/주기, 영남/기호의 틀에서 그리 멀지 않다. 이병도, 「학계에 자랑할 동방의 대철인 이퇴계와 이율곡」, 개벽사, 『별건곤』 Vol.12·13, 1928.

63 박균섭, 「전시동원체제와 퇴계학: 아베 요시오와 박종홍의 연속성」, 한국교육철학회, 『교육철학』 36-4, 2014; 권인호, 「다카하시 토오루의 황도유학: 이황, 고교형, 박종홍의 주자성리학과 중앙집권·국가주의 비판」, 대동철학회, 『대동철학회지』 Vol.55, 2011.

64 박종홍, 「퇴계의 교육사상」, 『慶北の教育』, 대구. 1924.

65 고성애, 『박종홍의 현대 신유학 연구』, 서울대철학과박사학위논문, 2014. 〈박종홍의 유학사상과 이황의 철학-다카하시 도루의 조선유학 연구〉 참조.

66 아베 요시오는 경성제국대학 교수로 부임하여 『李退溪』(文教書院, 1944)를 저술하였고, 해방 후 일본의 퇴계학 연구를 주도하여 1976년 대한민국 정부로부터 국민훈장 동백장을 받는다. 이황-다카하시-아베 요시오로 연결되는 퇴계학 연구동향과 관련해서는 다음을 참조하라. 이노우에 아쓰시, 「일본의 이퇴계 연구의 동향: 메이지기에서 현대까지」, 퇴계학연구원, 『퇴계학논집』 6, 2010; 「근대 일본에서의 이퇴계 연구의 계보학」, 동양정치사상사학회,

해, '퇴계학-영남-경성제국대' 위주로 재편되는 역사적 전개과정에 대해 세심하게 살펴볼 필요가 있다.

그렇다면 과연 오늘의 한국사회는 식민지 근대성을 넘어서 있을까? 이미 살폈지만, 식민화된 조선의 현실에서 유교가 고립되었던 이유는 분명하였다. 현재와 연결되는 직전의 시대에, 식민화된 유교지식인들은 자신들의 기득권을 유지하고 그들이 의탁했던 유교의 회복을 위해 전근대 조선유학의 학술과 도의정신을 저버리는 매판적 근대성을 보여주었다. 또한 예외적인 경우도 있지만[67], 대다수의 유교지식인들은 식민지 극복을 위한 독립운동에 대해서도 부정적이었다는 것은 유교의 비판성과 저항성에서 퇴행하는 경향이다.

일제 식민주의자들에 의한 한국병합은 유교지식인들에게 그들이 모셔야할 '군왕-아버지'가 사라진 일대 사건이었고, 빈자리는 '일본천황'을 대리한 '총독-계부'로 대체된 폭거였다. 이 과정은 불사이군의 관념을 갖던 유교지식인들에게 심각한 결핍으로 나타난다. 군왕이라는 아버지의 지위에 천황-총독이라는 계부가 위치한 이 변화된 현실에 과연 어떻게 대응할 것인가? 식민지배라는 현실의 변화 앞에서 유교지식인들은 선택의 기로에 놓인다. 현실의 변화에 대응하여 자신도 변화함으로써 균형을 맞출 것인가? 아니면 균형을

『동양정치사상사』 Vol.13-1, 2014.

67 조선유교계의 집단적인 저항운동으로 영호남의 유교지식인들이 참여했던 '파리장서 사건(1919)'이 있다. 서동일, 「파리장서운동의 전개와 영남지역의 숨은 협력자들」, 성균관대대동문화연구원, 『대동문화연구』 Vol.89, 2015.

맞추지 않을 것인가? 이 실존적 선택지에서 유교지식인들은 자신들에게 특정한 역할을 부여한 식민지 권력을 수용하거나 저항하는 방식을 취한다.[68] 저항도 협력도 선택할 수 없었던 사람들은 침묵의 방식으로 은둔을 택하나 이것은 극히 예외적인 경우였다.

저항하는 자들은 민낯으로 고통을 감내해야 하지만 수용하는 자들은 새로운 가면을 쓰고 삶을 연기한다. 이들 중에는 새로운 가면을 역할 연기를 위한 소품이 아니라 자신의 얼굴과 동일시하는 자도 나타나게 된다. 파농이 말하는 식민지배에 동화된 지식인이 그들인데[69], 유교지식인들 가운데는 적극적으로 일제의 식민권력에 협력하는 자들도 나타난다.

식민 상황에서 이 같은 조선유교의 대응은 철학적으로 심각한 자기모순을 노정한다. '국가-아버지'가 소멸하고 '식민지권력-계부'가 출현한 현실에서 유교지식인들에게 현재의 자기는 아버지와 더불어 부재중이다. 부재의식은 현실의 주체를 과거의 신비화된 영역으로 보낸다. 그래서 현실의 나는 없고 가문만이 현존한다. 국가의 멸망에 대한 책임 방기와 회피를 타자화함으로써 자괴와 수치는 뻔뻔

68 이런 점에서 황현의 자결에 대해서 생각해 볼 여지가 있다. 그의 자결은 단순한 의리의 문제를 넘어서기 때문이다. 황현의 자결은 합리주의로 표방된 유럽적인 것들의 내재화의 방식을 선점했던 근대 일본이, 오히려 합리를 가장한 유사합리적인 식민화라는 힘의 논리로 조선을 무단 점유한 것'에 대한 저항이었다. 일개 시골 유교 지식인에 불과한 황현이 제국주의 일본이라는 거대한 폭력에 맞선 방식은 식민성과 동종인 근대성에 저항한 반근대성의 표출이었다. 김경호, 「매천 황현 - 구한말 유교 지식인으로 산다는 것」, 2015. 참조.

69 프란츠 파농, 남경태 옮김, 『대지의 저주받은 사람들』, 그린비, 2010.

함으로 대체된다.

몰염치의 사회문화적인 집단 심리는 식민지 유교지식인들로 족보와 선조의 문집 출간에 집착하게 한다.[70] 자기로서 자기를 증명하는 것이 아니라 가족과 가문의 기록을 통해 자신의 존재가 민멸하는 것을 막고자 하는 의식이다. 유교지식인들은 신분이 타파된 현실에서 자신이 아닌 기호화된 문자의 허위적 위계 속에 자신들을 유폐시키는 것이다. 그래서 이들은 현실 없는 현실을 살면서 타협하면서도 적극적으로 유교의 이름으로 '전통'과 종족(가문)을 드러내려한다.

다카하시는 이렇듯 식민화된 패배적이고 소심한 유교지식인을 만나지만, 의외로 이들이 자신의 사상문화에 확신을 갖고 있다는 점을 발견했다. 그것은 강고한 유교가 지배하는 사회적 관계망과 인습적 규범세계였다. 식민지배 권력으로서는 이러한 관계망과 규범체계의 근거인 조선유교를 전복시킬 필요가 있기에, 흠집내기를 시도하였다. 한국인의 민족성에 대한 다채로운 규정과 확산은 매우 정치적인 행위이다. 수치심과 부끄러움을 내면화 하는 방식을 통해 억압은 구조화된다. 한국인이 자신의 민족성과 한국유교를 바르게 보지 못하는 한 연원에는 식민지 지배에서 비롯한 식민성의 잔재가 놓여 있다.

조선유교를 타자화 하여 해부하는 다카하시의 태도는 조선이 근

70 1920-30년대 조선총독부의 허가된 출판물 가운데 가장 많이 출판된 것은 족보였다. 정진석, 「일제 강점기의 출판환경과 법적 규제」, 근대서지학회, 『근대서지』 Vol.6, 2012. 36-42쪽.

간했던 유교적인 규범체계와 가치질서를 사물화 하는 것과 다르지 않다. 바로 그의 작업은 조선유교의 해체에 있었고, 적어도 형해화한 볼품없는 유교를 조선사회에 던지는 것이었다. 학술에 대한 능멸은 유교를 추수하였던 조선의 유구한 사상문화 전통뿐만 아니라 유교지식인들의 자존감을 짓밟는 것과 다르지 않다.

주리/주기의 도식화된 분석틀은 조선유교의 대립과 분열상을 도드라지게 만드는 장치로 고안되었다. 다카하시는 조선유교의 사단칠정을 비롯한 학술적 논쟁을 정치적 문제로 전환하여 공리공담의 비실재성의 파생과 당색의 대립 과정으로 재구성하려 하였다. 식민적 근대성의 관점에서 조선의 유교의 해체를 기도했던 더 이상 유효하지 않은 주리/주기의 시각도 이제는 넘어서야 할 과제이다.

재생산되는 식민성

우리가 지난 세기의 식민지 근대에 대한 경험과 식민적 근대성을 탈식민주의의 관점에서 논의하는 목적은 분명하다. 우리의 현실이 재식민지화 되고 있다는 각성과 그것을 실천적으로 극복해낼 수 있는 대안의 모색을 위해서이다. 어쩌면 내면화된, 그래서 의식되지 않는 식민주의적 무의식이 작동하는 우리 시대를 해부하기 위해서는 메타 차원의 정교하고 근본적인 질문이 필요한 것 또한 사실이다.

이 같은 탈식민의 시각은 한국의 식민지 근대화 과정이 혁신의 지체로 말미암아 야기된 근대화의 실패나, 외세의 강압적이고 무단적인 정치경제적 침탈에 의한 것만이 아니라는 것을 보여준다. 여기에는 이미 세계체제의 재편이라는 세계사적 전환 동력이 추동되었다는 점을 인식하게 한다. 이 점에서 현 단계 자본과 근대성 그리고 한국유교와 한국의 현재성을 동시적으로 성찰해야 할 필요성이 제기된다.

'지식생산'의 차원에서 식민시기의 자본과 근대성 그리고 조선유학의 실상을 연관해서 탐구한 연구가 지극히 일천하다는 점은 학문하는 사람으로서 사실 부끄러운 책임방기이다. 식민지 조선유학의 담당자들이 현대 한국사회의 기득권층과 직결되어 있다는 막연한 추측이 아니라 그 실체를 해명하는 것은 '정치적 이해'를 떠나 엄중한 '학술적 과제'이기 때문이다.

한국철학계에서 여전히 다카하시의 '주리주기 담론'에 얽매여 '그 이후'를 논의할 수 없는 것은 이 같은 연구의 표피성에서 기인한다. 다카하시의 조선유학 연구는 무엇을 지향했고, 그의 학술은 한국사회에서 어떻게 은폐되고 재생산되어 현재화되고 있는가 하는 문제는 한국유학의 미래상 정립을 위해서도 매우 중요한 문제이다.

나는 일본 식민지배 권력의 충실한 수행자였던 다카하시 한 개인의 연구태도나 연구결과물의 성격을 문제 삼고자 하는 것이 아니다. 그의 연구 배후에 유령처럼 존재하는, 사무라이의 투구 속 가려진 검은 일본 군국주의자들의 '정한론'의 연장을 보는 것이다. 다카하시를 첨병으로 하는 군국주의자들은 조선유교의 해체를 통해 조선사회를 재편함으로써 항구적인 식민지배 체제를 구축하고자 하였다.

앞서 살핀 것처럼, 다카하시가 조선사상의 고착성을 논의한 이유는 그것이 조선유교 사회의 해체적 재구성과 관련되기 때문이다. 그는 조선이 한일병합을 통해 식민지 근대를 경험하고 있지만 여전히 조선인의 사상은 유교 가운데 정주의 사상이 핵을 이루고 있다는 점을 주목하였다.

다카하시는 "새로운 사상이 주어지지 않는 한 당분간 유교적 권위가 절멸하는 일은 볼 수 없을 것이다. 유교는 단지 도덕이나 정치학으로서 조선인의 마음을 지배했을 뿐만 아니라, 조선 사회 전체를 유교 교의의 틀에 용해시켰다."고 단언한다.[71] 유교를 중심으로 조직된 조선사회를 전복하는 것은 쉽지 않다는 것을 알기에 다카하시는 다시 반문한다.

유교의 권위가 쇠퇴하면 어떤 사상으로 이를 대신하여 조선인을 지배할 것인가? 이 같은 인식은 조선유교의 권위를 쇠퇴시키기 위해서는 어떤 식으로든지 기존의 정당한 가치를 훼손하여 흠결을 내는 것[72]이 필요하다는 것을 의미한다. 탈식민 이론가인 아시스 난디는 이 같은 방식을 '문화적 우선순위 바꾸기'라고 지적하고 있는

71 앞의 책, 『식민지 지식인을 논하다』, 90쪽.

72 식민통치 권력에 의한 조선유교의 권위 흠집 내기이자 문화적 우선순위 바꾸기의 사례로 공자묘 개방(1913년 추진)을 들 수 있다. 이것은 총독부에 1913년 이후 추진되었고, 이후 전국적으로 확산되었다. 유림들만의 공간을 대중화시킴으로써 유교적 구질서를 깨는 상징적인 사건이었다. 식민지 권력에 의한 신분철폐의 한 방식으로 시도된 식민지 근대성의 한 사례이다. 유미나, 「일본의 공자묘 대중화 정책과 조선 내 공자묘 인식의 변화」, 『인문논총』 Vol.64, 서울대인문학연구원, 2010. 105-114쪽.

데, "과거에 열등하거나 종속적이라고 여겨진 하위문화를 식민주의 문화의 중심으로 옮겨놓는 것"이다.[73] 다카하시와 식민지 지배자들의 기획은 조선의 완전하고 항구적인 식민화를 위해서는 조선유교를 흔들어 해체하고, 일본불교를 이식하는 것이었다.[74]

같은 맥락에서 다카하시가 조선사회의 유교적 가족주의가 '가문'을 통해 유지되고 있다는 분석은 재음미할 필요가 있다. 가족주의에 대한 비판은 유교적 규범과 가치의식이 직결되는 문제이고, 동시에 조선의 망국과 식민 조선에서의 유교지식인들의 사회적 지위와 연동하는 민감한 문제였다.

그러나 더욱 중요한 점은 '가家'를 단위로 하는 가족주의에서는 국國을 단위로 하는 국가주의의 맹목성이나 천황주의가 작동하기 어렵기 때문이다. '가家'의 틀을 깨는 것이 '충忠'을 앞세운 황도유학이다. 1930년대 중후반 전시총동원체제에서 '황도유학'이 조선에 유포된 이유도 황도(일본)불교처럼[75] 파시즘의 도구로 조선인을

73 앞의 책, 『친밀한 적-식민주의하의 자아 상실과 회복』, 40쪽.

74 앞의 책, 『식민지 지식인을 논하다』, 120쪽.

75 조선에 이식된 일본식 불교는 '心田開發' 운동을 통해 확산되고 전시동원체제에서 황도불교로 전환되는데, 이에 대한 논의는 다음을 참조하라. 류승주, 「일제의 불교정책과 친일불교의 양상」, 『동국대학교불교문화연구원, 『불교학보』 Vol.48, 2008. 블라디미르티호노프의 경우에는, 국가권력과 군부에 결탁하여 태평양전쟁의 '성전'을 수행하는데 일조하는 조선불교의 폭력적 양상을 현재적인 시점에서 비판하기도 한다. 「폭력적 불교-한국 불교와 태평양 전쟁, 1937~1945」, 국제한국문학문화학회, 『사이間SAI』 Vol.7, 2009. 황도불교의 파시즘적인 성격에 관해서는 다음을 참조하라. 브라이언 다이젠 빅토리아, 박광순 옮김, 『불교 파시즘-선(禪)은 어떻게 살육의 무기가 되었나?』, 교양인, 2013.

동원하여 '동아공영'을 위한 전쟁의 수단으로 활용하려는 목적에서였다.

이렇듯 일본에서 창안되고 조선에 이식되어 확산된 황도유학은 천황에 복무하는 유교, 황국의 신민임을 수용하는 국가주의 유교이다. 황도유학은 유교의 근대적인 보편적 가치—의리에 기반한 공공성의 강조, 인정에 따른 타인의 고통에 대한 공감, 객관적 진리의 세계의 추구—를 오히려 작위적으로 만들어버린다. 한마디로 황도유학은 유교적 근대성의 요소가 탈각된 반근대적인 유교주의로의 이행이었다. 현재 한국유학은 망국의 책무를 방기하고 식민을 내면화 하면서 퇴행적인 황도유학의 나팔수로 전락했던 조선유학의 어두운 그림자에 뜬돌처럼 자리하고 있다.

탈식민의 관점에서 조선인 민족성 담론과 식민지 조선유교를 논의하였지만, 이 문제는 상시적인 억압과 굴종으로부터 해방을 실현하기 위한 역량의 강화와 치열한 성찰의 지속성을 요구한다. 그러나 간과할 수 없는 것은 타자에 의한 조선인 왜곡과 학술에 대한 해체적 재구성의 시도가 단순히 식민지 조선에 국한된 것이 아니라는 점이다. 식민을 벗어난 해방된 현대 한국의 역사적 현실에서 재생산된 식민성은 공공연하게 우리 안에서 무의식적으로 내면화되고 있다.

특히 우리 시대 학술·문화·예술·정치 등 광범위한 영역에서 기지촌 지식인들의 근엄한 식민성은 시류에 편승하여 전문가라는 권위의 가면을 쓰고 미디어를 통해 무차별적으로 산포되고 있다. 일상화된 식민성의 현주소에 철지난 식민지 근대성의 얼굴이 전송되어 한국인의 감성적 기저를 구성하고 있는 것은 아닌지 되돌아볼 일이다.

그렇다면 생존을 위한 몰염치가 대세를 이루는 오늘의 현실에서 우리는 식민지 근대성, 그 너머를 유교적 관점에서 어떻게 대안적으로 사유할 수 있을까?[76] 프란츠 파농Frantz Fanon(1925-1961)처럼 "두 세 개의 진실이 이 세상에 그 본연의 빛을 비추게끔 하기 위해 그 절멸의 위험에 맞서 싸울 것을 약속"[77]하는 '새로운 휴머니즘'은 가능한가? 더 이상 노예로 살지 않겠다는 파농의 선언은 '정신적 식민지화'를 거부한다는 것과 다르지 않다.

이것은 단순히 정신영역의 문제가 아니라 강렬한 물질적 토대에 고착되고 얽매인 정신성을 해체하는 것이다. 이 같은 실천적 지평이 확보될 때, 우리 시대 모순의 총체인 분단체제를 어떻게 극복할 것인지, 통일은 어떻게 가능할지에 대해 보다 실천적으로 사유할 수 있을 것이다.

현대 한국인의 정체성 탐구를 위해 한국적 감성체계를 구명하려는 시도의 일환으로 한국유교의 근대성을 논의하면서, 나는 여전한 지식생산의 학문적 식민성과 우리 안에 미만한 막강한 정신의 식민성이 놓여 있다는 비관론을 되새긴다. 그럼에도 한국유교의 영역에서 학문적 식민성을 극복하기 위한 탈식민 그 너머를 상상하며 '지금' '여기서'의 정치적 실천을 모색한다.

76 김상준은 유교의 윤리성과 비판성을 두 축으로 중층근대성론을 제기하였고, 장은주는 유교의 전통에 대한 분석을 통해 한국 사회의 근대 혹은 근대성에 대한 논의를 전개한 바 있다. 김상준, 『맹자의 땀 성왕의 피』, 아카넷, 2011; 장은주, 『유교적 근대성의 미래』, 한국학술정보, 2014.

77 프란츠 파농, 노서경 옮김, 『검은 피부, 하얀 가면』, 문학동네, 2014. 219쪽.

적어도 타자의 절멸이 아니라 공존을 위해 함께 하는 유교적 실천 실천으로 나는 신언慎言을 제안한다. 신언은 거짓과 위선, 굴종을 강요하는 폭력의 말을 거부하고 어눌하지만 진실하게 타자와 접속을 가능하게 하는 '몸의 말'이다. '정치적 올바름political correctness'을 위한 첫 걸음은 자각과 저항의 진실한 '몸의 말', 타자를 존중하는 '성찰의 말'에서부터 시작한다.

참고문헌

『논어』, 『활재집』

고부응 편, 『탈식민주의 이론과 쟁점』, 서울: 문학과지성사, 2003.

김경호, 『동양적 사유는 어떻게 탄생했는가』, 파주: 글항아리, 2012.

김상준, 『맹자의 땀 성왕의 피』, 서울: 아카넷, 2011.

박종홍, 『박종홍 전집』, 서울: 민음사, 1998; 「퇴계의 교육사상」, 『慶北の教育』, 대구, 1924.

이상은, 『이상은선생전집』(한국철학1), 서울: 예문서원, 1998.

신채호, 『단재신채호전집』 하, 서울: 형설출판사, 1972(1995).

윤해동 외, 『근대를 다시 읽는다1』, 서울: 역사비평, 2006.

이광수, 『민족개조론』, 서울: 우신사, 1981.

이남주 엮음, 『이중과제론: 근대적응과 근대극복의 이중과제』, 파주: 창비, 2009.

장은주, 『유교적 근대성의 미래』, 파주: 한국학술정보, 2014.

안확, 정숭교 윤문, 『자각론·개조론』, 안동: 한국국학진흥원, 2003.

차승기, 『반근대적 상상력의 임계들-식민지 조선 담론장에서의 전통·세계·주체』, 서울: 푸른역사, 2009.

하우봉, 『조선후기실학자의 일본관연구』, 서울: 일지사, 1992.

현상윤, 이형성 옮김, 『조선유학사』, 서울: 심산, 2010.

高橋亨, 『朝鮮人』, 京城: 朝鮮總督府, 1926; 다카하시 도루, 구인모 번역, 『식민지 지식인을 논하다』, 서울: 동국대출판부, 2010.

阿部吉雄, 『李退溪』(日本教育先哲叢書, 第23卷), 東京: 文教書院, 1943(昭和18).

阿部吉雄, 『李退溪 :その行動と思想』, 東京: 評論社, 昭和52(1977); 아베

요시오, 김석근 역, 『退溪와 日本儒學』, 서울: 전통과 현대, 1998.

朝鮮總督府 編, 『朝鮮人の思想と性格』, 京城: 朝鮮總督府, 昭和2(1927); 조선총독부 편, 김문학 옮김, 『조선인의 사상과 성격』, 서울: 북타임, 2010.

丸山眞男, 『日本の思想』, 東京: 岩波書店, 1961; 마루야마 마사오, 김석근 옮김, 『일본의 사상』, 파주: 한길사, 1998(2012).

Cesaire Aime, Discourse on colonialism; 에메 세제르, 이석호 역, 『식민주의에 관한 담론』, 서울: 동인, 2004.

Daizen Victoria, Brian Victoria, Zen War Stories, London: Routledge, 2003; 브라이언 다이젠 빅토리아, 박광순 옮김, 『불교 파시즘』, 서울: 교양인, 2013.

Frantz Fanon, Les damnés de la terre, 1961; 프란츠 파농, 남경태 옮김, 『대지의 저주받은 사람들』, 서울: 그린비, 2010.

Frantz Fanon, Peau noire, masques blancs, Paris: Les Éditions du Seuil, 1952; 프란츠 파농, 노서경 옮김, 『검은 피부, 하얀 가면』, 서울: 문학동네, 2014.

Moore-Gilbert B.J., Postcolonial theory : contexts practices politics, London: Verso, 1997; 바트 무어-길버트 , 이경원 역, 『탈식민주의! 저항에서 유희로』, 서울: 한길사, 2001.

Nandy Ashis, The intimate enemy : loss and recovery of self under colonialism, New Delhi: Oxford University Press, 1983; 아시스 난디, 이옥순·이정진 옮김, 『친밀한 적-식민주의하의 자아 상실과 회복』, 파주: 창비, 2015.

Negri Antonio·Hardt Michael, Commonwealth, Cambridge, Mass.: Belknap Press, 2009; 안토니오 네그리·마이클 하트, 정남영·윤영광 옮김, 『공통체』, 고양: 사월의책, 2014.

강해수, 「황도유학과 도의 담론, 그리고 식민지조선」, 인하대한국학연구소, 『한국학연구』 28, 2012.
고성애, 『박종홍의 현대 신유학 연구』, 서울대철학과박사학위논문, 2014.
권인호, 「다카하시 토오루의 황도유학: 이황, 고교형, 박종홍의 주자성리학과 중앙집권·국가주의 비판」, 대동철학회, 『대동철학회지』 Vol.55, 2011.
김경호, 「매천 황현 - 구한말 유교 지식인으로 산다는 것」, 한국공자학회, 『공자학』 Vol.28, 2015.
류미나, 「일본의 공자묘 대중화 정책과 조선 내 공자묘 인식의 변화」, 서울대인문학연구원, 『인문논총』 Vol.64, 2010.
류미나, 「전시체제기 조선총독부의 유림정책」, 한국역사연구회, 『역사와 현실』 Vol.63, 2007.
류승주, 「일제의 불교정책과 친일불교의 양상」, 동국대불교문화연구원, 『불교학보』 Vol.48, 2008.
류시현, 「1910년-1920년대 전반기 안확의 '개조론'과 조선 문화 연구」, 역사문제연구소, 『역사문제연구』 Vol.21, 2009.
박균섭, 「전시동원체제와 퇴계학: 아베 요시오와 박종홍의 연속성」, 한국교육철학회, 『교육철학』 Vol.36-4, 2014.
박상기, 「탈식민주의의 양가성과 혼종성」, 한국비평이론학회, 『비평과이론』 Vol.6-1, 2001
박정심, 「박은식, 양명학을 통한 근대유학문명론의 재건」, 남명학회, 『선비문화』 Vol.18, 2010.
서동일, 「파리장서운동의 전개와 영남지역의 숨은 협력자들」, 성균관대 대동문화연구원, 『대동문화연구』 Vol.89, 2015.
서은경, 「잡지 서울연구 : 1920년대 개조론의 대세 속 서울 창간의 배경과 그 성격」, 우리어문학회, 『우리어문연구』 Vol.46, 2013.
우경섭, 「1920~30년대 朝鮮과 滿洲國의 王道儒學」, 인하대한국학연구소, 『한국학연구』 Vol.22, 2010.
이동희, 「장지연의 조선유교연원의 특징에 대하여-다카하시의 조선유학 대관과의 비교」, 계명대한국학연구원, 『한국학논집』 Vol.35, 2007.
이명화, 「조선총독부의 유교정책(1910-1920」, 한국독립운동사연구소, 『한국독립운동사연구』 Vol.7, 1993.
이병도, 「학계에 자랑할 동방의 대철인 이퇴계와 이율곡」, 개벽사, 『別乾坤』 Vol.12·13, 1928.
이영진, 「상처 입은 제국주의 : 식민지 조선에서의 무속 담론과 신도 정책에 관한 연구」, 서울대석사학위논문, 2004.
이종란, 「박은식의 儒教求新論과 공자관」, 한국공자학회, 『공자학』 Vol.3, 1998.
전지영, 「일제강점기 臨時恩賜金의 분배와 성격에 관한 연구」, 강원대석사학위논문, 2008.
정욱재, 「20세기 초 일제협력유림의 경학원 활동-이대영을 중심으로」, 고려사학회, 『한국사학보』 Vol.56, 2014.
정욱재, 「일제 협력 유림의 유교인식-1910-1920년대 경학원 관계자를 중심으로」, 고려사학회, 『한국사학사학보』 Vol.16, 2007.
정진석, 「일제 강점기의 출판환경과 법적 규제」, 근대서지학회, 『근대서지』 Vol.6, 2012.
최재목·이효진, 「張志淵과 高橋亨의 '紙上論爭'에 대하여」, 동아시아일본학회, 『일본문화연구』 Vol.32, 2009.
한자경, 「다카하시 도루의 조선유학 이해의 공과 과 - 주리·주기 분류를 중심으로」, 서울대철학사상연구소, 『철학사상』 Vol.49, 2013.
허수, 「1920년대 전반 이돈화의 改造思想 수용과 '사람性주의'」, 연세대국학연구원, 『동방학지』 Vol.125, 2004.
홍원식, 「장지연과 다카하시 도오루의 '유자·유학자 불이·불일' 논쟁」,

예문서원, 『오늘의 동양사상』 Vol.13, 2005.
다카하시 도루(高橋亨), 「王道儒道より皇道儒道へ」, 朝鮮總督府, 『朝鮮』 Vol.295, 1939.
다카하시 도루(高橋亨), 「儒教의 庶民的發展」, 經學院, 『經學院雜誌』 Vol.15, 1917.
블라디미르티호노프, 「폭력적 불교-한국 불교와 태평양 전쟁」, 국제한국문학문화학회, 『사이間SAI』 Vol.7, 2009.
이노우에 아쓰시, 「일본의 이퇴계 연구의 동향: 메이지기에서 현대까지」, 퇴계학연구원, 『퇴계학논집』 Vol.6, 2010; 「근대 일본에서의 이퇴계 연구의 계보학」, 동양정치사상사학회, 『동양정치사상사』 Vol.13-1, 2014.
웹자료: 국사편찬위원회, 〈한국사 데이터베이스〉.
『經學院雜誌』(經學院)
『朝鮮及滿洲』(朝鮮雜誌社)

신자유주의시대: 부끄러움의 윤리학

졸과 교

'졸拙'이라는 한자가 있다. '졸'은 서투르거나 투박하여 별로 쓸모없는 것을 뜻한다. '졸'과 대비되는 한자가 '교巧'다. '교'는 솜씨 좋고 재빠르거나 아름답다는 의미이다. 글을 좀 읽었다고 하는 사림士類들은 '교'와 '졸'의 품격을 구분한다. 이들은 '세련되고 기교 있으면서 재빠름'을 의미하는 '교'의 태도보다는 '촌스럽고 졸렬하여 볼품없음'을 나타내는 '졸'을 선호한다. 그래서 이 '졸'을 포함하여 당호堂號를 삼거나[1] 자신의 호號를 짓는 경우[2]가 많았다.[3] 졸재拙齋가 대표

1 권근權近(陽村, 1352-1409, 본관 安東)은 그의 문하에 출입하는 불자인 惠眞에게 당호를 '拙齋'로 지어 주면서 "졸은 교의 반대이다. '임기응변을 교묘하게 하는 사람은 부끄러워할 줄 모른다. 부끄러움이 없는 것은 사람의 큰 병통이다.'하였으니, 남들이 이욕을 탐내어 나아가기를 구하면 나는 부끄러운 것을 알아서 의리를 지키니 이것이 졸이다. 남을 교묘하게 속이기를 즐기는데 나는 부끄러움을 알아서 그 참된 것을 지키니 이것이 또한 졸이다. 졸이란 것은 남이 버리는 것을 내가 취하는 것이다."라고 記文을 적고 있다. 『陽村集』 Vol.11, 「拙齋記」: 拙巧之反. 爲機變之巧者, 無所用恥. 無耻者, 人之大患. 人嗜於利而求進, 我則知恥, 而守其義者, 拙也. 人喜於詐而爲巧, 我則知恥, 而守其眞者, 亦拙也. 拙乎, 人棄而我取之者也.

2 申湜(1551-1623)은 자신의 호를 用拙齋로 삼고 있는데, 崔岦(1539-1612)은

적이다.[4]

'교' 대신에 '졸'을 택했던 사람들이 주목한 것은 '졸'의 투박함에 담겨있는 가식 없는 순수함이었다. 투박함이나 기교 없음에서 내면적 자아의 순수성을 포괄하는 '졸'은 특정한 사물의 상태를 지시하면서 동시에 도덕적 판단에 따른 지향적 태도를 의미하였다. 따라서 뛰어난 역량을 지녔던 사람들은 '졸렬하고 서투르며 투박하다'는 의미를 지닌 '졸'을 통해 그 의미와 대척점에 있는 상태, 곧 사사롭게 교지巧智를 써서 이익들 도모하는 태도를 경계하였다. '교'에 대비되는 '졸'을 통해 스스로를 경계하는 감성적 태도가 부끄러움이었고, 이들은 자각적인 부끄러움을 내면화하고자 하였다. '졸'의 사유는 곧 부끄러움의 감정에서 비롯한 태도로서의 성찰성을 의미한다.

나는 이 글을 통해서 부끄러움의 감정을 자율적이면서 도덕적 지향과 윤리적 행위로 전환하려는 '졸의 사유'를 단서로 하여 자본의 이익을 극대화 하려는 우리 시대의 세태를 반추하고자 한다. 특히

용졸재에 대한 記文을 남기고 있다. 『簡易集』 Vol.9, 「用拙齋記」.

3 김우정은 拙 개념이 기예의 차원에서부터 심성의 차원으로 발전하여 미학적 위상을 담보하게 된 이력을 일별하면서 申湜의 用拙齋에 관한 기문을 중심으로 조선시대 유자들의 '졸'에 관한 담론을 검토하고 있다. 김우정, 「拙을 통해 본 문학 담론의 한 양상」, 한림대학교 태동고전연구소, 『태동고전연구』 Vol.24, 2008, 136-145쪽.

4 金宗直(1431-1492)의 문인이었던 權五紀(1463-?), 李樑(1519-1582) 黨人들의 國情壟斷에 저항했던 李文馨(1510-1582), 신숙주의 5대손인 申湜, 柳成龍(1542-1607)의 손자이자 鄭經世(1563-1633)의 문인으로 퇴계학통을 이었던 柳元之(1598-1674) 등 많은 인물들이 拙齋라는 호를 쓰고 있다.

오늘의 한국사회 현실을 통해 부끄러움의 성찰성이 갖는 유효성과 적절성 여부를 탐색하려는 것이다. 이러한 시도를 '부끄러움의 윤리'[5]로 설정하고, 부끄러움의 윤리학[6]을 가능하게 하는 것이 무엇인지를 탐문한다.[7] '부끄러움의 윤리학'이 가능한지 여부를 탐색하는 것은 '부끄러움'에서 파생되는 감정의 얽힘과 분출, 관계의 영역에서 발생하는 윤리적인 문제들에 주목한다는 것이다.

---

5 이 글에서는 윤리와 도덕을 특별히 구분하여 사용하지 않는다. "윤리ethics와 도덕moral은 서양의 어원상으로 볼 때, 대체로 습관 혹은 풍습의 뜻을 담고 있는데, 엄밀하게 같은 뜻을 지닌 말은 아니다, 그러나 우리의 일상생활에서 이 두 말은 거의 같은 뜻으로 사용되는 경우가 많으며, 학자들조차 그 구별을 크게 문제 삼지 않는 경향이 있다. 일반적으로 인간 '사회의 규범'을 의미할 때는 '윤리'라는 표현을 많이 쓰고, 윤리를 존중하는 '개개인의 심성 또는 덕행'을 가리킬 때는 '도덕'이라는 표현을 많이 사용하기도 한다." 박찬구, 『우리들의 윤리학』, 파주: 서광사, 2006, 17쪽.

6 윤리학은 당위를 다루는 규범적 학문이다. 비트겐슈타인은 "윤리학이 삶의 궁극적 의미, 절대적 선, 절대적 가치에 대해 말하고자 하는 소망에서 비롯된 것이라면, 윤리학은 학문이 될 수 없다. 윤리학의 설명을 통해서는 어떠한 의미로도 우리의 지식에 보탬이 될 수 없는 것"이라고 한다. (I. Wittgenstein, 서광선·정대현 편역, 『비트겐슈타인』, 서울: 이화여자대학교출판부, 1989, 230쪽/ "윤리학은 초월적transzendental이다"고 규정하기도 한다. A. Pieper, 진교훈·류지한 옮김, 『현대윤리학 입문』, 서울: 철학과현실사, 1999, 30-34쪽.

7 노양진은 도덕적 문제가 근본적으로 '타자와 공존이라는 유기체적 삶의 기본 조건'에서 발생하며, '상호작용에 개입하는 존재들 사이의 관계를 규정하는 데서 출발한다'는 관점을 고수한다. 이런 점에서 규범윤리학의 보편적 도덕원리로 작동하는 '좋은 것' '당위적인 것'을 비판하고, 윤리학의 핵심과제는 경험적 보편성에 근거한 '도덕적인 것'의 탐구에 있다고 본다. 그것은 결국 금지의 도덕 영역을 구성하는 '나쁜 것'의 구조와 본성에 대한 탐구라는 점에서 '나쁜 것의 윤리학'을 제안한다. 노양진, 『나쁜 것의 윤리학-몸의 철학과 도덕의 갈래』, 파주: 서광사, 2015, 116-121쪽.

그러나 부끄러움의 감정에서 비롯하는 감성의 동역학을 윤리적인 측면에서 파악하려는 시도는 다층적인 감성의 교섭과 동조 현상을 고려해야 한다는 점에서 논의의 어려움이 있다. 게다가 부끄러움의 감정을 도덕(윤리)의 측면에서 탐구하는 것은 동서양의 철학적 전통뿐만 아니라 윤리학적 전통에 대한 이해를 필요로 할 뿐만 아니라 윤리적 행위를 수행하는 주체의 문제가 필연적으로 파생될 수밖에 없다. 따라서 이 글의 논의 범위는 감성적 실천을 중시하는 유교적 사유전통에서 파생된 부끄러움의 영역으로 제한하고, 여기서 비롯되는 관계의 다양성을 '부끄러움의 윤리학'이라는 측면에서 고찰할 것이다.

이 글은 '우리 시대의 부끄러움'과 관련하여 두 가지 주요한 논점을 갖는다. 첫째, 신자유주의 시대의 삶-정치적 사태들은 한국인의 부끄러움에 대한 감성과 어떻게 연관되어 있는가의 여부이다. 둘째, 부끄러움에 대한 자각과 윤리적 실천을 중시하는 한국인의 유교적 사유전통은 부끄러움의 윤리학을 구성하는데 적절한가의 여부이다. 이 글을 통해 부끄러움의 감정에서 비롯하는 감성적 층위를 대상으로 하여 '부끄러움의 윤리'가 말해질 수 있다면, 우리는 차후에 사랑의 윤리학이나 슬픔의 윤리학, 기쁨의 윤리학이나 분노의 윤리학 등을 아우르는 새로운 감성윤리학을 제안할 수 있을 것이다.[8]

---

8 박유정은 '도덕적 감수성으로서의 윤리학'을 감수성 윤리학이라고 제안하면서 "감수성 윤리학은 윤리의 원리에 치중하는 규범윤리학에게 그것이 근거하고 있는 윤리적 근원을 상기시켜 준다."고 주장한다. 박유정, 「공자와 레

왜 부끄러움인가?

그렇다면 왜, 하필 부끄러움인가? 글로벌스탠다드와 로컬의 전통이 엇박자를 이루고 있는 자본의 한국사회에서 '부끄러움'은 어떤 의미가 있을까? 사회제반에서 병리적 현상이 분출하는 우리 시대에 과연 부끄러움의 성찰성을 논의하는 것은 가능하기나 한 것일까? 이 글은 이 같은 자문自問에서부터 출발한다.

논의에 앞서 우리는 부끄러움이 어떤 점에서 현 단계 한국사회의 단면을 드러내 보일 수 있는지 그 이유에 대해 설명할 수 있어야 한다. 많은 논거가 제시될 수 있겠지만 부끄러움을 주제로 하여 한국사회의 현주소를 탐구할 경우에 우리는 우선적으로 선결해야 할 세 가지 논점을 고려해야 한다. 첫째, 오늘의 한국 사회에서 나타나고 있는 주요한 현상은 어떠한 경향성을 띠는가? 둘째, 현재 한국사회의 특징적 경향과 '부끄러움'은 어떤 연관 관계를 갖는가? 셋째, 부끄러움을 가치의 문제와 연관하여 다루는 것은 타당한가? 이 같은 물음들은 부끄러움의 문제가 우리 시대의 온전하고 자유로운 가치 있는 삶의 실천 혹은 지향과 직결되는 근본적인 과제임을 알려준다.

그러면 왜, '부끄러움의 윤리학'인가? 금융자본과 시장이 쌍생아로 결합된 승자독식의 신자유주의 시대에 부끄러움의 성찰이라는 새로운 '감성윤리학'을 제기하는 것 자체가 어쩌면 시대착오적일 수

비나스-도덕적 감수성으로서의 윤리학」, 조선대학교 인문학연구원, 『인문학연구』 Vol.50, 2015, 243쪽.

있다. '탈부끄러움'의 자본주의 시대에 부끄러움을 말하는 것이 과연 적절한가 하는 점이다. 부끄러움은 자본 그 자체의 몫이 아니다. 자본은 그 속성상 더 많은 이윤을 취하기 위해 끊임없이 유동한다. 자본은 인간과 인간을 연결하는 매개과정을 통해 자본의 증식을 취하려고 할 뿐이다. 여기에 윤리나 도덕은 없다. 고리대금업자인 스크루지에게 돈 그 자체는 부끄러운 것이 아니다. 그에게 돈은 더 많은 자본 증식을 위한 도구이다.

그런데 문제는 우리가 사는 세상은 돈만으로 해결될 수 없는 영역이 상존한다는 사실이다. 돈을 사용하는 인간의 영역에서 윤리적 문제가 발생한다. 자본 자체는 부끄러움을 전혀 느낄 수 없지만, 자본의 이면에는 인간의 얼굴이 함께한다. 우리가 자본주의시대에 자본에 대항하여 자본의 문제를 다룰 수 있는 것은 이와 같은 이유때문이다. 자본은 인간의 영역에서 호문쿨루Homunculus와 같이 자기복제의 또 다른 도플갱어Doppelgänger를 구성한다. 인간의 얼굴을 구성하는 자본의 속성으로부터 우리는 윤리와 도덕 혹은 부끄러움의 문제를 논의할 수 있게 되는 것이다.

오늘날 한국사회의 심각한 문제적 상황 가운데 하나는 부끄러움의 주체가 탈각되고 부끄러움을 야기한 부수적인 현상들이 오히려 전면화 되고 있다는 점이다. 부끄러움의 주체가 사라진 자리에 부끄러움의 누더기만 남고, 부끄러움 그 자체에 대해서 더 이상 성찰하지 않으려 한다. 후안무치厚顔無恥한 뻔뻔함이 백주에 활보하고 부끄러움의 원인은 은폐되거나 알아서는 안 되는 것으로 '보호'되고 '격리'된다. 알몸으로 왕궁의 사람들 앞에 나섰던 '벌거벗은 임금'의 몰염치한 부끄러움에도[9] 강력한 권력이 작동하고 있는 것이 오늘의 현실이다.

이 글에서 우리 시대의 부끄러움을 제기하고 '부끄러움의 윤리학'을 탐문하는 것은 무엇보다 부끄러움을 부끄러워하지 않는 우리의 막장 같은 현실을 비추어보기 위해서이다. 부끄러움의 윤리학은 부끄러움에서 비롯하는 회의와 반성의 자기분열적인 과정이 존재에 대한 전면적 재조정을 위한 성찰과 통합으로 진행될 수 있다는 가능성을 전제로 한다. 이런 점에서 자기반성과 그러한 성찰성에 근거한 '부끄러움의 윤리학'은 '탈부끄러움'의 자본에 저항하는 인간다움의 한 방식이며,[10] 감성윤리학의 한 형식이다. 부끄러움의 감정과 태도는 자본에 대항하여 자본 그 너머를 사유하고 결속하게 하는 대안적 윤리학으로 작동할 수 있기 때문이다.

'부끄러움의 윤리학'은 단순히 윤리적인 행위나 판단의 문제를 다루는 것이 아니다. 이 논의는 부끄러움의 감정과 마음의 문제와 연관되며 자유와 권리라는 주체의 역동성과 관계의 역학에서 비롯하는 정치적 선택과 지향의 문제와도 연관된다. 신자유주의가 여전히 위력적인 현대 한국사회[11]에서 직면한 문제적 상황을 검토하고, 부

9 스튜어트 월턴은 안데르센이 1837년에 쓴 「임금님의 새 옷」에서 어린 소년이 "임금은 아무 것도 안 입었다"라는 외침은 허영심과 허위의식에 휩싸인 사람들을 각성시키고, 수치심을 일깨운 것이라 평가한다. 스튜어트 월턴, 이희재 옮김, 『인간다움의 조건』, 서울: 사이언스북스, 2012, 337쪽.

10 스튜어트 월턴은 인간을 인간이게 만드는 10가지 감정(공포, 분노, 혐오, 슬픔, 질투, 경멸, 수치, 당황, 놀람, 행복)을 '인간다움의 조건'으로 규정한다. 스튜어트 월턴, 『인간다움의 조건』, 22쪽.

끄러움이 현실에서 어떻게 작동되고 있는가를 살펴보는 것은 자기 비판과 성찰을 전제로 한다는 점에서 개인과 공동체의 용기와 새로운 신뢰의 연대를 요구한다.

어떤 감정의 현재[12]

우리 시대의 부끄러움은 무엇일까? 부끄러움의 실체는 무엇인가? 우리사회에 나타나고 있는 다양한 병리현상의 심층에는 타인의 고통이나 슬픔, 분노에 대한 '공감적 이해의 결핍'과 더불어 사는 세상의 공동적 가치에 대한 '인문적 사유의 결여'라는 근본적인 문제가 자리하고 있다. 결핍과 결여는 단지 개인의 문제만이 아니라 우리 사회가 직면하고 있는 '부끄러움'과 '몰염치' 혹은 '수치심'의 현주소이기도 하다. 부끄러움은 부끄러운 감정을 내면화하는 개인으로부터 사회적인 부끄러움을 야기한 우리의 현실을 되돌아보게 한다. 이러한 점에서 부끄러움은 성찰적인 감성인 동시에 치유를 위한 반

11 지주형, 『한국 신자유주의의 기원과 형성』, 서울: 책세상, 2011, 10-11쪽. "신자유주의의 개념은 흔히들 이해하듯이 시장주의 이데올로기에 국한되지 않는다. 그것은 재산권의 극대화를 위한 제도와 실천의 집합체로서, 상품화 및 금융적 수단에 의한 자본축적의 확대, 그리고 그것을 뒷받침하는 국가 개입과 지구적 정치경제 질서를 특징으로 한다.…한국 신자유주의란 그러한 형태의 축적, 제도, 실천에 경제, 정치, 사회가 지배당하는 한국의 자본주의 현실을 말한다."

12 우카이 사토시는 부끄러움을 미래적 현실을 재구성하는 힘으로 파악하여 '어떤 감정의 미래'라는 논제를 설정하고 있으나 나는 이 글에서 한국사회의 현실을 여과 없이 보여주는 부끄러운 단면을 현재화하기 위해 '어떤 감정의 현재'로 명명한다. 우카이 사토시, 박성관 옮김, 「어떤 감정의 미래-부끄러움(恥)의 역사성」, 『흔적』 Vol.1, 문화과학사, 2001.

성적 계기이다.[13]

우리가 살아가는 세계의 현주소를 드러내 보이는 것이 '부끄러움'이라는 점에서 그것은 이미 '사회적인 것'의 성격을 띠게 된다. '사회적인 것'은 한나 아렌트가 말하는 사적인 영역도 공적인 영역도 아닌 비교적 새로운 현상으로서 근대의 출현과 일치하는 '사회적 영역'과 다르지 않다.[14] 그녀는 공적 영역의 활동과 사적 영역의 활동에 대한 구분이 모호해진 근대사회에서 오히려 각각의 영역이 고유한 특성을 유지할 필요성을 제기한다.[15] '인간의 조건'을 위해 공적 영역이 수행할 수 없는 사적 영역을 구분할 필요가 있다는 주장이다.

그러나 현대사회에서 공적 영역과 사적 영역은 이전 시기보다 더욱 혼종적이다. 미디어와 쇼셜 네트워크를 통해 사적 영역은 공적 영역으로 전환되고 있다. 공적인 영역뿐만 아니라 사적 영역에서 생산된 부끄러움은 시각적 이미지로 디지털라이징되어 순식간에

13 이찬은 부끄러움을 '반성적 감정'으로 평가하면서 "부끄러움은 그것이 타인을 통해 밖으로 전해오는 비판이건, 내면에서 울리는 자성의 목소리이건 상관없이 이인칭 화자가 상정되는 자기 성찰의 메커니즘에서 우러나는 감정"이라고 주장한다. 이찬, 「맹목적 욕망과 자기인식의 결여-부끄러움에 대한 철학적 인간학의 성찰」, 범한철학회, 『범한철학』 Vol.63, 2011, 97-98쪽.

14 한나 아렌트, 이진우·태정호 옮김, 『인간의 조건』, 파주: 한길사, 2003, 80쪽.

15 한나 아렌트는 "사적 영역과 공론 영역의 구별이 필연성과 자유, 무상성과 영속성, 수치와 명예의 대립과 일치할지라도, 사적 영역은 필수적인 것, 무상한 것, 수치스러운 것만의 적절한 장소라는 주장은 잘못된 것이다. 두 영역의 가장 근본적인 의미는 한편으로는 숨겨져야 할 것이 존재하고 다른 한편으로는 존재하기 위해서는 반드시 공공적으로 드러나야 할 것이 있다는 사실이다."라고 기술하고 있다. 한나 아렌트, 『인간의 조건』, 127쪽.

유포된다. 우리는 터치나 클릭, 엔터 한번으로 시각화된 부끄러움을 개인용 컴퓨터 단말기에서 혹은 스마트 폰에서 실시간으로 만난다. 부끄러움은 시간과 장소의 제약 없이 도처에 널려 있다. 우리는 마음만 먹으면 언제든지 생산된 부끄러움을 보고 들을 수 있다.

최근 한국사회에서 이슈가 되었던 몇 가지 사례는 우리 사회의 현주소를 성찰하게 한다. 갑의 땅콩 분노로 인해 을인 승무원이 봉변을 치르고 이륙하려던 비행기가 회항한 사건에서부터 일반인의 국정농단에 이르기까지[16] 현실을 관통하는 키워드가 있다. 개별적인 이 사안들은 하나의 키워드, '부끄러움'으로 묶인다. 나는 일련의 사건들이 '부끄러움'으로 계열화 되어 전면화한 현상을 주목한다.

부끄러움이 사회적으로 환기된 것은 종종 있어 왔다. 1970년대에는 산업화를 통해 압축적 근대화시기를 지나면서 소시민들의 이율배반적이면서도 속물적인 속성이 드러나기 시작한다. 박완서는 이 같은 사회현상을 '부끄러움'으로 포착한다.[17] 1970년대를 건너 1980년대는 폭압적인 군사정권의 권위주의 통치시기에 유래 없던 자본시장이 확대되고, 1990년 한국사회는 신자유주의가 착근한다. 이 과정에서 1990년대에는 이전 시기에 없었던 강력살인 사건이 많이 발생한다.[18] 부친살해 및 방화와 같은 '패륜' 사건(1994, 해외유학파 아

16 땅콩회항으로 알려진 항공사 부사장의 갑질과 형식적인 사죄 이미지 연출의 대중적 퍼포먼스, 가습기 살균제 참사를 은폐해온 비윤리적 기업을 변론하는 대형 로펌, 걸 그룹의 역사적 인물에 대한 무지 논란, 부끄러움을 노래한 윤동주 시집의 베스트셀러 현상, 최순실 국정개입 농단 등은 한국사회의 현주소를 여실히 보여준다.

17 박완서, 『부끄러움을 가르칩니다』, 파주: 문학동네, 2011(1974). 299-327쪽.

들의 부모 살해; 1995년, 해외 유학파 대학교수의 부친살해)이 발생했을 때, 여론은 '신세대'의 인성을 거론하면서 부끄러움을 모르는 윤리의식을 문제 삼는다. 그 이후 IMF를 맞으면서 패륜 사건은 지속적으로 발생했고, 경제적 능력 상실과 파산으로 인한 자살이 사회문제로 대두하게 된다.

그리고 2002년 월드컵의 열기가 뜨거워지기 전, 새해 벽두에 한 광고는 구제 금융을 넘어가는 한국인들의 온 마음을 움직인다. 짧은 이 광고는 "여러분 부자 되세요, 꼭"이었다. 구조조정을 통한 해직과 비정규직으로의 전환이 일상화된 한국사회에서 그것은 따뜻한 위안이기보다는 '부자가 되어야 한다'는 강박을 심어주기에 충분했다. 한국 신자유주의의 기원과 형성을 폭넓게 탐구한 지주형은 IMF 이후 변화된 한국인의 단면에 정리하면서, "많은 이가 은행에서 빚을 얻어 부동산에 투자해 막대한 부채를 짊어지고 있다.…전보다 더 많은 사람들이 열악한 조건에서 비정규직으로 근무하고 있다. 세상은 전쟁터고 국가와 사회는 믿을 수 없으니 가족과 지인끼리 똘똘 뭉치지만 그렇게 한다고 미래가 희망적인 것은 아니다. 대체 IMF 위기 이후 무엇이 잘못되었기에 이러한 일이 벌어졌을까?"라고 되묻는다.[19]

---

18 지주형은 김영삼 정부(1993-1998)는 권위주의도 민주주의도 제대로 작동하지 않은 결과 국가권력이 약화되었던 시기로 평가한다. 김영삼 정부는 1994년 말, 1995년을 금융자유화를 포함한 세계화, 지구화의 원년으로 선포한다. 지주형, 『한국 신자유주의의 기원과 형성』, 127-161쪽.

19 지주형, 『한국 신자유주의의 기원과 형성』, 9쪽.

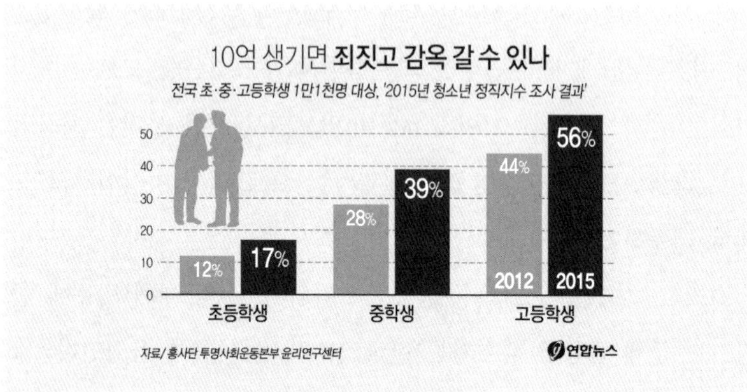

2012년과 2015년, 홍사단에서 실시한 두 차례의 설문조사 결과는 암담하지만 예상 가능한 한국사회의 미래상을 보여주었다는 점에서 충격적이었다. 두 차례의 동일한 질문은 "10억이 생긴다면 죄를 짓고 1년 정도 감옥에 가도 괜찮은가?"였다. 이 질문(2012년/2015년)에 초등학생 12%/17%, 중학생 28%/39%, 고등학생 44%/56%가 "괜찮다"고 답할 정도였다.

오늘, 한국의 현실에서, 우리는 돈이면 못할 것이 없다고 생각하고, 또 그렇게 살고 있는 갑들과 갑질의 권력을 만난다. 그러나 대다수의 사람들은 온전한 삶이 경제로 환원되는 세상에서 살아남기 위해 강박적으로 사유하고 노동한다. 잉여를 강제하고 타인의 생존과 삶의 질에 대해 무감각해진 각자도생各自圖生의 한국사회는 타인의 존재조차 물화物化시켜 제거해 버리는, 무시와 배제가 일상화된 투명인간의 사회로 전락했다.

멈추면 밀려날 듯하여 멈추지 못하고, 쉬면 다시는 돌아갈 수 없을 듯하여 앞으로만 나아가야 하는 우리의 현실에서, 나를 돌아볼 수 있는 여지는 나의 부끄러움에 직면하는 수밖에 달리 없다. 하지만 여유 없는 사람들은 부끄러움을 돌아보지 않는다. 이러한 사태의 심각성은 부끄러움을 부끄러워하지 않는다는 점이다. 부끄러움에 대해, 염치廉恥에 대해 민감하였던 한국사회는 염치없음을 약자의 몫으로 치부하고, 실정법에 위배되지만 않는다면 뻔뻔하게 '모르쇠'로 일관하고 부끄러움을 뭉개버린다. 부끄러움도 권력에 의해 조정되고 통제된다.

부끄러움은 감정의 문제이지만, 이 감정은 인지적 과정을 거치면서 성찰적 태도와 연계되는 계기성을 갖는다. '성찰성'은 오래된 철학적 주제인 자기인식과 자기이해, 타인에 대한 이해의 문제와 연관되며, 이 때문에 부끄러움은 '자기'와 '타자와의 관계'를 돌아 볼 수 있는 계기를 제공한다. 이 과정은 자신의 감정 상태와 행위에 대한 전면적인 점검이 필요하고, 경우에 따라서는 자신이 보고 싶지 않은 나약함이나 취약성, 잘못을 들추어내야 한다. 또한 사안에 따라서는 부끄러움을 야기한 대상에 대한 전면적인 관계 검토가 필요하게 된다. 부끄러움을 토로하거나 직면하기 위해서는 관계 속에서 괴롭고 힘든 고통을 감수해야 한다. 용기가 전제되지 않으면 부끄러움에 대한 성찰은 수행될 수 없다.

IMF와 세계적인 금융파동 이후, 한국사회의 많은 현상들은 근본적으로 '돈'과 직결되어 있고, 상당수는 '부끄러움'의 문제로 나타나고 있음을 보게 된다. 신자유주의 정책을 추수한 한국사회의 자본주의는 끊임없는 불안 마케팅을 통해 부끄러움을 내면화하고 구조하고 있다. 노동시장의 유연화로 인한 고용의 불안과 이에 따른 생계의 불안정, 언제라도 채용하고 해고할 수 있는 비정규직의 양산, 청년과 사회취약 계층의 실업, 노년의 삶에 대한 무대책, 아파트 가격의 폭등은 개인의 문제로 환원될 수 없다. 그럼에도 국가적 관리 시스템은 작동하지 않고 사회적 안전망이 부재한 한국사회에서는 이 같은 문제가 온전히 개인의 책무로 귀속되고 있다.

삶을 구성하는 많은 것들이 계량화된 수치와 돈으로 평가되는 한국사회에서 이제 가난은 불편함이 아니라 '부끄러움'이 되었다. 돈은 이 부끄러움을 수羞/치恥/모侮/욕辱으로 확대 재생산한다. 이 같은 한국사회의 현실은 '뻔뻔함'도 '경쟁력'이라 선전하고 저급한 물신주의와 무한경쟁을 강박한다. 가난한 오늘이 직면한 삶을 경제로 환수하고 내일에 대한 정치적 희망과 윤리적 삶을 소거한다는 점에서 한국사회의 현재는 파국적이다. 이 파국의 지형에서 도래할 새로운 가능성의 전조를 우리는 과연 어떤 식으로 모색할 수 있을까?[20]

부끄러움, 어떻게 드러나는가?

부끄러움을 정의하는 어려움에 대해서 일찍이 짐멜은, "우리 어법상 부끄러움의 영역에 포함되는 현상들은 워낙 다양하고 이질적

20 문강형준은 파국의 지형에서 "역설적으로 미래는 있지만 미래는 없으며, 그 미래 없음에 대한 인식이 현재의 절망을 불러온다."고 보며, 근본적으로 금수저, 흙수저의 계급론이나 헬조선의 담론은 "미래 없는 자본주의가 만들어낸 결과"라 지적하면서, '미래 없음'에 대해 사유할 것을 제안한다. 문강형준, 『감각의 제국』, 파주: 북노마드, 2015, 310-312쪽.

이어서 오직 언어 표기의 공통성만 갖는다고 할 수 있다."[21]고 말한다. 이러한 사정은 한국어에서도 마찬가지다. 부끄러움을 명확하게 규정할 수 없는 이유는 그것이 단일한 감정이 아니라 유사 감정들과 복잡하게 얽혀 있고, 게다가 감정을 넘어 태도 혹은 지향과 연동하여 파생 감성을 만들어 내고 있기 때문이다.

부끄러움/수羞/치恥의 감정 메커니즘은 다양한 발생적 위상과 계기화의 과정을 거친다. 첫째 부끄러움/수/치의 감정을 야기하는 선행하는 사태가 전제되고, 둘째 선행하는 사태에 따른 신체적인 반응으로서 감정이 드러나며, 셋째 감정의 반응 과정에서 동시적으로 상황에 대한 인지적 판단 작용이 수행되며, 넷째 감정에 대한 되먹임(피드백)을 통해 후행적인 미래적 사태를 예비하거나 기약한다. 이처럼 부끄러움/수/치의 감정은 일련의 사태에 대한 감응의 의미화 과정을 통해 계기적으로 구성되기 때문에 매우 가변적이고 역동적이며, 그래서 더더욱 맥락적으로 파악할 수밖에 없다. 이러한 점에서 한국어로 표현된 부끄러움의 감정[22]이나 한자로 표현된 수羞/치恥의 감정을 영어의 'shame'[23]으로 번역하기에는 매우 많은 제약

---

21 게오르그 짐멜, 김덕영·윤미애 옮김, 『짐멜의 모더니티 읽기』, 서울: 새물결, 2005, 227쪽.

22 한국어의 부끄러움의 환유적 양상이나 은유적 양상에 대한 연구는 다음을 참조하라. 임지룡, 「부끄러움의 개념화 양상」, 한국어문학회, 『어문학』 Vol.89, 2005, 29-52쪽.

23 수치와 짝하여 언급되는 개념이 죄책감guilty이다. 죄책감은 자신의 행위에서 비롯하는 책임의 물음, 즉 내면적 양심의 세계와 관련된다. 그러나 죄책감과 수치심은 인간 내면이 심층에서 교차되고 혼재한다. 임홍빈, 『수치심과 죄책감』, 서울: 바다출판사, 2013, 28쪽.

이 따른다.

그러나 상식적인 수준에서 부끄러움의 감정을 한자어와 연관하여 설명한다면, 대체로 자신의 윤리적으로 옳지 않은 감정이나 태도, 즉 불선不善을 부끄러워하는 감정이 수羞다. 이 수의 언어적 기원이 '제물을 바치는 것'에서 비롯하였다는 점을 상기한다면, 제물을 정성껏 바치지 못한 불경함에서 오는 자기인식과 결부된 평가적 감정 상태와 연관된다. 수는 오惡와 짝하여 맹자는 수오지심羞惡之心으로 제안하고, 이 개념은 맹자가 제기하는 도덕감정의 중요한 부분을 구성한다. 수와 함께 사용되는 한자어가 恥다. 치는 부끄러움의 내면적 상태에 국한되는 것이 아니라 신체생리적인 반응으로도 나타난다.[24] 이 한자는 마음心의 소리를 듣는 귀耳로 이루어져 있다. 풀이하면, 부끄러움恥은 자신의 내면에서 울리는 양심의 소리를 듣는다는 의미이다.

그렇다면 수/치나 수/오의 감정 상태를 불러일으키는 원인은 무엇일까? 이 수/치의 감정은 주로 자신의 명예나 자존심이 손상되었을 때 발생한다. 타자에 의해 자신의 명예나 자존감이 심각하게 훼손된 상태가 모侮와 욕辱이다. 모/욕을 당했을 때 드러나는 감정이 수/치이다. 그래서 모/욕의 상태를 극복하려는 시도는 자기 자신의 부끄러움을 삭히면서 감내하거나 아니면 부끄러움을 유발한 대상

24 짐멜은 부끄러움을 느끼게 될 때 얼굴이 붉어지게 되는 경우에 한해서, 그 원천에 대한 다윈의 견해를 설명한다. 그는 "제3의 인물들의 이목이 자신의 신체적 현상에 집중되는 순간 자기 자신에 주목하는 데에 있다"고 보았다. 게오르그 짐멜, 『짐멜의 모더니티 읽기』, 227쪽.

에 대한 미움, 증오의 감정으로 드러나기도 한다.

수/치와 수/오의 감정이 불선不善과 연관되어 있다는 것은 주목할 만하다. 수/치가 불선에 대한 내향적인 반성의 측면이라면, 타인의 옳지 않음, 즉 타인의 불선을 미워하는 마음이 악惡이다. 수/치와 수/오는 불선, 옳지 않음에 대한 부끄러움과 미워함이다. 수/치, 수/오는 '불선'이라는 특정한 윤리적 상태를 염두에 두고 있지만, 그것이 문제 삼고 있는 영역은 자기 자신을 넘어서 타인의 존재까지 확대된다. 여기서 수/치, 수/오와 관련하여 맹자가 제기했던 수오지심羞惡之心을 상기할 필요가 있다. 수오지심은 특정한 개인의 옳지 않음에 대한, 불선에 대한 윤리적인 자각에 그치는 것이 아니라 사회적 관계망에서 발견되는 옳지 않음, 타자 일반의 불선不善에 대한 미워함으로 확대되는 윤리적 감정인 셈이다.[25]

이 같은 부끄러운 감정과 태도에 대해 짐멜Simmel, Georg(1858-1918)은 흥미로운 관점을 제공한다. 그는 '자아 감정'의 '강한 부각과 위축'의 병행과정에서 주체가 타자의 시선에 의한 주목과 더불어 주체가 설정한 기준 규범에 어긋난다고 느끼게 될 때, 부끄러운 감정이 표출된다고 본다.[26] 수/치, 수/오와 연관된 윤리적 감정[27]은 사적

25 이 점에서 不善에 대한 부끄러움과 저항을 근간으로 하는 羞惡之心의 윤리는 '사랑'을 토대로 하는 惻隱之心의 윤리와 구분된다.

26 게오르그 짐멜, 『짐멜의 모더니티 읽기』, 227쪽.

27 정용환은 부끄러움에 해당하는 羞와 恥를 도덕적 부끄러움으로 파악한다. 정용환, 「맹자의 도덕 감정론에서 부끄러움의 의미」, 새한철학회, 『철학논총』 Vol.66, 2011, 151쪽.

개인의 게으름과 나태함, 혹은 편협함과 치졸함에서 비롯된 이기적인 욕구와 타인에 대한 무시뿐만 아니라 사회적 약자에 대한 권력의 무관심과 폭력적인 억압과 수탈에 대한 부끄러움과 미움을 포함한다. 여기서 옳지 않음 불선不善을 옳음의 방향으로 돌리려는, 선善으로 돌리려는 계기적 감정이 분출하게 되고, 이러한 감정은 저항으로 이어지게 된다. 불선에 대한 미움과 반성으로부터 저항적 감성이 분출될 수 있는 것은 그것이 의로움, 곧 의義와 닿아 있기 때문이다.

짐멜은 "부끄러움이라는 집약적 감정의 원인은 삶의 어떤 특정 내용이 아니라 삶의 다양한 내용들과 연결될 수 있는 자아의식의 형식적이고 내적인 흐름과 결부된다."[28]고 언급한다. 우리가 부당하거나 옳지 않은 상태를 전환하기 위한 저항으로 나설 수 있는 있는 것은 이처럼 부끄러움을 통해 오래된 윤리적 감성의 미래를 발견할 수 있기 때문이다. 부끄러움을 통해 윤리적인 학술탐구가 가능한가를 묻는 것은 감정을 대상으로 하는 감성윤리학의 가능성을 묻는 것과 다르지 않다.

그렇다면 부끄러움의 지도에 순응하는 것은 과연 행위의 적절한, 바름을 이끌어낼 수 있는가? 엄밀하게 말한다면, 부끄러움은 인간의 여러 감정 가운데 하나이다. 부끄러움은 그 자체로 반성력을 지니는 것이 아니라 반성력과 긴밀하게 연관된 감정이다. 이런 점에서 부끄러움은 감정 이외의 어떤 것을 촉발하는 계기로 작동할 수

28 게오르그 짐멜, 『짐멜의 모더니티 읽기』, 233쪽.

있게 된다. 부끄러움은 상황에 대한 인식의 계기를 제공하면서 인식의 범주에 영향을 미친다. 부끄러움의 감정이 합리적인 사유를 추동할 경우, 적극적으로 인간의 존엄과 자유의 성취를 위한 전환적 동력으로 작동한다. 부끄러움을 지속 가능한 변혁과 창신의 계기로 전환할 수 있는 힘은 감정의 역능만이 아니라 감정과 결합된 합리적인 이성의 역량이 통합될 때 가능하다. 부끄러움은 합리적인 판단과 도덕적 판단을 견인할 수 있는 역능을 갖고 있다는 점에서 건설적인 긍정적인 성격을 띠게 된다.

그러나 부끄러움과 관련하여 특히 유의해야 할 것은 그것이 우리의 신체성을 통해서 드러나는 신체화된 감정Embodied Emtion[29]이라는 점이다. 우리는 신체성과 관련된 이 부끄러움의 감정과 태도를 어떻게 보아야 할까? 음식남녀의 생물학적 욕망을 갖는 인간의 몸은 부끄러움 혹은 수치의 대상이 아니라, 인간이란 존재의 실존을 위한 근본적이면서 최후의 토대이다. 이런 점에서 마사 너스바움Martha C. Nussbaum(1947-)은 '인간은 정치적 동물'이라고 한 아리스토텔레스의 말을 적극적으로 재해석한다. 그녀는 인간이 지닌 군집성을 강조하는 공동체주의자들의 해석과 달리, "인간도 동물이라는 점", "다른 동물과 마찬가지로 욕구를 지닌 유한한 몸을 지니고 있다는 점을 강조"하고, 인간의 능력 또한 "동물적 속성에 철저하게 의존하며, 물질적 환경이 충분히 뒷받침될 때에만 발휘될 수 있다"

29 김경호는 감정이 신체와 직접적으로 연관되고 변용된다는 점을 강조하기 위해 '신체화된 감정Embodied Emtion'을 제기한 바 있다. 김경호, 『감성의 유학』, 광주: 전남대학교출판부, 2014, 4-5쪽.

고 본다.[30]

동물적인 인간의 몸에 대한 긍정은 인간이 완전한 존재가 아니라 불완전하며 취약성을 갖고 있고 그래서 이해와 관심이 필요한 존재임을 인정할 것을 요구한다. 인간의, 인간에 의한, 인간을 위한, 존엄성은 인간의 '동물적인 몸'에 대한 인정에서부터 비롯한다. 따라서 인간을 존중한다는 것은 "누구나 삶의 불확실성 속에서 취약한 존재로 살아간다는 사실을 인정한다."는 뜻이며, 더불어 공존하며 살아갈 수 있는 품위 있는 사회란 "이러한 인간성을 부정하지 않고, 개인이 지닌 역량이 발현될 수 있도록 '촉진적 환경'을 제공하는 사회"를 말한다.[31]

우리의 감정은 경험적 세계에서 현실적인 시공간의 좌표와 달리 지향적으로 설정된다. 그런데 중요한 것은 이러한 감정은 인접하는 다른 사건의 구조와 연관하여 작동할 수 있다는 점이다. 이것은 부끄러움과 같은 감정이 경험의 사건 구조 속에서 시간과 공간의 한 지점을 점유하면서도 동시에 다른 반응과 연계되어 전이된다는 것을 의미한다. 감정의 가소성Emotional Plasticity은 우리의 신체성과 연관되어 있기 때문이다. 감정들이 중첩되고 교직되는 가운데 감성의 성좌星座로서 우리의 삶, 세계가 구성된다.

---

30 마사 너스바움, 조계원 옮김, 『혐오와 수치심』, 서울: 민음사, 2015, 702쪽.
31 마사 너스바움, 『혐오와 수치심』, 703쪽.

부끄러움의 윤리학은 가능한가?

이 글에서 나는 우리 시대에 과연 '부끄러움의 윤리학'이 가능할 것인가 하는 물음을 제기하였다. 루스 베네딕트Ruth Benedict(1887-1948)는 전후 일본사회의 감성적 특질에 관한 연구를 통해 '일본을 포함한 동아시아는 수치심의 문화'이고 '미국을 포함한 서양은 죄의식의 문화'라는 도식을 설정하였다. 베네딕트의 연구가 사실에 부합하고 그 결과가 적합한가 하는 논란은 차치하고[32], 그녀의 연구는 나에게 하나의 물음을 제기한다. '한국인과 한국의 문화적 특이성을 드러내는 감성적 특질은 과연 무엇일까?' 하는 물음이다.[33]

우리가 의식하든 의식하지 못하든 한국인의 현대적 삶과 문화를 구성하는 관행적 태도의 많은 부분은 '유교적 가치규범'과 연관되어 있다. 유교적 무의식이 표층적 일상의 저변에 자리하고 있다는 점이다. 대한민국과 한국인의 정체를 법리적으로 규정해 놓고 있는 헌법은 많은 부분 유교적 규범체계에 근거한 관념들이 기초를 이루

32 베네딕트의 연구가 2차 세계대전의 종전 직후 미국정부의 필요에 의해 현장조사 없이 수행되었다는 점에서 연구의 적합성 여부에 대한 논란이 제기되기도 하였다. 그러나 사실의 적합성 여부를 떠나서 서구 연구자에 의해 동아시아의 문화가 수치심의 문화로 규정된 이후 '수치심의 프레임'은 동아시아 문화를 이해하는 하나의 기준으로 작동하였다. 우카이 사토시는 루스 베네딕트에 의해 제기되었던 '수치심과 죄의식'의 이분법적인 논의를 해체적으로 재구성하면서 미래적 감성으로서 '부끄러움'을 재사유한다. 우카이 사토시, 「어떤 감정의 미래-부끄러움(恥)의 역사성」/ 우카이 사토시, 신지영 옮김, 『주권의 너머에서』, 서울: 그린비. 2012, 38-96쪽.

33 신정근은 윤리적으로 산다는 것의 의미를 수치와 죄의식의 두 축으로 설명하고 있다. 신정근, 「부끄러움과 파렴치」, 철학문화연구소, 『철학과 현실』 2009.

고 있다. 유교에 대한 우리들의 호악好惡 여부를 떠나서 유교를 통해 전승되어온 문화적 이상과 가치, 이념들은 여전히 한국사회의 많은 지층에 습합되어 의식/무의식의 영역에 걸쳐 작동하고 있다.

<table>
<tr><th>용어</th><th colspan="2">유사어</th></tr>
<tr><td rowspan="2">부끄럽다
(형용사)
▪ ashamed
▪ shameful
▪ embarrassed</td><td colspan="2">수줍다, 열없다, 얼쩍다, 스스럽다, 계면쩍다, 계면하다,[34] 창피하다, 낯간지럽다, 慊然쩍다, 열하다〈방언〉, 열적다〈방언〉</td></tr>
<tr><td colspan="2">볼낯 없다, 낯뜨겁다, 남부끄럽다, 面目없다, 無顏하다, 羞恥스럽다, 전연하다, 무참하다, 무참스럽다, 수참하다, 난연하다, 괴난하다, 面灸스럽다</td></tr>
<tr><td rowspan="13">부끄러움
(명사)
▪ shame
▪ humiliatiom
▪ dishonor
▪ disgrace
▪ bashfulness
▪ coyness
▪ ignominy</td><td rowspan="2">羞恥</td><td>부끄러움, 羞愧, 羞慚</td></tr>
<tr><td>shame, dishonor, disgrace</td></tr>
<tr><td rowspan="2">恥辱</td><td>부끄러움, 羞恥, 侮辱, 侮蔑, 瑕瑾, 戮辱, 羞辱</td></tr>
<tr><td>humiliatiom, dishonor</td></tr>
<tr><td rowspan="2">愧辱</td><td>猖披, 恥辱, 侮辱, 羞恥</td></tr>
<tr><td>embarrassment, shame</td></tr>
<tr><td rowspan="2">屈辱</td><td>업신여김, 侮辱, 挫辱, 侮蔑</td></tr>
<tr><td>shame, humiliatiom, dishonor, disgrace, insult, indignity</td></tr>
<tr><td rowspan="2">侮辱</td><td>蔑視, 侮蔑, 外侮, 外辱, 苦辱, 陵侮, 凌辱, 凌蔑, 嗤侮, 嗤易, 侵侮, 侵罔, 侵陵, 崑辱, 窘辱, 冒瀆, 瀆冒</td></tr>
<tr><td>insult, affront</td></tr>
<tr><td rowspan="2">수줍음</td><td>부끄러움</td></tr>
<tr><td>shyness, bashfulness</td></tr>
</table>

34 일본어의 경우에도 부끄럽다는 감정형용사 계열은 한국어의 경우와 유사한 형태로 나타난다. 고은숙, 「일본어 감정형용사의 유의관계 고찰」, 고려대 언어정보연구소, 『언어정보』 Vol.11, 2010, 42-43쪽.

이것은 달리 말한다면, 한국인의 규범의식을 규정하는 많은 부분은 유교적 가치나 질서의식에 의해서 생산되어 학습되고 전승되어 왔다는 것을 의미한다. 어쩌면 그러한 관념들은 우리의 내면을 구성하고 있을지도 모를 일이다.

그렇다면, 한국인의 질서의식을 구성하는 대표적 감성적 기제는 무엇일까? 나는 규범성이나 질서의식과 연관해서는 부끄러움과 이 부끄러움에 연관된 감정들에 주류를 이룰 것으로 본다. 한국어에서 부끄러움과 관련된 낱말들이 다른 감정 관련 낱말들에 비하여 상대적으로 많다는 것도 이러한 점을 보여준다.

부끄러움과 연관된 계열의 감정 가운데 수줍음의 경우를 제외한다면 수치, 치욕, 괴욕, 굴욕, 모욕 등의 부끄러움 계열의 대표 감정들은 선행하는 사건의 구조화 과정에서 비롯한 대단히 격한 심리적인 고통을 겪게 된다. 그러한 감정의 상태는 감정 당사자뿐만 아니라 그와 관계를 맺고 있는 집단에까지 영향을 미치게 되어 전혀 새로운 집단적 감성을 형성하는 동인이 되기도 한다. 이 과정에서 부끄럼 계열의 감정은 아직 발생하지 않았지만 도래할 후행적인 미래적 사건에까지 연결된다는 점이다. 부끄러움의 감정은 공동체의 질서 의식과 가치규범 형성에 직접적으로 관여하게 된다. 예를 들어, 맹자는 '짐승을 몰아서 사람을 잡아먹는 것率獸而食人'이라는 비유를 통해 두 가지 사회적 실상을 대비함으로써 윤리적인 문제를 제기한다.

> 왕의 푸줏간에는 기름진 고기가 있고, 마구간에는 살찐 말이 있으면서 인민들은 굶주린 기색이 있고, 들에는 굶어 죽은 시체들이 널려 있다면, 이것은 짐승을 몰아서 사람을 잡아먹게 한 것입니다.[35]

고대 사회에서 국가의 규모는 영토와 인민의 숫자로 파악된다. 이 두 요소는 국가의 세입과 직결된다. 맹자는 양혜왕이 부국강병을 위한 방책을 가르쳐 달라고 하자 위와 같이 말한다. 즉 인민들에게 과도하게 세금을 거둬들여서 왕은 호위호식하며 잘 사는데, 정작 국가의 근간인 인민들은 제대로 먹지도 못하고, 게다가 죽어도 장사를 치르지 못하여 시체가 들판에 버려지는 지경이라는 것이다. 맹자는 사람이 먹어야 할 것을 빼앗아서 짐승을 먹여 살리는 것은 말도 안되는 상황이라고 지적한다. 인민들이 제대로 먹지 못하는 것도 가슴 아픈데 죽은 사람들을 장사지내지도 못하는 처참한 상황은 유교윤리를 심각하게 위배하는 것이다. 그래서 맹자는 부모와 처자식을 먹여 살리고 죽은 사람을 장사지내는데養生喪事 후회나 유감이 없는 것無感을 왕도정치의 시작이라고 한다.[36] 공동체를 유지하기 위한 도덕경제가 곧 도덕정치가 되는 셈이다. 그러나 만일, 인민들의 곤궁함을 방치하여 사는 일 조차 부끄럽게 여기게 만들면, 그러한 인민들의 부끄러움은 분노와 저항으로 표출될 수밖에 없다. 이런 상황은 맹자가 말하는 것처럼 "인민들이 왕과 함께 망하고자

35 『孟子』, 「梁惠王」章句上. "曰 庖有肥肉, 廐有肥馬, 民有飢色, 野有餓莩, 此率獸而人也."

36 『孟子』, 「梁惠王」章句上. "養生喪死無憾, 王道之始也."

한다."[37]라는 원망서린 분노로 이어지고, 실제로 역사적 경험은 탕왕의 역성혁명을 여기에서 찾는다. '해망偕亡'의 원출처가 탕왕의 말과 행적을 기록한 『서경書經』「탕서湯誓」이다.

도덕정치에서 나아가 맹자는 감성의 윤리학을 제기한다. 맹자는 '들에 방치된 시체'들을 볼 때와 같은 상황에서 발생하는 윤리적 인식과 감성적 자각을 원리적으로 설명할 수 있는 이론을 모색한다. 공자의 경우, 사람이 사람다울 수 있는 조건이 '인仁'에 있음을 자신의 윤리학의 근거로 삼았다면[38], 맹자는 인을 전제로 한 의義의 원리를 새롭게 제기하면서 사단四端을 윤리학의 근거로 설정한다. 맹자가 사단이라고 하는 도덕감정을 통해 자신의 윤리학을 기획하고 있다는 것은 인仁에 기반하고 있는 공자의 덕 윤리와는 다른 방향을 개시한다. 맹자의 윤리학에서 의義와 연관되는 수오지심羞惡之心의 중요성은 이런 맥락에서 찾을 수 있다.[39]

맹자가 제기하는 수오지심은 자기 자신의 잘못을 성찰하는 마음(수심羞心)과 타인의 잘못을 미워하는 마음惡心이 결합된 상태다.

---

37 『孟子』, 「梁惠王」章句上. "湯誓曰時日害喪, 予及女偕亡, 民欲與之偕亡."

38 정상봉은 공자의 仁 개념은 "윤리학의 범위를 넘어 사람과 세계의 상관근거, 나아가 존재세계와 당위세계를 아우르는 보편원리로까지 확장된다."고 주장한다. 정상봉, 「共存과 共感의 근거: 仁」, 한국철학사연구회, 『한국철학논집』 Vol.46, 2015, 95쪽.

39 금종현은 맹자가 기획하는 도덕의 보편화 과정을 설명하면서 義를 통한 내면성의 강화를 적시하면서, 맹자가 "도덕적으로 수치심과 혐오감을 느끼는 마음"인 羞惡之心을 "惻隱之心과 동일한 비중으로 도덕의 근원으로 파악하고 있다"고 주장한다. 금종현, 「맹자의 내면화기획을 통한 유학윤리 정초」, 동양철학연구회, 『동양철학연구』 Vol.73, 2013, 261쪽.

수심이 자아의 내면적 상태에서 발생하는 잘못에 대한 반성이라면 오심은 타자의 옳지 못한 마음 씀이나 행위에 대해서 느끼게 되는 미워함이다. 이 미워함의 감정이 비록 사적인 형태로 발생하지만, 이 감정이 발생하는 준거는 공동체의 규범과 가치를 유지하기 위한 '선善'에 있기 때문에 불선不善에 저항하는 방식인 셈이다. 수심의 감정에는 물론 측은지심惻隱之心이라고 하는 사랑의 감정이 복합적으로 전제된다. 그래서 맹자는 이렇게 말한다.

> 부끄러움은 사람에게 큰 것이다. 임기응변으로 교묘한 짓을 잘하는 자는 부끄러움을 쓸 곳이 없다. 부끄러워하지 않는 것이 남과 같지 않다면 무엇이 남과 같은 것이 있겠는가?[40]

맹자는 사람이 사람다울 수 있는 여러 요소 가운데 '부끄러움(치恥)'을 중요한 특질로 꼽는다. 옳고 곧지 못하고 교묘하게 임기응변을 잘 하는 사람은 '부끄러움'을 쓸 곳도 없고, 그러할 겨를이 없다. 왜냐하면 항상 임기응변으로 위기를 모면하고 반성하지 않기 때문이다. 그래서 맹자는 사람다움의 보편적 특질로 이 '부끄러움'을 제시하고 있는 것이다. 사람이라면 누구나 '부끄러움'이 있어야 한다는 것이다. 그러니 교묘하게 기교를 부리고 재빠른 사람은 얼마나 딱한 사람인가! 맹자의 이 말을 해석하는 주희는 '부끄러움(치恥)'을 사람이라면 본래적으로 가지고 있는 '수오지심'

40 『孟子』, 「盡心」章句上. "孟子曰 恥之於人, 大矣. 爲機變之巧者, 無所用恥焉. 不恥, 不若人, 何若人有."

이라 하고, 이것을 잃어버리면 사람이 아니라 한다. 사람이 아닌 금수禽獸라는 것이다.[41]

이렇게 본다면, 수오지심은 양심에 비추어보아 부끄럽지 않은 감정 상태를 의미하는데, 이런 점에서 도덕감정이라고 할 수 있다. 맹자에 따르면, 하늘을 우러러 한 점 부끄러움 없는 이 수오지심(감정)이라고 하는 인간적 특질은 경험 속에서 발견되는 것이다. '사람이라면 누구나' 공유하는 것이다. 누구나 공유하는, 그래서 사람일 수 있는 이 수오지심을 비롯한 사단은 맹자 윤리학의 근거인 셈이다. 그러나 맹자는 사단에 기초해서 윤리적 행위를 할 수 있는 주체의 자율성과 능동성에 대해서는 유보적이다. 그는 올바른 가치를 담보한 도덕의 실천을 강조하지만, 사람은 그것을 적극적으로 실현할 만한 가능성이 열다는 점 또한 인정한다. 사람은 생리적인 욕망에 따르는 동물과 비교하여 볼 때, 극히 미세할 정도(기희幾希)의 차이가 있을 뿐이다. 맹자는 윤리적 실천의 주체에게 방심放心하지 말 것과 자포자기自暴自棄하지 말 것을 요청한다.

맹자의 수오지심을 통해 부끄러움의 윤리학의 가능성을 타진하였지만, 부끄러움은 능동적 감정이기 보다는 수동적 감정이다. 수동적인 감정으로부터 우리는 어떻게 보편적인 도덕 원리를 구획할 수 있을까? 부끄러움이 보편적 성격을 갖는다는 점에 대해서는 짐멜도, "우리가 매우 다양한 계기에서, 예를 들면 옷을 아무렇게나

41 『孟子』, 「盡心」章句上. "恥者, 吾所固有羞惡之心也. 存之則進於聖賢, 失之則入於禽獸, 故所繫爲甚大."(朱子註)

차려 입었을 때, 아주 무거운 윤리적 잘못을 고백할 때, 우리에게 칭찬과 명예가 주어졌을 때, 면전에서 낯선 사람이 무례한 일을 저지를 때 우리를 엄습하는 감정들을 통틀어 부끄러움이라는 말로 표현하는 것은 우리가 다음과 같은 사실을 본능적으로 알고 있기 때문이다. 다양한 계기들은 심리적으로 전환하는 과정에서 공통의 지점에 도달하는데, 여기서는 원인의 다양성을 상쇄할 통일적 감정이 일어난다는 점이 그것이다. 이러한 중심점은 분명 매우 보편적인 성격을 지닌 것임에 틀림없다."[42]고 언급하고 있다. 이 점은 감정/감성을 대상으로 하는 감성윤리학의 가능성을 살필 수 있는 단서이기도 하다.

성찰적 부끄러움

이 글을 통하여 나는 IMF 이후 한국사회의 변동과정에서 파생되었던 다양한 삶의 지형과 사회적 이슈들을 부끄러움의 감성적 층위에서 논의하고, 이를 통해 부끄러움 윤리학의 가능성 여부를 탐색하였다. 기존에 주로 논의되었던 인仁과 의義에 근거한 유교적 덕윤리학과 달리 부끄러움의 감정에 수반한 도덕심리와 윤리적 행위를 다루는 부끄러움의 윤리학이 성립 가능하고, 이로부터 감성윤리학의 가능성을 확인하였다.

그러나 부끄러움은 인간의 도덕감정을 구성하는 정서적이고 인지적 판단과 결부되고 게다가 후행적인 행위의 문제까지 연결되어

42 게오르그 짐멜, 『짐멜의 모더니티 읽기』, 227쪽.

매우 복잡한 양상을 보여준다. 부끄러움에서 파생되는 감정의 복잡성은 그 양상이 양가적이라는 점에서 비롯한다. 부끄러움의 아이러니는 존재의 역량을 극대화시킬 수 있는 역량을 갖고 있지만 동시에 극도의 자기 비하나 자기혐오에 따른 극단적 자기애로 귀착될 가능성도 있다.

부끄러움은 자기반성을 추동하면서 오히려 부끄러움의 주체를 자기연민으로 몰아넣거나 극단적으로 부끄러움을 부끄러워하여 자신을 은폐하려는 시도로 이어질 수 있다. 여기서 부끄러움을 감추기 위한 위선과 거짓의 가면이 만들어지고, 자신의 부끄러움이 갖는 나약함, 모자람, 무능력 혹은 도덕적 비난을 회피하기 위해 적극적으로 자신을 변호하는 폭력적인 대응 방식이 만들어진다.

일종의 교만한 버티기[43]가 형성될 수 있다는 것이다. 이러한 점에서 우리 시대에 부끄러움이 갖는 성찰성을 근간으로 하여 왜곡된 윤리와 감성의 회복을 적극적으로 모색하는 '부끄러움의 윤리학'을 정초하기 위한 노력들이 요청된다.

이제 우리는 부끄러움을 통해 우리 시대를 성찰하기 위해 보다 근본적인 물음을 제기해야 한다. 자본과 부끄러움의 윤리는 과연 공존 가능한가? 우리 시대에 '부끄러워야 사람이다'[44]라는 주제는

---

43 곽신환은 교만을 후회와 대비되는 안락한 상태와 연관하여 설명하고 있는데, 이미 안락함을 얻은 경우에 "안락함을 더욱 탐하고 그것에 빠져 바른 판단을 하지 못하고 타자와의 소통이 막히는 경우"를 교만이라 정의한다. 곽신환, 「겸손한 뉘우침과 교만한 버티기-占辭 悔 吝 無咎」, 한국동양철학회, 『동양철학』 Vol.35, 2011, 180쪽.

44 윤천근은 '恥'를 중심으로 하여 동양적 사유에서 보이는 '부끄러움'에 대한

어떤 의미로 독해해야 할까? 생명이 없는 속물적인 자본이 마치 생명이 있는 것처럼 물신화되어 유동하는 자본주의 시대에, 통제 불가능한 자본의 논리가 시장의 장벽을 걷어치우고 일상의 곳곳에서 경쟁시스템이 작동하는 신자유주의 시대에, '이익'을 철저하게 앞세우는 현대적인 자본의 흐름 앞에서 부끄러움을 알아야 사람이라고 유교 도덕에 근거하여 말하는 것은 과연 유효한가?

전통시대에 통용되었던 당위적인 도덕윤리로 무장된 유교의 덕윤리학은 도덕적 원칙을 추구하는 규범윤리학의 반면이다. 당위가 곧 좋음이고 좋음을 실천해야 한다는 완고한 강박은 억압적이다. 윤리倫理가 올바른 삶을 위한 도리로서의 도덕道德과 다르지 않다는 언명은 우리 시대에 도덕실천의 자율성을 제기한다. 이 글을 통해 부끄러움의 감정으로부터 윤리적 실천의 가능성을 탐색한 것도 바로 이와 같은 이유에서이다.

엄숙한 도덕적인 명령을 따르는 것만이 능사는 아니다. 도덕적 행위는 인간의 신체적 공공성을 기반으로 하는 신체화된 감정이 경험적 세계의 상식적인 일상성과 조화를 이루면서 합당함을 찾아가는 과정이어야 하고, 그러한 수행적 주체 혹은 집단의 행위는 억압적이지 않아야 한다. 부끄러움의 윤리학 혹은 감성윤리학은 마사 너스바움의 표현대로, 인간은 유약한 존재이고 장애를 갖고 살아가는 존재임을 인정하면서 상호공존을 모색하는 윤리적 태도를 견지

철학적 사색을 기술하고 있어 가독성이 있지만, 그의 주장은 '당위적인 측면'에서 제기되고 있다는 점에서 한계를 보인다. 윤천근, 『부끄러워야 사람이다』, 파주: 글항아리, 2012.

할 수 있을 때 가능하다.

이 점에서 우리는 강요된 부끄러움으로부터 성찰적 부끄러움으로의 전환을 통해 부끄럽지 않음을 확보할 수 있는 실천윤리를 모색할 필요가 있다. 유학의 강요된 이념으로서의 도덕이 아니라 자발적이고 실천적인 양심의 명령으로서, 실천적 도덕으로의 전환이 필요하다.

왕수인王守仁(陽明, 1472-1528, 紹興)이 유교를 중심으로 하여 불교, 도교적 사유를 유교적 사유 방식으로 회통시키려고 한 것처럼, 현대사회에서 유교는 어떤 형태로 전환되어야 하는지를 고민해야 한다. 특히 신자유주의 시대에 직면하여 인권과 자유, 인간의 권리와 평등이 금융 자본에 의해 위기에 봉착한 현대의 시점에서, 유교는 과연 어떤 목소리를 낼지 고민해야 한다.

참고문헌

『孟子』, 『陽村集』, 『簡易集』

김경호, 『감성의 유학』, 광주: 전남대출판부, 2014.

노양진, 『나쁜 것의 윤리학-몸의 철학과 도덕의 갈래』, 파주: 서광사, 2015.

마사 너스바움, 조계원 옮김, 『혐오와 수치심』, 서울: 민음사. 2015.

문강형준, 『감각의 제국』, 파주: 북노마드, 2015.

박완서, 『부끄러움을 가르칩니다』, 파주: 문학동네, 2011(1974).

박찬구, 『우리들의 윤리학』, 파주: 서광사, 2006.

스튜어트 월턴, 이희재 옮김, 『인간다움의 조건』, 서울: 사이언스북스, 2012.

우카이 사토시, 신지영 옮김, 『주권의 너머에서』, 서울: 그린비, 2012.

윤천근, 『부끄러워야 사람이다』, 파주: 글항아리, 2012.

임홍빈, 『수치심과 죄책감』, 서울: 바다출판사, 2013.

지주형, 『한국 신자유주의의 기원과 형성』, 서울: 책세상, 2011.

게오르그 짐멜, 김덕영·윤미애 옮김, 『짐멜의 모더니티 읽기』, 서울: 새물결, 2005.

한나 아렌트, 이진우·태정호 옮김, 『인간의 조건』, 파주: 한길사, 2003.

A. Pieper, 진교훈·류지한 옮김, 『현대윤리학 입문』, 서울: 철학과현실사, 1999.

I. Wittgenstein, 서광선·정대현 편역, 『비트겐슈타인』, 서울: 이화여자대학교출판부, 1989.

고은숙, 「일본어 감정형용사의 유의관계 고찰」, 고려대 언어정보연구소,

『언어정보』 Vol.11, 2010.

곽신환, 「겸손한 뉘우침과 교만한 버티기-占辭 悔 吝 無咎」, 한국동양철학회, 『동양철학』 Vol.35, 2011.

금종현, 「맹자의 내면화기획을 통한 유학윤리 정초」, 동양철학연구회, 『동양철학연구』 Vol.73, 2013.

김우정, 「拙을 통해 본 문학 담론의 한 양상」, 한림대학교 태동고전연구소, 『태동고전연구』 Vol.24, 2008.

박유정, 「공자와 레비나스-도덕적 감수성으로서의 윤리학」, 조선대학교 인문학연구원, 『인문학연구』 Vol.50, 2015.

신정근, 「부끄러움과 파렴치」, 철학문화연구소, 『철학과 현실』, 2009.

우카이 사토시, 박성관 옮김, 「어떤 감정의 미래-부끄러움(恥)의 역사성」, 문화과학사, 『흔적』 Vol.1, 2001.

이찬, 「맹목적 욕망과 자기인식의 결여-부끄러움에 대한 철학적 인간학의 성찰」, 범한철학회, 『범한철학』 Vol.63, 2011.

임지룡, 「부끄러움의 개념화 양상」, 한국어문학회, 『어문학』 Vol.89, 2005.

정상봉, 「共存과 共感의 근거: 仁」, 한국철학사연구회, 『한국철학논집』 Vol.46, 2015.

정용환, 「맹자의 도덕 감정론에서 부끄러움의 의미」, 새한철학회, 『철학논총』 Vol.66, 2011.

우리 시대의 사랑: 경험, 서사, 의미화

사랑은 X다

이 글은 '사랑'의 문제에 관한 우리 시대의 특징적인 두 가지 경향성에 대한 의문에서 출발한다. 우리는 한편에서 '사랑'의 과잉에 대해 비판적으로 논의하고, 또 다른 한편에서는 '사랑' 혹은 '연애'의 불가능성에 대해 말하고 있다는 점이다.[1]

일견 모순적으로 보이는 두 경향은 그러나 '사랑'에 대한 합정적 관계성을 모색하고 있다는 점에서 우리 시대 사랑의 현주소를 성찰하게 한다. 우리는 사랑의 과잉과 연애의 불가능성을 동시에 담론하는 시대의 현실에서 어떻게 사랑을 경험하고 의미화 하는 것일까?

1 현대사회에서 증폭되고 있는 사랑의 과잉이나 사랑 혹은 연애의 불가능성은 단순히 개인적 차원에서 비롯된 결핍된 사랑에 대한 왜곡된 충족 욕구나 갈망의 문제만은 아니다. 이것은 자본을 척도로 삼는 무한경쟁의 사회시스템 속에서 파생되고 있다는 점에서 문제적이다. 에바 일루즈는 연애의 불가능성에 대해 담론하는 현대에서 사랑을 논의하는 것이 과연 타당한가를 진지하게 성찰하고 있다. Eva Illouz, *Why love hurts: a sociological explanation*, Polity, Cambridge, 2012/ 에바 일루즈 지음, 김희상 옮김, 『사랑은 왜 아픈가: 사랑의 사회학』, 파주: 돌베개, 2013.

상식적이면서도 근본적인 이와 같은 의문은 사랑에 대한 범주와 개념에 대한 물음으로 연결된다. 다시 말하면, 우리는 '사랑이라는 것'에 대해 명확하게 정의하지 못하면서도 어떻게 사랑을 경험한다고 말할 수 있을까 하는 점이다. 우리는 상식적인 일상적 경험세계에서 특정한 감정이나 특별한 관계에 대해, 혹은 특정한 태도나 경향성에 대해 '사랑'이라 말하는데, 그것이 '사랑'이라는 것을 어떻게 확신할 수 있는가?[2]

우리는 현대적인 사랑의 방식과 사랑의 모호성에 대해 분명하게 말할 수 없지만 그럼에도 불구하고 우리는 여전히 사랑이라는 '어떤 것'을 경험하고 살아간다. 굳이 쥘리아 크리스테바Julia Kristeva (1941-)를 거론하지 않더라도, 우리는 사랑을 회상할 수는 있어도 그 사랑에 대해 이야기하기는 어렵다.[3] 그것은 사랑의 애매모호함

2 나는 선행 연구를 통하여 유교철학에서 사랑을 정의하는 방식에 대해 탐구한 바 있다. 이 연구를 통해서 사랑은 인간의 몸이라는 생물학적인 토대를 근거로 하면서 사회적으로 구성되는 복합적인 감정이자 태도 혹은 관계성과 연관되는 특정한 경향이라는 것을 확인하였다. 특히 유학에서 愛로 표현되는 사랑의 개념은 근대적인 '낭만적 사랑romantic love'과는 부분적으로 차이가 있기는 하지만 仁의 덕성과 연동되면서 인간다움을 구성하는 핵심적 감정이나 태도로 논의된다는 점에서 유사성이 발견된다. 愛는 사랑love, 관심·걱정concern, 돌봄·배려care 등과 연관되고, 좋아함like이나 존경respect 등의 의미도 포함한다. 연애 감정으로서의 사랑에서부터 도덕적이고 사회적인 감정으로서의 사랑에 대한 유교철학적인 기획에 관해서는 〈사랑: 무엇을 의미하는가?〉를 참조하라. 김경호, 『감성의 유학』, 광주: 전남대학교출판부, 2014.

3 쥘리아 크리스테바는 이렇게 말한다. "멀리서 나의 사랑을 회상할 수는 있어도 그 사랑에 대해 이야기하는 것은 어려운 일이다. … 사랑의 언어는 직설적으로 옮기려 하면 부적절하고, 즉시 암시적이며 불가능한 것이 되어 수

때문이다. 이 글의 문제의식은 바로 이 점에 있다. 이 글은 애매하고 모호하지만 우리들 삶의 일상을 구성하는 사랑 경험과 그러한 사랑의 의미화 과정에 대해 탐구한다. 제한적이기는 하지만 사랑 경험과 의미화에 대한 동서철학의 논의를 고찰함으로써 우리 시대의 유의미한 사랑의 방식과 가치를 모색하려는 것이다.[4]

이 글은 복잡다단하여 그 실체를 제대로 파악할 수는 없지만 사랑이라 총칭되는 '어떤 X'에 대해 '애매모호하다'고 잠정적으로 규정하고 논의를 시작한다. 우리는 일상에 산포散布되어 있는 사랑의 현상을 체감하면서 살아가고 있다. '사랑이 산포되어 있다'고 하는 것은 사랑이란 이름의 화살이 과녁의 한가운데에 집중되어 명시적으로 확인될 수 있는 성질의 것이 아님을 의미한다.

사랑의 화살은 뚜렷한 탄착점을 형성하기 보다는 여러 곳에 희미한 흔적을 남긴다. 사랑은 우리가 그것을 인지하는 것과 무관하게

많은 은유들로 흩날려 간다." Julia Kristeva, ***Histoires d'amour,*** Denoel, Paris, 1983. / 쥘리아 크리스테바, 김인환 옮김, 『사랑의 역사』, 서울: 민음사, 2010. 9쪽.

4 사랑이라는 오래된 철학적 주제를 지면의 한계가 있는 이 글에서 전면적으로 살피는 것은 사실상 불가능하다. 다만 그간 수행해 왔던 감성 연구의 연장선에서 사랑의 개념화 방식과 의미화 과정에 한정하여 논의를 진행한다. 나는 '신체화된 감정embodied emotion'의 관점에서 감정의 개념화 방식과 의미화 과정에 대한 연구를 수행하고 있는데, 그러한 결과물은 다음과 같다. 김경호, 「무엇을 '사랑'이라 할 것인가?: 유학에서 사랑의 기획」, 『인간환경미래』 Vol.12, 인제대인간환경미래연구원, 2014; 김경호, 「분노로부터 마음의 평정- 분노의 동역학을 중심으로」, 『철학탐구』 Vol.34, 중앙대중앙철학연구소, 2013; 김경호, 「슬픔은 어디에서 오는가?-신체화된 마음을 중심으로」, 『철학탐구』 Vol.31, 중앙대중앙철학연구소, 2012.

현실 속에 다양하게 분산되어 작동하고 있다. '사랑'의 실체는 명확하게 파악할 수 없다 하더라도 현실의 실제적인 활동과 경험 속에서 사랑이란 현상은 끊임없이 분기한다. 이 과정이 삶의 세계 속에서 사랑을 체험하는 우리들 경험의 시간이다.[5]

이러한 사랑 경험의 복잡성은 우선적으로 사랑의 감정이 갖는 특질에서 비롯한다. 감정으로서의 사랑은 기쁨이나 슬픔, 공포나 분노 등과 같은 기본적인 감정과 달리 분류된다. 딜런 에번스에 따르면, 사랑은 기본 감정처럼 자동적으로 반응하지 않으며, 단일한 얼굴표정으로 곧바로 연결되어 드러나지도 않는다. 사랑의 감정이 쉽게 신체표현으로 드러나지 않는 것은 이 감정이 복잡한 인지능력과 의식적 사고의 영향을 많이 받기 때문이다. 이 점에서 사랑은 '고등한 인지적 감정higher cognitive emotion'으로 분류된다.[6] 사랑의 감정이 갖는 또 다른 특질은 이것이 보편적인 성격을 띠지만 문화적 변이에 따라 영향을 받으며, 사회적 감정의 양상을 띠게 된다는 점이다.

---

5 듀이에 따르면, 경험이란 언제나 개인과 당시의 환경을 구성하는 요소들 사이에 일어나는 상호작용으로 말미암아 성립되는데, 인간은 자신의 삶을 통해, 즉 경험(일차적 경험/이차적 혹은 반성적 경험)을 통해 세계와 관계를 맺는다. 우리의 삶은 끊임없는 갱신renewal의 과정이며, 유기체와 환경 간의 상호작용interaction에 의해 경험의 연속성continuity이 확보된다. 이 과정이 지속적인 성장의 과정이다. 듀이는 의사소통적 상호작용은 우리의 경험을 형성하는데 핵심 역할을 한다고 주장한다. 송광일, 「듀이와 경험으로서의 언어」, 『범한철학』 Vol.56, 범한철학회, 2010. 171-176쪽.

6 Dylan Evans, ***Emotion The Science of Sentiment***, Oxford University Press, London, 2002/ 딜런 에번스, 임건태 옮김, 『감정』, 고양: 이소출판사, 2002. 41-44쪽.

이와 같은 사랑의 복잡성을 염두에 두면서 이 글에서 제기하고 있는 핵심적인 물음은 두 가지다. 하나의 물음은 "우리는 어떻게 사랑을 경험하는가?"이고, 또 다른 하나는 "우리는 어떻게 사랑을 의미화 하는가?"이다. 이 두 물음에 대해 분명하게 대답할 수는 없음에도 우리는 이 문제에 관하여 이미 잘 알고 있다고 여긴다. 우리는 자동적으로 혹은 무의식적으로, 인지적 무의식cognitive unconscious이 작동하는 일상적 경험을 통해서 그러한 내용을 알고 있다고 믿기 때문이다.[7] 그러나 이 질문이 함축하고 있는 내용은 그리 단순하지 않다.

첫 번째, "우리는 어떻게 사랑을 경험하는가?" 이 물음은 '사랑'이 무엇인지, 사랑의 정체를 요구한다. 사랑은 신체반응을 의미하는가? 아니면 사랑의 감정을 의미하는가? 그것도 아니면 사랑의 감정에 수반하는 관계나 경향성, 혹은 태도를 말하는가? 이 물음은 '사랑'의 범주와 관련된다. 두 번째, "우리는 어떻게 사랑을 의미화 하는가?" 이 물음은 사랑이 어떠한 개념화 과정을 거쳐서 의미를 획득하게 되는가를 묻는다. 사랑의 개념화와 의미화는 개념적 은유와 의미의 혼성을 통한 서사화의 복잡한 과정과 관련된다. 사랑을 경험(체험)하며 의미화 하는 과정은 분절적인 듯 보이지만, 이 과정은

7 레이코프와 존슨은 "우리가 인지적 무의식을 구성하는 모든 것을 이해할 때, 의식의 실체에 관한 우리의 이해는 매우 크게 확장된다."고 말하고 있다. George Lakoff and Mark Johnson, ***Philosophy in the flesh: the embodied mind and its challenge to Western thought***, Basic Books, New York, 1999/ G. 레이코프·M. 존슨, 임지룡 외 옮김, 『몸의 철학: 신체화된 마음의 서구 사상에 대한 도전』, 서울: 박이정, 2002. 37-38쪽.

포괄적 경험의 영역에서 수행된다.

이 글에서 사랑을 이해하는 나의 기본적 관점은 '신체화된 감정embodied emotion'[8]의 프레임과 체험주의의 '개념적 은유 이론conceptual metaphor theory'에 근거한다.[9] 이 두 관점은 감각질로서의 사랑의 감정이 신경생물학적인 층위에서 신체반응과 신체에 근거한 개별적 감정으로 드러나지만, 이것이 사회적인 관계 속에서 의미화의 과정을 통해 새로운 사회적 사랑의 감정이나 태도, 지향, 관계를 구성한다는 점을 보여줄 것이다. 사랑을 추상적 영역에서 관념적으로 유추하는 것이 아니라 우리의 신체성을 근거로 한 사랑의 감정과 정서적 차원을 확인함으로써 사랑에 수반한 경험적 활동으로서의

---

8 '신체화된 감정embodied emotion'이란 개념은 「슬픔은 어디서 오는가?」(2012)에서 제안했던 것이다. 기본적으로 우리의 감정은 몸의 생리적 반응과 연관되어 있고, 우리는 신체 경험을 통해 감정을 직접적으로 인지하거나 추상적인 개념으로 전환하여 인식한다. 사랑과 같은 추상적 감정은 우리의 신체를 기반으로 하는 생리적 반응과 체험에 기초하여 '몸-마음-뇌-세계'에 대한 개념화의 한 방식이다. 스피노자가 감정을 '신체의 변용인 동시에 그러한 변용의 관념'이라 정의하는 것도 이와 연관된다. 김경호, 「슬픔은 어디서 오는가?」, 『철학탐구』 Vol.31, 중앙대학교 중앙철학연구소, 2012. 132-133쪽.

9 인지언어학자인 레이코프와 언어철학자인 존슨은 '개념적 은유 이론conceptual metaphor theory'을 제안하면서 자신들의 철학적 입장을 'experientialism'이라 명명한다. 이들은 인지과학의 세 가지 주요한 발견, 즉 '마음은 본유적으로 신체화되어 있다' '사고는 대부분 무의식적이다' '추상적 개념들은 대체로 은유적이다'라는 발견적 지점에 근거하여 선험적인 철학적 사색이 아닌 '경험적으로 책임있는 철학'을 제안한다. 개념적 은유와 이들의 학적 입장에 관해서는 다음을 참고하라. George Lakoff and Mark Johnson, ***Metaphors we live by***, University of Chicago Press, Chicago, 1980/ G. 레이코프·M. 존슨, 노양진·나익주 옮김, 『삶으로서의 은유』, 파주: 서광사, 1995.

개성적 태도와 지향, 사회적 관계와 같은 다른 차원의 사랑의 현상을 이해하게 될 것이다.[10]

나는 이 글을 통해 제한적이지만 우리 시대 사랑의 방식에 대해 재사유하고자 한다. 이것은 오래되고 익숙한 사랑의 담론이 오히려 '사랑이란 이름으로' 우리의 삶을 규제하고 있지는 않은가 하는 반성을 포함한다. 사랑에 대한 사유와 성찰을 통해 인간의 조건을 왜곡하는 선택적 배제와 분리의 방식을 제약하고[11] 화해와 명랑한 공존을 위한 실천적 사랑의 가치가 적극적으로 재발견될 수 있기를 기대한다.

사랑의 개념화 양상

현대 사회에서 사랑의 범주는 가장 전형적인 보기로써 '사랑$_{love}$' 개념을 포함하지만, 여기에는 연애[12], 관심, 걱정, 돌봄과 같은 개

---

10 우리의 몸이 사회적 산물인 동시에 본질적으로 생물학적 실체라는 점에서, 우리의 사랑도 생물학적인 몸을 바탕으로 사회적으로 구성되는 것일 수밖에 없다. 이러한 점에서 사랑을 말할 때, 우리는 이미 개별적 사랑이라는 감정을 넘어서 사회적 관계 속에서 구성되는 관심이나 태도 혹은 지향의식으로서의 사랑 관념의 자장에 놓여 있는 셈이다. Chris Shilling, ***The body and social theory,*** Sage Publications, London; Newbury Park, Calif, 1993/ 크리스 쉴링, 임인숙 옮김, 『몸의 사회학』, 서울: 나남, 2011. 10쪽.

11 최유준에 따르면, 우리의 신체는 이미 계급화되어 있으며, 계급화된 육체는 사랑하는 것조차 사랑하기의 배타성에 의해 제약되어 있다. 한순미 외, 『우리 시대의 사랑』, 광주: 전남대출판부, 2014. 190-191쪽.

12 김홍규는 불안한 사랑의 모티프를 논구하면서 연애와 연애감정을 구분하고 있다. 그에 따르면 한국어의 '연애'에 해당하는 영어권 술어는 'romantic love'나 'romantic passion' 또는 'passionate love'이기 때문에 'companionship

념의 중첩이 이루어져 있다. 그렇기에 우리가 영어 'love'의 번역어로 우리말 '사랑'을 떠올릴 때, 우리의 사유는 이미 근대라는 번역된 시공간에 강력하게 접속하게 된다. 앵글로 색슨 계열의 문화에서 파생된 'love'의 개념은 근대시기 일본을 통하여 '연애'로 번역되었고[13], 우리는 그 번역된 개념을 그대로 이식하여 사용하였기 때문이다. 일본이 서구로부터 직수입했던 '연애'의 문화사가 적어도 100여 년 전, 한국사회에 전래되었고 이전에 없던 새로운 풍속도가 만들어진다.

영어 love는 독일어의 Liebe와 마찬가지로 '기뻐하다' '즐겁게 하다'라는 의미의 라틴어 lubere에서 유래한다. 20세기 초, '사랑'이라는 우리말에 이식된 번역어인 '연애'의 문화적 지층에는 한국사회에서 금기시되고 은폐되었던 남녀 간의 자유로운 만남과 감정이 착종된다.[14] 전통적인 가족제도와 남녀의 인습적 결혼에 반대하던 신지식인들은 'love-연애'라는 이국적 개념에 열광한다. 김우창이

---

love'는 구분되어야 한다고 주장한다. 김홍규, 『근대의 특권화를 넘어서』, 파주: 창비, 2013. 29-36쪽. 23-28쪽.

13 서구의 love가 함의하는 이성간의 자유로운 만남과 성적 접촉에 대한 동경은 당시 일본사회에 새로운 사회문화적 조류를 형성한다. 남녀사이의 접촉을 의미했던 戀에 사랑을 대표하는 愛를 결합하여 '戀愛'가 탄생한다. 연애의 번역 과정에 대해서는 다음을 참조하라. 柳父章, 『飜譯語成立事情』, 岩波新書, 東京, 1982/ 야나부 아키라, 서혜영 옮김, 『번역어 성립사정』, 서울: 일빛, 2003.

14 김지영은 사랑과 성을 공적인 장에서 배제하고 있던 한국사회에서 서구적인 사랑을 형식을 전달하는 매개어로써의 '연애'에 주목한다. 김지영, 「연애의 형성과 초기 근대소설」, 『현대소설연구』 Vol.27, 한국현대소설학회, 2005. 55-56쪽.

"사랑은 사실로부터 의식으로, 의무로부터 가치 또는 권리"로 바뀌었다고 언급하는 것은, 이와 같은 맥락에서이다.[15] 1920년대 한국 사회에서 '연애의 발견'은 이처럼 낯선 '사랑'의 개념을 이전에 없던 기존의 가치체계를 뒤흔들고 신문화를 창출하는 동력으로 작동한다.

'사랑'은 중세 국어에서부터 발견된다.[16] 현재 사용하고 있는 '사랑'은 15세기 중세 국어에서는 'ᄉᆞ랑'으로 표기되었다. 이 시기 'ᄉᆞ랑'은 '애愛'의 의미만을 가진 것이 아니라 '사思, 모慕'의 의미도 포함한다. 이 때가지는 '생각'의 의미를 가진 사思의 경우가 더 많았으나 점차 애愛의 의미로 대체된다. 16세기에는 'ᄉᆞ랑, 사랑'으로, 17세기에는 'ᄉᆞ랑'으로 표기되었으며, 18세기에는 'ᄉᆞ랑 사랑'으로, 19세기에는 'ᄉᆞ랑, ᄉᆞᄅᆞᆼ, 사랑'으로, 20세기에는 'ᄉᆞ랑, 사ᄅᆞᆼ, 사랑'의 형태로 사용되었다.

'ᄉᆞ랑'은 중국의 백화문의 '깊이 생각하며 헤아린다'의 의미를 갖는 'ᄉᆞ량思量'에서 유래하였을 것으로 추측되며, 'ᄉᆞ랑'의 의미는 '사思〉모慕〉애愛'의 변화 과정을 거친 것으로 보인다. 이외에도 '애愛'의 의미를 가진 국어로는 'ᄃᆞᆺ다, 괴다'가 있었으나 16세기 이후 소멸한다. '괴다'는 웃사람이 아랫사람을 사랑하는 의미로 총애하는 것이고, 'ᄃᆞᆺ다'는 남녀간에 사랑하는 것을 지칭하는 단어로 보인

15 김우창, 「서양문학의 유혹」, 김우창, 『김우창 전집』 Vol.4, 서울: 민음사, 1993. 271쪽.

16 'ᄉᆞ랑/사랑'의 용법과 의미의 변천사에 대해서는 다음을 참조하라. 김홍규, 『근대의 특권화를 넘어서』, 파주: 창비, 2013. 29-36쪽.

다. 그리고 'ᄉᆞ랑'이 가지고 있던 '사思'의 의미는 '싱각'이 담당하게 된다. 17세기 이후 'ᄉᆞ랑'은 '애愛'의 의미만을 가지고 현대어로 이어진다.[17]

이렇게 본다면, 우리 시대의 사랑에는 누군가의 안위를 걱정하고 생각思하면서, 만나기를 원하고慕 그리워戀하는 감정과 애愛를 기본 감정으로 하는 다양한 층위의 인지적 판단과 정서적 요소, 관계의 양식과 태도가 결합되어 있다. 그리고 무엇보다 사랑의 영역에 남녀의 자유로운 성적 접촉과 만남을 추구하는 서구의 연애 감정이 틈입되어 현재에도 강력하게 작동하고 있다는 것은 주목할 만한 현상이다.

한국인의 사랑愛 관념과 연동하는 개념에는 친친親親에서 비롯하는 효孝와 자애慈愛, 우정友情, 가족애家族愛, 애국愛國, 공경恭敬, 연민憐憫, 동정同情, 정情, 사思, 모慕, 수愁, 연戀, 자慈, 상사相思, 사모思慕, 수심愁心, 자효慈孝, 애정愛情, 연모戀慕, 연정戀情, 연애戀愛, 존존尊尊 등 다양한 계열의 어휘가 다수 발견된다. 사랑을 표현하는 어휘가 많다는 것은 사랑이 단일한 개념에 포획되지 않는다는 것을 의미한다. 사랑은 다른 낱말과 중첩되어 연관되는 용례가 많다. 이러한 현상은 사랑의 범주가 넓다는 것을 의미하고, 그 범주가 제한되지 않고 확장될 수 있음을 시사한다.

사랑 범주에는 로쉬Eleanor Rosch가 제안하듯이 범주의 원형과 관련

17 사랑 개념의 변천 과정에 대해서는 앞서 나는 국립국어원의 자료와 박영순의 선행 연구를 인용하여 논의한 바 있다. 김경호, 『감성의 유학』, 광주: 전남대학교출판부, 2014. 104-105쪽.

된 개념들이 부가된다.[18] 즉 애愛가 지시하는 사랑 범주의 원형 개념인 '사랑'을 포함하면서도 관심이나 보호 혹은 연민과 동정 혹은 존경과 친밀성 등의 주변 개념들과도 연관된다는 것이다.[19] 경우에 따라서는 '희생'이나 '슬픔' 혹은 '고통'이나 '분노'의 개념과도 연결된다. 이렇듯 사랑이 주변 개념들과 상호 연관된다는 점은 '사랑'을 단일하게 정의할 수 없게 만든다. 이러한 점에서 우리는 '사랑이 무엇이다'라고 확정하여 말하기 어렵게 된다.

그렇다면, 일상적인 한국어에서 사랑은 어떻게 개념화될까?[20] 제한적이지만, 사랑을 표현하는 환유적 양상과 개념적 은유의 방법을 통해 사랑의 개념에 접근한다면, 막연하고 모호했던 사랑의 의미가 조금은 명료하게 파악될 수 있다.

사랑의 감정은 신체적 반응양상으로 나타난다. 이를테면 사랑하는 사람을 만나게 되면 '가슴이 두근'거리고, 목소리는 떨리며, 얼굴은 빨개지는 경우가 그 사례이다. 이것은 사랑의 환유적 양상이

18 로쉬의 범주이론은 원형이론prototype theory라고 하는데, 이 이론과 관련해서는 다음을 참조하라. 노양진, 「체험주의 철학적 전개」, 『범한철학』 Vol.10, 범한철학회, 1995. 353-359쪽.

19 사랑의 범주는 사랑 개념을 중심으로 하여 인접하는 추상적 개념들이 부가되면서 다양한 형태로 확장되는데, 이러한 관점은 다음을 참조하라. 노양진, 『몸·언어·철학-12장 개념체계의 신체적 기반』, 파주: 서광사, 2009. 290쪽.

20 한국어 표현에서 나타나는 사랑 개념에 대한 연구는 개념적 은유와 환유의 방법론을 포함하는 인지언어학적 성과를 참조하라. 나익주, 「사랑의 개념화: 문화적 변이 가능성 탐구」, 『담화·인지언어학회 제30회 정기학술대회 논문집』, 2008.

다. 일반적으로 사랑하는 감정을 느끼게 되면, 신체의 온도가 상승하고 심장박동이 증가한다. 이러한 경우, 사랑의 감정으로 인한 뜨거움은 '사랑은 열이다' '사랑은 불이다' 와 같은 개념적 은유로 대표된다. 물리적인 열기와 그 따뜻한 온기는 사랑의 감정 내용을 지시해 준다.

사랑의 개념적 은유 방식은 '두 물체의 결합'이라는 중심적인 은유로 나타난다. 연리지와 같은 사례가 대표적이다. 이 경우에는 '친밀함은 가까움'이라는 은유가 적용된다. 그리고 사랑은 사랑의 감정에 의한 갈등의 상황이 노정된다는 점에서 '사랑은 전쟁이다' '사랑은 여행이다'와 같은 개념적 은유가 적용될 수 있다.

사랑의 장애는 병으로도 나타난다. 그것은 '사랑은 열병'으로 제시되는데, 상대를 그리워하나 만나거나 접촉할 수 없는 경우 열병으로 나타나고, 그것이 심해지면 불타버리게 된다. 선덕여왕을 짝사랑하던 지귀가 사랑의 열병에 휩싸여 불타 죽는 심화요탑心火繞塔은 그러한 사례이다. 이외에도 사랑이 성장하고 무르익는 것에 대한 은유적 양상은 '사랑이 꽃피는 나무' '사랑은 눈물의 씨앗'과 같은 은유를 통해 확인할 수 있다. 이것은 '사랑은 식물'이라는 개념적 은유의 방식을 취한다.[21]

이처럼 사랑과 같은 추상적 개념에 대해서 우리는 은유를 통해 그것이 갖는 개념체계에 접근 가능하게 해준다. 그래서 우리는 사

21 사랑의 개념화 양상에 대해서는 다음 논문을 참조하라. 임지룡, 「사랑의 개념화 양상」, 『어문학』 Vol.87, 2005. 203-229쪽.

랑에 대해서 막연하게 이해하는 대신에 '사랑은 X'라고 하는 X를 통해 사랑의 의미를 추론하게 되는 것이다. 이러한 은유체계는 수사적 의미를 해명하는 것이 아니라, 이러한 체계 자체가 인지적으로 구조화되어 있는 인지적 무의식의 일부라는 것을 보여준다.[22]

애매모호한 사랑의 경험적 지평

마지막까지 아껴둔 차비를 털어서 그/그녀를 집 앞에서 배웅하고 먼 밤길을 돌아가는 이에게 두근두근한 심장의 박동이 일어나는 것은 무엇 때문일까? 멀어지는 그/그녀의 뒷모습을 창밖에서 바라보며 가슴의 떨림을 느끼며 야릇한 감정에 빠지는 것은 무엇 때문일까? 창자가 끊어지는 참담한 고통斷腸을 감내하면서도 자신의 새끼를 좇아서 강가까지 따라온 어미 원숭이의 죽음은 무엇으로 설명이 가능할까?[23] 고흔 폐혈관이 찢어진 채로 산새처럼 날라간 자식[24]의 죽음에 대한 아버지의 탄식의 기저에는 무엇이 있는 것일까? 자신을 알아준 군주의 원수를 갚고자 스스로 몸을 훼손하고 죽음까지 불사했던 예양豫讓의 지독한 복수는 어떻게 이해해야 할까?[25]

22 G. 레이코프·M. 존슨, 임지룡 외 옮김, 『몸의 철학: 신체화된 마음의 서구 사상에 대한 도전』, 서울: 박이정, 2002. 123쪽.

23 『世說新語』 下, 「黜免」 第二十八. "桓公入蜀, 至三峽中, 部伍中有得猿子者. 其母猿岸哀號, 行百餘里不去, 遂跳上船, 至便卽絶. 破視其腹中, 腸皆寸寸斷."

24 정지용, 이상숙 엮음, 「유리창」, 『정지용 시선』, 지식을만드는지식, 서울, 2013. "고흔 폐혈관이 찢어진 채로/ 아아, 늬는 산ㅅ새처럼 날러 갔구나!"

25 『史記』 Vol.86, 「刺客列傳」〈豫讓〉. "豫讓遁逃山中 曰嗟乎, 士爲知己者死, 女

우리는 일상적으로 사랑을 경험한다. 두근거림을 안고 우정과 사랑 사이를 오고가는 연인들로부터, 자식과 새끼의 죽음에 비통해하는 아버지와 어미 원숭이, 그리고 자신을 인정해 주었던 자를 대신하여 원한을 갚으려는 복수에 이르기까지, 이것을 관통하는 감정의 단초를 찾는다면, 무엇을 상정할 수 있을까? 각각의 사례들은 사랑과 유관하기는 하지만 동일한 범주에 포함되지 않는 별개의 사건구조를 가지고 있다. 그럼에도 이러한 개별적 사건을 '사랑'이란 낱말로 묶는 것은 가능하다.

이 같은 사랑에 대한 경험 과정에서 발견되는 점은, 대체로 사랑이 애매모호하다는 점이다. 이것은 '사랑의 층위'에 대한 분별을 전제로 하지 않기 때문이다. 앞서 논의한 사랑의 경험적 지평을 근거로 사랑의 개념적 층위에 대해서 기술한다면 다음과 같은 〈사랑의 4층위 모델〉을 설정할 수 있다.

사랑의 4층위 모델

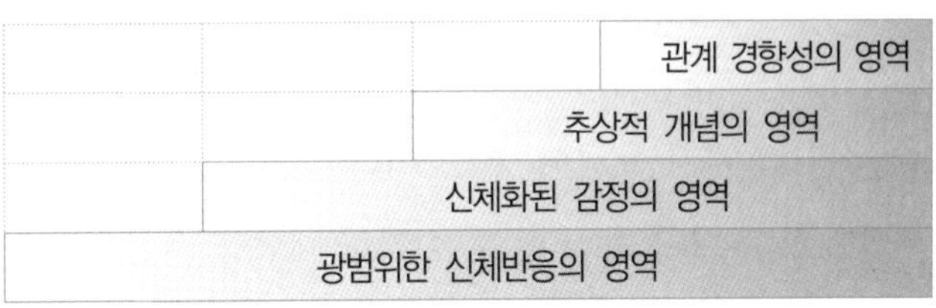

〈사랑의 4층위 모델〉은 1)광범위한 신체반응의 영역, 2)신체화된 감정의 영역, 3)추상적 개념의 영역, 4)관계 경향성의 영역으로 구

爲說己者容. 今智伯知我, 我必爲報讎而死, 以報智伯, 則吾魂魄不愧矣."

성된다. 각각의 영역은 상위 영역이 하위 영역을 포함하는 구조이고, 하위 영역이 상위영역을 포함하는 것은 아니다. 그러나 각 단계의 경계는 분절되어 있는 것이 아니라 다마지오가 제안하는 것처럼 일종의 '포개짐'의 원리에 따라 중첩되어 있다.[26]

그러나 우리는 통상적으로 사랑에 대해 논의하면서 이러한 원리를 고려하지 않고 편의적으로 사랑의 층위에 대해 언급한다. 이를테면, 우리는 2)층위의 사랑의 감정을 논의하면서 사랑의 메커니즘을 다루다가 1)층위의 사랑의 신체반응을 다루기도 한다. 경우에 따라서는 2)층위의 사랑의 감정을 다루면서 그에 수반하는 3)층위와 4)층위까지 다루는 경우도 있다.

이러할 경우, 사랑이라는 하나의 낱말로 개념체계가 다른 범주 영역의 것들을 포괄하는 문제를 야기하게 된다. 사랑의 애매모호함은 이 지점에서 발생한다. 사랑을 신체반응이나 감정의 범주로 다루면서 동시에 체험적 활동을 통해 사랑이 경험되는 관계의 영역까지 포괄할 때, 사랑은 애매모호하게 된다.

이와 같은 사랑 개념의 모호성에 빠지지 않기 위해서는 내가 제안하는 방식처럼 사랑 개념의 층위에 대한 구분을 전제로 하여 논의하는 것도 한 방법이 될 것이다. 이러한 개념적 혼란은 경험으로

26 다마지오는 정서를 분류하면서 "항상성을 보장하는…. 이 체계는 단순한 반응의 일부가 좀 더 복잡한 반응들에 편입되는 식으로 조직되어 있다."고 하면서 '포개 넣기 원리nestting principle'를 제안한다. 안토니오 다마지오, 임지원 옮김, 『스피노자의 뇌 : 기쁨, 슬픔, 느낌의 뇌과학』, 서울: 사이언스북스, 2007. 49쪽.

편재하게 되는 사랑이 다양한 추상적 개념과 관련되어 삶의 영역 속에 등장하는 과정에서 가중된다. 이를테면 자기애를 비롯하여 이성간의 사랑이나 동성간의 사랑, 혹은 부모와 자식사이의 사랑이나 부부간의 사랑, 형제 자매간의 사랑이나 친구간의 사랑 등을 말할 때도 그러하다. 혹은 공동체나 국가에 대한 사랑, 학문이나 예술에 대한 사랑 등을 말할 때도 우리는 그 사랑의 층위에 대해 혼란을 느끼게 된다. 이것은 단일한 '사랑'이라는 이름으로 다양한 사태를 묶어내는데서 발생하는 혼란스러움이다.

유교의 친친親親은 유교적 사랑과 긴밀하게 연관되는 개념이다. 친친은 분리分와 차별別을 통한 배제의 원리를 작동시키면서도 혈연적 친밀성의 강화하는 복합적 정서 층위를 갖고 있다. 친친의 '차별적이면서 따듯한 사랑'에 기초한 가족애는 한국인과 동아시아인들의 자아와 정체성 형성에 주요한 근거를 제공하였다. 친친의 사랑은 혈연적으로 가까운 부모형제와 혈육의 안녕을 도모하는 관심으로부터 타자로 확산되는 관계의 양상을 제도화하는 형태로 실현되었다. 여기에서 부모에 대한 자식의 효도, 부모의 자녀에 대한 자애, 형제자매와 친척 사이의 우애와 같은 사랑과 연통하는 개념들이 산출된다.[27]

유교문화권에서 사랑의 세속화는 견고한 가족애가 작동할 수 있는 동력이 되었고, 오히려 견고하고 일원적인, 곧 통일적인 권력의

27 유가철학에서 논의되었던 연애 감정으로서의 사랑이나 仁, 측은한 사랑惻隱之心 등에 대해서는 다음을 참조하라. 김경호, 『감성의 유학』, 2014. 104-123쪽.

강화를 가져오게 되는 요인이 되었다. 그것은 사랑(가족애)이 종교적 믿음의 세계가 아닌 현실의 세속적 권력과 직접적으로 연결되었기 때문이다. 사랑은 바로 권력의 강화하는 매개로 작동하여 현실을 규제하는 역할을 담당하였다.[28]

유학에서 규범적으로 논의되었던 사랑의 개념은 긍정적인 측면도 있지만, 사회체제와 제도를 강화하는 기제, 곧 이데올로기로 작동하였다는 점을 부인할 수 없다. 한마디로 사랑이 삶을 강제하였음을 인정하지 않을 수 없다. 왜곡된 강제는 삶을 옥좨는 사슬로 작동할 수밖에 없다. 우리는 여전히 아직도 어정쩡하게 그러한 전통과 그렇지 않은 현대의 경계에서 양발을 동시에 딛고 있는 셈이다. 이렇듯 사랑의 담론에는 사랑의 본질에 대한 논의에서부터 사랑의 구성요소나 사랑의 현상에 대한 이론까지 혼재되어 매우 복잡한 양상을 보인다.

서양의 문화사는 사랑의 역사라 할 만큼 무수한 철학자와 문학자들은 사랑에 대해 천착하면서 사랑의 방식과 의미에 대해 주목해왔다.[29] 사랑 개념의 애매모호함에 대해서 특히 주목했던 서양의 철

28 사랑의 문화는 사회적 가치와 규율을 만들고 제도에 반영되어 있다. 전통시대인들의 사유와 행위는 사랑의 문화가 형성한 제도 속에서 제약되었다고 해도 지나치지 않다. 이와 같은 혈연적 친밀성에 근거하는 문화의 생성과 유통 그리고 전승은 한국인의 사유와 삶의 태도에 깊게 각인되어 전승되고 있다.

29 쥘리아 크리스테바는 프로이트의 나르시즘에서부터 아가페, 토마스 아퀴나스의 본성적 사랑과 자기애, 돈 후앙의 사랑과 플라톤의 에로스에 이르기까지 서양의 문화사를 '사랑의 역사'로 파악하여 '사랑에 대한 철학'을 기술하고 있다. 쥘리아 크리스테바, 김인환 옮김, 『사랑의 역사』, 서울: 민음사,

학자를 거론한다면, 우리는 단연 스피노자Baruch de Spinoza(1623-1677)를 꼽을 수 있다. 그는 『에티카』에서 〈정서의 기원과 본성에 대하여〉 논의하면서 "사랑이란 외적 원인의 관념을 동반하는 기쁨이다."[30]라고 정의한다. 사랑에 대한 스피노자의 정의에서 주목되는 것은 사랑과 사랑의 대상을 명확히 구분하고 있다는 점이다. 사랑의 대상을 내부적인 원인에서 찾는 것이 아니라 외부의 존재로 상정하고 있다.

사랑은 외부의 대상, 곧 사람이나 사물이나 관념과 같은 것에 의해 촉발된다. 그래서 사랑은 외적 원인의 관념을 동반하여 드러나는 기쁨이 된다. 이렇게 획득한 기쁨은 불확실하고 유동적인 것이 아니다. 그것은 결정적이고 확실한 존재로부터 얻은 것이어서 예측 가능한 방식으로 살 수 있게 해주는 일종의 좌표와 같은 구실을 한다.

스피노자가 정의하는 사랑의 본질은 한마디로 '사랑의 기쁨'이라고 할 수 있다. 이런 관점에서 본다면, 사랑의 기쁨은 "인간의 작은 완전성에서 더 큰 완전성으로 이행"[31]할 수 있게 만드는 동력이라 해도 좋을 것이다. 스피노자는 사랑의 본질을 정의하면서 사랑의 현상에서 발견될 수 있는 특징을 구분한다. 당시 일부 저술가들은 사랑을 정의하면서, "사랑이란 사랑하는 것과 결합하려는 자의 의

2010.

30 Spinoza, ***Ethics***, ed. James Gutmann, Hafner Press, New York, 1949; B. 스피노자, 강영계 옮김, 『에티카』, 파주: 서광사, 2008. 222쪽.

31 같은 책, 220쪽.

지"[32]라고 규정하는 것에 대해 스피노자는 비판한다.

그것은 사랑의 본질을 통찰하지 않은 것으로 사랑의 한 특징을 기술한 것에 불과하다고 본다. 스피노자가 지적하고 있는 저술가는 다름 아닌 데카르트René Descartes(1596–1650)다. 데카르트는 '사랑하는 것과의 결합이나 합일'을 사랑이라고 정의하기 때문이다. 스피노자는 '합일'이나 '결합'의 욕망은 사랑의 현상에서 발견되는 특징일 뿐, 그것이 사랑의 본질이 될 수 없다는 입장이다.

사랑 경험의 또 다른 양상은 『사랑에 관한 연구』의 저자인 호세 오르테가 이 가세트José Ortega y Gasset(1883–1955)를 통해서도 확인된다. 그는 스피노자가 사랑의 본질을 기쁨으로 규정하는 것과는 다른 입장을 보여준다. 스피노자는 사랑의 본질과 사랑이 잉태한 결과를 혼동하고 있다고 지적하면서, "사랑에 빠진 사람이 기쁨을 얻는다는 사실을 누가 의심할 수 있겠는가? 그렇지만 그와 동시에 사랑은 슬픔을 주고 죽을 것 같은 고통을 준다"고 하면서 사랑의 본질은 '아픔과 고뇌'에 있다고 이해한다.[33] 그래서 오르테가는 "결국 스피노자는 잘못 본 것이다. 사랑은 기쁨이 아니다. 조국을 사랑하는 자는 조국을 위해 죽고, 순교자는 사랑 때문에 목숨을 다한다. 역으로, 미움은 미움의 대상이 당하는 고통을 보며 기뻐 날뛰는 것이다."[34]라고 말한다.

---

32 같은 책, 222쪽.

33 Ortega y Gasset, ***Estudios sobre el amor***, Revista de Occidente en Alianza Editorial, Madrid, 1984/ 호세 오르테가 이 가세트, 전기순 옮김, 『사랑에 관한 연구: 사랑, 그 특별한 끌림에 대하여』, 서울: 풀빛, 2008. 14쪽.

이처럼 사랑의 경험은 '사랑의 기쁨'이나 아니면 '사랑의 아픔' 혹은 '사랑의 고뇌'와 같이 상이한 감정이 중첩되고 동시에 다층적인 관계와 태도로 제시될 수도 있다. 그럼에도 불구하고 이것은 사랑의 경험이 그에 상응하는 만큼 의미화 되는 과정에서 집약적으로 압축되어 또 다른 의미를 재구축한다는 것을 보여준다.

사랑 경험의 의미화

우리는 삶의 시간을 통해 사랑이 남긴 상처를 온몸에 새기고 살아간다. 온몸에 각인된 상처는 마음에 뿌리를 갖고 있을 뿐만 아니라 육체적 기억 또한 갖고 있다. 그렇기에 사랑의 상처는 마음으로만 전해오는 것이 아니라 몸에도 함께 자극된다. 그 온전한 과정의 누적이 삶의 시간이다. 우리는 이러한 경험적 과정을 통해 지워지지 않는 사랑을 재경험한다. 이 경험의 시간이 곧 사랑의 의미화 과정이다.[35]

그렇지만 한 순간, 내게 남겨진 '상처'를 바라볼 수 있게 된다면 어떻게 될까? 그러한 '상처'에 어떻게 반응하느냐에 따라 '사랑의 시간'은 지속될 수도 있고, 한 순간에 끝나버릴 수도 있다. 상처는 사

---

34 같은 책, 15쪽.

35 의미화의 문제에 있어서 마크 존스이 제안하는 '질성' 개념은 참고할 만하다. 그에 따르면, "의미는 신체적 경험에 토대를 두며, 의미는 질성에 대한 우리의 느낌, 감각 패턴, 운동, 변화, 정서적 형세로부터 발생한다.… 의미는 우리가 상황의 질성을 경험하고 평가하는 것에 달려 있다"고 주장한다. 이러한 관점은 경험의 연속성을 강조했던 존 듀이의 입장과도 연결된다. 마크 존슨, 김동환·최영호 역, 『몸의 의미』, 서울: 동문선, 2013. 124-148쪽.

랑 자체의 문제가 아니라 '사랑 안에 머물기'의 문제이다. 그렇기에 누군가와 만났다 헤어지거나, 부부로 함께 산다는 것은 '사랑의 기쁨'에 충만한 황홀한 시간만이 아니라, '서로의 상처'를 바라보아야 하고, 때론 감싸 안아야 하는 고통스런 시간이기도 하다.

이렇게 아프고 고통스러운 것을 강제하는 것이 사랑이라면, 어째서 사람들은 사랑을 원하는 것일까? 에리히 프롬과 같은 철학자는 고독하기 때문에 사랑을 원한다고 하지만, 어느 누구는 사랑을 원하지 않을 수도 있다. 그렇지만 사랑은 고통과 아픔의 감정을 동반하는 끊임없는 갈망의 원인이기도 하고, 인간의 본성을 확인할 수 있는 미지의 영역이기도 하다. 사랑에 대한 갈망과 갈구는 사랑의 기원과 관련한 욕망의 문제와 연결된다.

사랑을 욕망하는 것은 사랑의 개념이 갖는 육체적 기반과 직결된다. 사랑의 개념은 인간이라는 '신체성'의 형성과 관련된다는 점이다. 그리고 이 신체성은 충족된 것이 아닌 결핍된 상태라는 점에서 사랑을 실현하기 위한 욕망은 억제될 수 없다. 이러한 점은 플라톤의 '사랑의 기원'에서 찾을 수 있다.

플라톤은 『향연』에서 완전하고 이상적인 것을 추구하는 인간의 기본적 욕구를 '사랑'이라고 지적한다. 이 글에서 아리스토파네스는 인간이 어떻게 남녀의 양성으로 나뉘게 되었는지를 설명한다. 원래 남성, 여성, 양성동체의 세 종류였던 인간은 신의 지배를 거부하고, 천상의 신들을 공격하게 된다. 이에 제우스는 이들의 세력을 약화시키기 위해 인간들을 분리한다.[36]

양성동체였던 인간은 신에 의해 강제로 나뉘어 자신의 반쪽을 잃고, 그러한 '잃어버린 반쪽'을 찾아 헤맨다. 완전체를 잃고 결핍된 존재로 전락한 인간은 결핍된 자신의 분신인 반쪽의 성性을 찾는 것이다. 인간은 반쪽의 존재로 살아가면서 또 다른 반쪽과의 결합을 통해 '하나'가 되는 '완전한 일체'를 염원한다. 서로 다른 둘의 완전한 결합은 '사랑'을 통해서만이 가능하다는 점에서 사랑은 인간의 본질이다. 결핍을 해소하고 결합하려는 욕망이 곧 사랑의 기원인 셈이다.[37]

사랑의 신화적 기원에 따른다면, 우리가 사랑을 원하는 이유는 사랑이 바로 우리의 육체를 요구하고 있기 때문이기도 하다. 이러한 관점은 사랑을 인간의 육체성과 직결하여 사유하는 라캉Jacques Lacan(1901-1981)을 통해 확인할 수 있다. 라캉은 사랑을 욕망하는 인간 존재에게서 주체의 결핍을 상정한다. 이렇기 때문에 사랑은 인간의 육체와 긴밀하게 연관되는 것이다. 존재를 야기하는 심급이 바로 인간의 육체이다. 라캉에게 있어 성은 인간의 조건이다. 이 인간의 성은 욕망의 대상이라는 점에서 동물의 성과 구별된다.[38]

라캉이 제기하는 거울단계는 욕망에 대한 논의이지만, 이 단계는 사랑의 과정과 형태적으로 닮아 있다. 거울단계에서 아이가 마치

36 플라톤, 박희영 옮김, 『향연: 사랑에 관하여』, 문학과지성사, 서울, 2003.

37 한순미 외, 『우리 시대의 사랑』, 전남대출판부, 광주, 2014. 232-233쪽.

38 Peter Widmer, ***Subversion des begehrens: Jacques Lacan oder die zweite Revolution der Psychoanalyse***, Fischer, Frankfurt a.M., 1990/ 페터 비트머, 홍준기·이승미 옮김, 『욕망의 전복: 자크 라캉 또는 제2의 정신분석학 혁명』, 서울: 한울아카데미, 2009. 118쪽.

자신을 거울에서 보듯, 타인에게서 자신을 보고 싶어하는 것은 사랑하는 사람들이 서로를 이상화하고 공통성을 끊임없이 추구하는 것과 닮아있다. 자신의 존재를 망각하고 타자만을 보며, 그 순간 타자의 위치와 합일하려는 욕망은 전형적인 사랑의 감정이다.[39] 이와 같은 사랑의 감정이 가능한 것은 주체로 하여금 자신의 동일성에 도달할 수 없게 하는 결핍을 반복적으로 도입하기 때문이다.

결핍된 존재는 완전하지 않은 육체성을 소유한 결핍된 자신을 본다. 그렇기에 타인과의 결합을 통해 합일과 충족을 원한다. 이 과정에서 상대방의 다름은 필수적이다. 합일과 차이에 대한 욕망은 애증으로 전환될 수 있고, 극단적인 파국에서는 죽음에 이를 수도 있다. 그러나 상호간의 차이와 다름이 '관계상자'를 여는 열쇠로 작동할 경우, 새로운 의미부여를 통해서 분리는 극복된다.

위기를 극복하는 과정은 일종의 파국이며, 파국을 통해 "사랑은 험난한 항로를 지나는 배"와 같이 새로운 사랑의 여정을 지속할 수 있는 동력을 마련한다.[40] 하지만 여전히 원초적 결핍으로서의 잔여가 남기에 완전한 합일은 완성될 수 없는 운명이다.[41] 라캉의 이론에 따른다면, 결핍을 없애려는 시도인 사랑의 길[42]은 이런 점에서

39 같은 책, 45쪽.

40 같은 책, 47쪽.

41 같은 책, 65쪽.

42 라캉의 '사랑의 길'에 대해서 그의 제자였음에도 반대자로 돌아선 뤼스 이리가레는 『사랑의 길』을 통해 가부장적 동일성이 아닌 성차로 인한 타자를 인정하는 대안적 사랑의 지혜를 제안한다. Luce Irigaray, translated by Heidi Bostic and Stephen Pluhacek, ***The way of love***, Continuum, London, 2002/ 뤼스 이

비극적이다.

사랑을 의미화 하려는 시도 중의 하나가 감정의 지향성intentionality에 대한 브렌타노의 논의이다.[43] 그는 스콜라 철학의 '지향성' 개념을 차용하여 사랑과 증오와 같은 감정들이 "심적 현상의 전체적인 지도안에서 특별한 위치와 지위를 갖는다."[44]고 제안한다. 이러한 주장은 사랑과 같은 감정을 심적mental인 것으로 인식한다는 것을 의미하는데, 이 입장은 최근 인지주의에 기반을 둔 심리철학자들에 의해 탐구되고 있다. 이들은 감정을 믿음, 판단 등으로 환원될 수 있는 명제 태도를 가진 인식 체계로 볼 수 있다는 입장과 이와는 다른 별도의 인식체계로 볼 수 있다는 입장으로 구분된다.

어쨌든 사랑을 포함한 감정에 대한 이들의 연구는 기존 이성 중심의 논의에서 감정의 인지적 성격뿐만 아니라 신체적 성격까지 포괄하여 새롭게 조명하고 있다는 점에서 철학사적으로 의미 있는 전환이라고 할 수 있다. 이 논의를 주도하는 대표자는 누스바움M. Nussbaum과 드 수자de Sousa이다.[45]

리가레, 정소영 역, 『사랑의 길』, 서울: 동문선, 2009.

43 에델만은 브렌타노의 지향성 개념이 정신적 과정이 존재함을 알려주는 좋은 지침서라고 평가한다. 지향성 개념은 자각이 항상 무엇에 대한 것이라는 점, 항상 대상을 가진다는 점을 가리킨다. Gerald M. Edelman, ***Bright air, brilliant fire: on the matter of the mind***, BasicBooks, New York, N.Y, 1992/ 제럴드 에델만, 황희숙 옮김, 『신경과학과 마음의 세계』, 서울: 범양사, 2010. 22쪽.

44 김영진, 「서얼, 케니 그리고 감정의 지향성 이론의 정초」, 『과학철학』 Vol.10-1, 2007. 62쪽.

45 감성에 대한 인지주의의 입장은 다음을 참조하라. 오성, 「감정에 대한 인지

의식의 지향성에 대해서 탐구한 존 설John Rogers Searle(1932-)은 사랑과 증오와 같은 감정의 지향성에 대해서 "사랑과 증오와 같은 어떤 완전한 명제 내용을 소유하지 않는, 그런고로 충족 조건들을 갖지 않는 지향적 상태들은 내가 믿기엔 어떤 완전한 명제 내용을 지니고 있는 충족 조건들을 갖는 지향적 상태들에 의하여 부분적으로 구성된다. 그래서 우리는 예컨대 어떤 인물에 대한 일련의 믿음들과 욕구들을 소유함이 없이 그 인물을 사랑할 수는 없다. 그 믿음들과 욕구들은 근본적으로 우리가 그 인물에 대하여 갖는 사랑을 구성한다. 그러므로 비록 표층적으로 사랑이 충족 조건을 가지지 않는다 해도, 어떤 한 사람이 다른 사람을 사랑하는 실제적인 경우에 언제나 그 사랑은 일반적으로 충족 조건들을 소유하는 일련의 지향적 상태들에 의하여 구성된다.[46]"고 말한다.

존 설은 감정이 갖는 지향성에 대한 자신의 관점을 피력하면서 사랑의 감정이 갖는 지향적 상태에 대해서 기술하고 있다. 그는 사랑의 감정이 비록 완전한 명제 내용을 갖지 않는다고 해도 어떤 확정적인 명제 내용을 지닌 믿음과 욕구를 전제로 할 경우 감정의 존립과 경험이 가능하다고 주장한다.[47] 지향성은 단순한 의도와는 다른 개념이지만 존 설이 제기하는 지향성은 '무언가에 관한 것'이 될

주의 이론의 경계 짓기-누스바움과 드 수자의 논의를 중심으로」, 『철학사상』 Vol.27, 서울대학교철학사상연구소, 2008.

46 존 설, 심철호 옮김, 『정신, 언어, 사회』, 서울: 해냄출판사, 2000.

47 김영진, 「서얼, 케니 그리고 감정의 지향성 이론의 정초」, 『과학철학』 Vol.10-1, 2007. 64쪽.

수 있다는 점에서 관함aboutness이고, 무언가를 지칭할 수 있다는 점에서 정향성directedness의 의미를 갖는다.[48]

존 설은 자신의 지향성 개념을 확장하여 '집단 지향성'이라 명명하기도 한다. 그는 이 개념에 대해 "개체들이 서로 협력하며 공통의 지향성을 공유"하려는 경향을 띠기 때문에 "우리가 원한다"라는 형식으로 기술 가능하다고 주장한다.[49] 이 점에서 본다면, 사랑의 감정은 '집단 지향성'의 성격을 띠게 됨으로 해서 보편적으로 공유될 수 있는 가능성을 갖는다.

사랑의 진화

사랑을 결합과 지향성의 관점에서도 살펴보았지만, 그렇다면 우리는 과연 사랑을 무엇으로 정의할 수 있을까? 사랑을 정의할 때, 우리는 통상적으로 '무엇'의 요소를 고려한다. 이러한 관점은 과연 우리 시대에 타당한 것일까?

사랑은 변화한다. 사랑을 담지한 주체로서의 인간, 그리고 그 인간의 몸은 변화하는 시간 속에 놓여 있기 때문이다. 시간에 따라, 시대의 변천에 따라 사유와 삶의 방식은 변형되고, 그에 수반하여 사랑의 형식과 내용 그리고 의미도 바뀌어 간다. 그렇기에 사랑은

48 John R. Searle, ***Freedom and neurobiology: reflections on free will, language, and political power***, Columbia University Press, New York:, 2007/ 존 설, 강신욱 옮김, 『신경생물학과 인간의 자유: 자유의지, 언어, 그리고 정치권력에 관한 고찰』, 서울: 궁리, 2010. 17쪽.

49 같은 책. 18쪽.

고정된 것이 아님은 분명하다.[50]

에바 일루즈Eval Illouz의 견해에 따르면, 사랑의 감정은 인간의 신체적 토대를 근거로 하여 발생하면서 시대와 공간의 배경과 결합하여 특정한 사건구조를 갖는다. 인간의 감정과 관계, 행위가 특정한 경향으로 표출된 것[51]을 포착하여 우리는 '사랑'이라고 하는 추상적 개념의 범주를 구성한다. 그 과정에서 의미의 지반과 배경이 결합된 사랑은 새로운 서사를 확보하게 된다. 새로운 서사는 곧 사랑의 의미가 만들어지는 과정이다.

사랑의 기준도 바뀐다. 누군가를 사랑한다는 것은 사랑의 감정을 갖는 주체와 사랑의 대상으로서의 타자가 설정되는 방식이다. 이 주체와 타자의 관계에서 특별히 '사랑'이라는 감정이 발생하기 위해서는 그에 합당한 조건이 갖추어져야 한다. 그러한 조건은 일률적이지 않지만, 시대에 따라 그 기준은 새롭게 만들어진다. 사랑의 기준은 시대에 따라 개인의 인품이 될 수도 있고, 사회적 지위일 수도

---

50 Eva Illouz, ***Why love hurts: a sociological explanation***, Polity, Cambridge, 2012/ 에바 일루즈, 김희상 옮김, 『사랑은 왜 아픈가: 사랑의 사회학』, 파주: 돌베개, 2013.

51 사랑과 관련한 유학적 논의에 관해서는 김명석의 선행 연구를 참조할 만하다. 그는 선진시기의 정情 개념을 다루면서 '사랑'에 관하여 부분적으로 다루고 있다. 김명석은 존 롤즈의 '태도attitude' 개념을 수용하여 "보통 하나의 감정으로 간주되는 사랑은 사실상 특정한 감정적 경향성들의 집합으로 보아야"한다고 주장하면서, "자연스런 태도로서의 사랑"을 『좌전』의 '좋아함好'과 연결하여 이해하고 있다. 여기서 제기될 수 있는 의문은 "하나의 감정으로 간주되는 사랑"을 구획할 수 있는 기준은 과연 무엇인가 하는 점이다. 경향성들의 집합은 여전히 모호하다. 김명석, 「논어의 정 개념을 어떻게 이해할 것인가」, 『동양철학』 Vol.29, 한국동양철학회, 2008. 164-165쪽.

있으며, 재산이나 학벌, 신체적 조건 등이 될 수도 있다. 사랑을 유발하는 지표는 시대를 파악하는 바로미터가 될 수 있다.

그러나 엄밀하게 말한다면, 사랑이 변화하고 사랑의 기준이 바뀐다는 것은 타당하지 않다. 사실은 사랑을 수용하는 우리의 이해와 이해방식, 의미화의 과정이 바뀌는 것이다. 사랑을 구성하고 있는 내용은 다만 의미화의 과정에서 다른 색깔로 변할 뿐이다.

나는 사랑의 '본질'에 대한 존재론적 관점은 그것의 맥락적 측면에서 재조정될 필요가 있다고 판단한다. 왜냐하면 사랑은 더이상 완고한 형이상학적인 추상적 관념이 아니기 때문이다. 우리 시대의 사랑은 신체화된 감각질로서의 개별적 감정의 층위를 넘어서 사회적 관계망을 구성하는 통합적 감성으로 작동하고 있다. 이 때문에 사랑은 적어도 남녀의 육체적/정신적 결합을 갈망하는 연모와 그리움의 감정을 포함하면서, 타인을 아끼고 배려하며 존중하고 존경하는 태도를 요청한다.

덧붙여 사랑은 타자의 안녕과 행복을 기원하는 인지적이고 정서적인 판단과 윤리적이고 실천적 행위를 포함한다. 이러한 요소들을 기반으로 하여, 사랑은 타인과의 유대를 강화하면서 자신의 정체성을 발견해 나가게 하는 '생의 동력'으로 작동한다. 그렇기에 사랑은 존재를 존재로 가능하게 하는 생명의 원천이자 자기 정체를 확인하는 규범의 전거가 되는 것이다. 이처럼 사랑은 애매모호하지만 알 수 없는 것은 아니다.

따라서 우리는 사랑을 통해서 삶의 세계를 추동하는 '좋음에 대한 지향'을 발견하고 새롭게 구성할 필요가 있다.[52] 사랑에 대한 환원적인 태도를 완화한다면, 우리는 적어도 사랑에 대해서 이전과는 다른 방식으로 사유하고 실천할 수 있다. 사랑은 추상적이고 관념적인 것이 아니라 우리의 삶 속에서, 삶의 형식을 통해 구성되고 발견되며 의미화 되는 것으로 재정위할 수 있다.

나는 앞서 사랑은 애매모호하고 유동적이어서 고정된 것이 아니라고 주장하였다. 그것은 사랑의 조건과 기준은 바뀌기 때문이다. 그런 점에서 사랑은 변화한다. 사랑은 누군가의 안위를 염려念慮하고 생각思하면서, 만나기를 원慕하고 그리워戀하는 감정이다. 그리고 그것은 인지적 판단과 정서적 요소가 결합된 구체적 행위로 드러나기도 한다. 그래서 이 사랑의 양상은 사유와 삶의 방식이 변형됨에 따라 그 형식과 내용도 바뀌고 의미도 재구축된다. 사랑은 서사를 통해 의미화 되고 확장되며 다시 재귀한다.

사랑을 변화와 확장 그리고 재귀의 관점에서 파악하는 것은 사랑으로 통칭된 어떤 것의 왜곡에서 비롯되는 소유나 집착 혹은 분노와 증오로부터 '거리두기'를 가능하게 한다. 사랑의 거리두기가 가능할 때, 우리는 공동체의 이름으로 수행되었던 과도한 친밀성과 'contury spirit'의 조박함이 주는 부끄러움에 직면할 수도 있다. 적어도 그 지점은 뜨거운 친밀성으로 야기된 사랑의 배제와 그에 상

52 우리는 이 점에서 사랑의 의미화는 인간적 의미의 재발견을 통해 새로운 단계로 이행하고 있음을 확인하게 된다. 재발견의 지점은 삶과 세계의 질성을 회복하는 전회의 장이다. 이것은 마크 존슨이 제안하는 '수평적 초월'과 닮아 있다. 마크 존슨, 김동환·최영호 역, 『몸의 의미』, 서울: 동문선, 2013. 425쪽.

응하는 폭력적 분리와 소외가 최소화되는 영역이다.

우리가 사랑을 통해 사유하고 성찰해야 할 최소도덕의 층위는 바로 이 지점에 있다. 타자의 절멸을 배격하고 공존의 역량을 강화하는 실천적 사랑의 의미화를 통해서 우리는 생명의 역동성을 회복할 수 있다. 이런 점에서 사랑은 진화하는 의미화의 영역이다.

참고문헌

『史記』

『世說新語』

김경호, 『감성의 유학』, 광주: 전남대학교출판부, 2014.

김우창, 『김우창 전집』 4, 서울: 민음사, 1993.

노양진, 『몸·언어·철학』, 파주: 서광사, 2009.

정지용, 이상숙 엮음, 『정지용 시선』, 서울: 지식을만드는지식, 2013.

한순미 외, 『우리 시대의 사랑』, 광주: 전남대출판부, 2014.

柳父章, 『飜譯語成立事情』, 岩波新書, 東京, 1982/ 야나부 아키라, 서혜영 옮김, 『번역어 성립사정』, 서울: 일빛, 2003.

Antonio Damasio, Looking for Spinoza: joy, sorrow, and the feeling brain, Harcourt, Orlando, Fla., 2003/ 안토니오 다마지오, 임지원 옮김, 『스피노자의 뇌 :기쁨, 슬픔, 느낌의 뇌과학』, 서울: 사이언스북스, 2007.

Chris Shilling, The body and social theory, Sage Publications, London; Newbury Park, Calif, 1993/ 크리스 쉴링, 임인숙 옮김, 『몸의 사회학』, 서울: 나남, 2011.

Dylan Evans, Emotion The Science of Sentiment, Oxford University Press, London, 2002/ 딜런 에번스, 임건태 옮김, 『감정』, 고양: 이소출판사, 2002.

Eva Illouz, Why love hurts: a sociological explanation, Polity, Cambridge, 2012/ 에바 일루즈, 김희상 옮김, 『사랑은 왜 아픈가: 사랑의 사회학』, 파주: 돌베개, 2013.

George Lakoff and Mark Johnson, Metaphors we live by, University of

Chicago Press, Chicago, 1980/ G. 레이코프·M. 존슨, 노양진·나익주 옮김, 『삶으로서의 은유』, 파주: 서광사, 1995.

George Lakoff and Mark Johnson, Philosophy in the flesh: the embodied mind and its challenge to Western thought, Basic Books, New York, 1999/ G. 레이코프·M. 존슨, 임지룡 외 옮김, 『몸의 철학: 신체화된 마음의 서구 사상에 대한 도전』, 서울: 박이정, 2002.

Gerald M. Edelman, Bright air, brilliant fire: on the matter of the mind, BasicBooks, New York, N.Y, 1992/ 제럴드 에델만, 황희숙 옮김, 『신경과학과 마음의 세계』, 서울: 범양사, 2010.

John R. Searle, Freedom and neurobiology: reflections on free will, language, and political power, Columbia University Press, New York:, 2007/ 존 설, 강신욱 옮김, 『신경생물학과 인간의 자유: 자유의지, 언어, 그리고 정치권력에 관한 고찰』, 서울: 궁리, 2010.

John R. Searle, Mind, language and society: philosophy in the real world, Basic Books, New York, NY, 1999/ 존 설, 심철호 옮김, 『정신, 언어, 사회』, 서울: 해냄출판사, 2000.

Julia Kristeva, Histoires d'amour, Denoel, Paris, 1983. / 쥘리아 크리스테바, 김인환 옮김, 『사랑의 역사』, 서울: 민음사, 2010.

Luce Irigaray, translated by Heidi Bostic and Stephen Pluhacek, The way of love, Continuum, London, 2002/ 뤼스 이리가레, 정소영 역, 『사랑의 길』, 서울: 동문선, 2009.

Mark Johnson, The meaning of the body :aesthetics of human under-standing, University of Chicago Press, Chicago, 2007/ 마크 존슨, 김동환·최영호 역, 『몸의 의미』, 서울: 동문선, 2013.

Ortega y Gasset, Estudios sobre el amor, Revista de Occidente en Alianza Editorial, Madrid, 1984/ 호세 오르테가 이 가세트, 전기순 옮김, 『사랑에 관한 연구: 사랑, 그 특별한 끌림에 대하여』, 서울: 풀빛,

2008.

Peter Widmer, Subversion des begehrens: Jacques Lacan oder die zweite Revolution der Psychoanalyse, Fischer, Frankfurt a.M., 1990/ 페터 비트머, 홍준기·이승미 옮김, 『욕망의 전복: 자크 라캉 또는 제2의 정신분석학 혁명』, 서울: 한울아카데미, 2009.

Plato, Symposium: e peri erotos ethicus/ 플라톤, 박희영 옮김, 『향연: 사랑에 관하여』, 문학과지성사, 서울, 2003.

Spinoza, Ethics, ed. James Gutmann, Hafner Press, New York, 1949; B. 스피노자, 강영계 옮김, 『에티카』, 파주: 서광사, 2008.

김경호, 「슬픔은 어디서 오는가?」, 『철학탐구』 Vol.31, 중앙대학교 중앙철학연구소, 2012.

김명석, 「논어의 정 개념을 어떻게 이해할 것인가」, 『동양철학』 Vol.29, 한국동양철학회, 2008.

김영진, 「서얼, 케니 그리고 감정의 지향성 이론의 정초」, 『과학철학』 Vol.10-1, 2007.

김지영, 「연애의 형성과 초기 근대소설」, 『현대소설연구』 Vol.27, 한국현대소설학회, 2005.

나익주, 「사랑의 개념화: 문화적 변이 가능성 탐구」, 『담화·인지언어학회 제30회 정기학술대회 논문집』, 2008.

노양진, 「체험주의 철학적 전개」, 『범한철학』 Vol.10, 범한철학회, 1995.

송광일, 「듀이와 경험으로서의 언어」, 『범한철학』 Vol.56, 범한철학회, 2010.

오성, 「감정에 대한 인지주의 이론의 경계 짓기-누스바움과 드 수자의 논의를 중심으로」, 『철학사상』 Vol.27, 서울대학교철학사상연구소, 2008.

임지룡, 「사랑의 개념화 양상」, 『어문학』 Vol.87, 2005.